本书由"国家民委人文社会科学重点研究基地'南方少数民族非物质文化遗产研究中心'·湖北省文化厅、教育厅人文社会科学研究基地'中南民族大学湖北省非物质文化遗产研究中心'资助",中南民族大学南方少数民族非物质文化遗产研究中心·湖北省非物质文化遗产研究中心开放课题结题成果（一般项目，项目编号PJW13001）。

武陵山区少数民族传统体育"文化空间"的保护

于志华 著

中国社会科学出版社

图书在版编目（CIP）数据

武陵山区少数民族传统体育"文化空间"的保护／于志华著．—北京：
中国社会科学出版社，2018.7

ISBN 978 - 7 - 5203 - 3582 - 9

Ⅰ.①武… Ⅱ.①于… Ⅲ.①少数民族—民族形式体育—体育文化—
研究—武陵县 Ⅳ.①G852.9

中国版本图书馆 CIP 数据核字（2018）第 261960 号

出 版 人	赵剑英
责任编辑	陈肖静
责任校对	闫 萃
责任印制	戴 宽

出　　版	中国社会科学出版社
社　　址	北京鼓楼西大街甲 158 号
邮　　编	100720
网　　址	http://www.csspw.cn
发 行 部	010 - 84083685
门 市 部	010 - 84029450
经　　销	新华书店及其他书店

印　　刷	北京明恒达印务有限公司
装　　订	廊坊市广阳区广增装订厂
版　　次	2018 年 7 月第 1 版
印　　次	2018 年 7 月第 1 次印刷

开　　本	710×1000　1/16
印　　张	20.5
插　　页	2
字　　数	316 千字
定　　价	86.00 元

凡购买中国社会科学出版社图书，如有质量问题请与本社营销中心联系调换
电话：010 - 84083683

目　　录

第 一 章

研究缘起

文化是一个国家、一个民族的灵魂。时代巨轮行驶至今，人类物质文明已经获得极大丰富，文化的智慧与力量将是未来推动人类前行的根本力量，文化学已成为东西方社会的一门显学，受到众多学者的关注。文化在国家安全中的地位和作用也越来越突出，文化安全成为国家综合安全体系中的深层主题。所谓国家文化安全，"是相对于'文化威胁'或'文化霸权'而提出来的"，其实质就是"国家之间文化软实力的比较优势"，其核心内容就是民族文化、意识形态和价值观念的安全。而文化软实力主要是指一个国家民族文化、价值观念和意识形态的吸引力，越来越成为衡量一个国家和民族进步的标志。民族文化是各民族在社会发展过程中创造的物质文明和精神文明的总和，是一个民族区别于其他民族的独特标识。中华文化源远流长，积淀着中华民族最深层的精神追求，为中华民族生生不息、发展壮大提供了丰厚滋养。在日益现代化和全球化的今天，中华民族优秀传统文化的传承与发展，对于推动社会主义文化的大繁荣大发展、维护文化多样性，促进经济发展，维护社会稳定，实现中国特色社会主义事业和实现"两个一百年"奋斗目标具有十分重要的战略意义。全球信息化时代，不同文化相互碰撞、冲突、渗透、融合，西方意识形态扩张的外部挑战、与我国民众信仰缺失、思想多元的内部困扰，使得我国的文化安全形势及文化软实力发展面临前所未有的严峻挑战。

少数民族传统体育作为我国民族文化的一部分，蕴含着一定族群的文化心理累积，是民族记忆的活化石，是非物质文化遗产的重要组成部分，是维护我国文化主权的基本构件。在现代化、城镇化的进程中，由于经济本位发展，忽视文化建设，原有的地理生态环境、人文环境遭到严重破坏，在自然生态与文化生态上形成碎片化现象，我国大量的少数民族传统体育项目衰退或消亡，处境堪忧：流失现象严重，部分濒临灭绝；体育类非物质文化遗产的总体现状是"内容递减，传承断裂"，汉民族传统体育文化仍是主体部分，少数民族传统体育文化是重要补充①。武陵山区是以武陵山脉为中心的湘鄂渝黔四省（市）毗邻地区，是我国跨省交界面积最大的集中连片贫困的少数民族聚集区，以土家族、苗族和侗族为主体的30多个少数民族世居于此，丰富多彩的少数民族传统体育是中华文化的重要组成部分，是中国颇具特色的民族文化"集成块"。城镇化、现代化和全球化发展使一些少数民族传统体育赖以生存的文化母体——"文化空间"发生巨变，处于危境。因此，进一步重视少数民族传统体育文化空间的保护，对守护中华文化基因、实现文化强国具有重大历史与现实意义。

科技创新是文化发展的重要引擎。在文化全球化的背景之下，一个民族文化影响力的提升，不仅取决于文化产品内容的独特魅力，同时也取决于国家是否具有先进的通信信息和广泛的传播功效②。"文化与科技融合"重大战略的提出，为我国民族传统体育文化的传播指明了方向。文化与传播实为一体之两面，文化为体，传播为用，体用结合。没有传播行为，文化无法得以延续，而我们的传播行为又是文化的写照。

当下，全球的媒体行业正在进行着革命性的变化，全媒体时代，广播、电影、电视、出版、报纸、杂志、网络等行业都在脱胎换骨的变化中谋取生存空间。单一的信息渠道已不能满足受众的需要。互联网的普及也加快了信息的流通，信息爆炸、资讯泛滥，跨媒介联手现象已屡见不鲜。中国信息技术普及化和中国文化创意产业繁荣的脉络中，只有找好定位，才能有效地传承与发展我国优秀民族传统体育文化，发挥其增强民族凝聚力和民族自信心，增强民族文化吸引力和感召力，提高国家

---

① 华志、卢兵：《论我国体育类非物质文化遗产的现状及其保护》，《贵州民族研究》2010年第1期。

② "党的十七大报告解读：提高国家文化软实力"，《光明日报》2007年12月29日第3版。

软实力的积极作用。在传播学的视角之下研究武陵山片区少数民族传统体育发展的方式，分析其赖以以生存与发展的"文化空间"特点，更有助于我们认识少数民族传统体育传播活动之中的现象和规律，将少数民族传统体育文化的精华更好地普及于社会，作用于当今，影响于民众，传播于世界，具有多层次的重要意义。

第一节 研究意义

一 宏观视野：丰富世界文化宝库，推动构建人类命运共同体

伴随经济的崛起，中国在世界舞台上扮演着日益重要的角色，中国文化也以更丰富多元、自觉自信的面貌，与世界"深情相拥"。在全球化背景下，世界各国你中有我、我中有你，利益交融、兴衰相伴、安危与共，而人文交流、文明互鉴成为各国彼此互通有无、共融共生的一扇重要窗口。基于"一带一路"倡议和"命运共同体"理念，中国正成为"新全球化"（neo-globalization）的重要力量，塑造着更加公平、公正、包容的全球传播新秩序。具体而言，"新全球化"秉持的是中华文化"和""仁""大同世界"等传统理念，旨在发展以"团结协作、共生共荣"为核心的新型国际关系，推动建立起更加公平合理的国际新秩序。与此同理，媒介和文化领域的"新全球化"模式也是以"对话、合作、调适"为其基本理念，最终实现的是人类不同群体和文化的共生共荣[1]。

"传播全球化带给人类体育发展的一个重大命题是，承载着不同文化各自特征的各民族体育在传播过程中，如何促进体育文化之间的交会、碰撞、激荡，最终达到兼容、共处的境界；或者说怎样以传播的国际化推动不同体育文化之间的平等对话，以传播的全球化促成世界体育文化间的多元共存。"[2]

然而，在现实的体育文化交流中，理想的体育文化全球化还远未出现，体育文化的国际化交流中受到不同体育文化传播力的影响。毫无疑

---

① 刘英、马玉荣：《"一带一路"赋予全球化新的内涵》，《前线》2018 年第 2 期。
② 孙强：《中心与边缘：中华民族传统体育文化传播的定位》，《体育学刊》2008 年第 9 期。

间，全球性的体育文化传播在传播科技中立的背后隐藏着许多西方的价值观，如个人主义、消费主义和商业主义。西方体育全球化可以扩大人们对体育文化的选择和开阔人们对体育文化的认识，同时也侵入了民族国家的体育传统以及少数民族的体育文化发展空间。

中国有近千项民族民间传统体育运动项目，其数量和形式之丰富多彩，堪称世界之最。越是民族的，就越是世界的。少数民族传统体育有着深厚的文化蕴含，以海纳百川、包容天下的胸怀，通过传统与现代的交融、民族与国际的接轨，加快走向世界，提升中国文化影响力，夯实中华文化的世界地位，既关乎"精气神"的文化步履，让中国全面发展的崛起蓝图，拥有了"文化自信"的灵魂笔墨；又可以丰富世界文化宝库，同世界各国优秀文化一道，造福人类①，使各民族文化繁荣发展的过程，成为各民族相知、相亲、相惜的过程。

二　中观视野：体育强国、文化强国

从实践角度来看，文化强国的总体设计包含着体育强国的构成要素，而体育强国建设就是为文化强国的巨大工程浇铸了体育构件，凝聚着运动元素，二者是一种总与分的关系。

（一）体育强国：增强国民体质，建设健康中国

体育是强国之举，强国是复兴之途。建设体育强国是中国现代化事业发展对体育提出的时代要求，是新时期体育事业发展提出的宏伟目标。全民健身活动开展的情况是评价一个国家是否达到体育强国的标准之一。一个国家是否成为体育强国，重要的标志之一就是其体育人口的多少，国民体质的健康状况如何，它反映了人们对体育的参与程度及亲和程度，也是经济和社会发展程度的一个标志。增强全民族体质，是建设体育强国的根本目的；蔚然成风的全民健身已经成为中国富强、民主、文明、和谐的新标签，建设体育强国基础的气候已经形成。在中国从体育大国走向强国的进程中，民族传统体育承载的意义和价值更加丰富。同一些现代体育项目相比，民族传统体育运动项目以个体活动方式为主，兼有

---

① 《2014：创新传承让中国在世界文化激荡中站稳脚跟》，2014 - 12 - 23，新华网（ht-tp：//news. xinhuanet. com/politics/2014 - 12/23/c_ 1113750487. htm）。

集体性项目的优势，具有因人而异、因地制宜、男女同乐等特点，符合全民健身的基本要求，更具有作为全民健身手段的优势，对丰富少数民族地区的文体活动，扩大体育人口、增强人民体质、提升健康水平、构建和谐社会都具有重要的社会价值和战略意义。

健康是人类永恒的主题，是社会进步的重要标志，追求健康、享受健康是人们的共同心愿。21世纪是一个大健康时代，人们既追求个体生理、身体健康，也追求心理健康、行为健康、智力健康、道德健康以及社会、环境、家庭、人群等方面的健康，使生活有品质，生命有质量。随着时代发展和生活水平的提高，中国全面进入了老龄化社会，拥有长寿的同时也面临着慢性病的威胁。中医有"上工治未病"之说，"关口前移"和"健康优先"是抗击慢性病更为合理、更为经济的策略。党的十九大报告提出的"实施健康中国战略"是一项旨在全面提高全民健康水平的国家战略，《"健康中国2030"规划纲要》提出树立大健康观念，把以治病为中心转变为以人民健康为中心，推动全民健身和全民健康深度融合，对生命实施全周期、全方位、全要素的呵护，保障人民健康。

运动既是防病治病的良药，也在促进人的全面发展，丰富人民精神文化生活，激励人民弘扬追求卓越、突破自我的精神等方面具有十分重要的作用。全民健身是健康中国建设的战略基础、前端要地和强有力支撑，"全民健身—全民健康—全面小康"是大健康时代的新思维。

（二）文化强国：提升国家文化软实力，应对民族文化安全危机

文化是民族凝聚力和创造力的重要源泉，一个国家、一个民族的强盛，总是以文化兴盛为支撑的，建设文化强国是综合国力竞争所凸显的时代课题。当前，各国综合国力竞争更趋激烈，文化日益成为综合国力竞争的关键内容与重要场域。世界主要国家纷纷推出相应战略，从文化中借力、在文化上发力。体育全球化是现代社会发展的必然选择，当前，我国文化软实力虽然不断提升，但总体而言，西强我弱的文化格局仍未根本改变，中华项目正面临着传统与现代的选择和越来越严重的文化安全问题。（1）西方文化产品的大量涌入，使得国人在行为方式上"崇外主义"盛行；依附于文化产品和行为方式的西方文化价值观念的渗透，使国人的价值观也在发生某些功利性转变。（2）社会的变迁导致民族传统民族体育的原有生存环境逐渐消失。（3）由于经济基础及发展水平的

差距，导致我国与西方发达国家在文化软实力方面失衡的现实长期存在，是导致我国文化安全问题的基础性原因。（4）西方体育也在强势渗透。起源于西方社会的现代体育，已经形成了一种大家广泛接受的运作模式，奥运会、世界杯等一些影响极大的体育赛事成了世界各国人民的共同期待。目前，奥运会的竞赛项目已达300余项，但这些项目绝大部分都是西方人的传统项目，其他国家和民族只能以抛弃其长期积淀而形成的传统文化为代价，在运动会上享受西方创造的"文明"。

人类文明是多元文明，民族文化是民族存亡之本，是民族凝聚与发展的深层动力。2000年，联合国开发计划署发表《人文发展报告》指出："当今的文化传播失去平衡，呈现从富国向穷国传播一边倒的趋势。"[①]"必须扶持本土文化和民族文化，让他们与外国文化并驾齐驱。"2003年10月，在联合国教科文组织第32届大会上，法国和加拿大联合提议，就文化多样性起草一个国际公约，得到了60多个会员国的支持。

文化是凝聚国人思想和精神的胶合剂，是一个国家生生不息的前进动力。如今，越来越多的国家把提高文化软实力作为发展战略的重要内容。党的十七大把"提高文化软实力"提升到了国家战略的高度，为我国的文化建设、确保国家文化安全指明了方向[②]。建设文化强国是中国特色社会主义事业发展和实现中华民族伟大复兴中国梦的内在要求，要求物质文明和精神文明协调发展、比翼齐飞。在这一过程中，文化的发展繁荣既是中国特色社会主义建设目标不可或缺的组成部分，又是实现中国特色社会主义建设目标的精神条件和智力支撑。

体育是文化传播的有效载体，民族传统体育的品质一方面取决于它所承载、表达的文化意义的积极程度，另一方面取决于表达文化意义的传播手段。优秀的民族传统体育在展示一个民族生产力发展水平的同时，流露出其传统气质和思维水平。在民族传统体育的发展与传播中，动作结构、技术规则、运动风格等都成为承载、表达文化元素的符号，透过它们，消费者（受众）能够读出特定民族的价值、情感和审美趣味并展

---

① 彭林：《多元时代需要更强大的民族精神——中国礼乐文化传统的现实意义》，《人民论坛·学术前沿》2013年第10期。

② 姜凤艳、武树霞：《全球化时代的中国文化安全危机》，《人民论坛》2011年第14期。

开丰富的文化联想。体育运动技术本身是无国界的，但由运动技术所形成的知识、情感、审美以及体现运动技术的各类体育化却代表了这个民族的心智特征、思维方式和创新精神，因而也必然成为展示民族性格、形象乃至文化软实力的重要载体①。

　　少数民族传统体育文化之丰富、多彩、博大、包容，是应对全球文化危机的重要组成部分。中华民族传统体育文化也将顺应融入全球化的大趋势，但是要坚持自我立场、自我精神、自我文化，保持自主性和独立性，坚持固有的人本精神和优秀的传统文化，不能使我们的民族精神迷失在"融入"中②。增强文化认同，弘扬民族精神，加强传统知识的现代价值、现代利用与保护相关问题的研究具有重要的理论意义与现实意义。中华优秀传统文化是中华民族的精神命脉，是涵养社会主义核心价值观的重要源泉。党的十八大以来，中共中央、国务院出台《关于加强和改进新形势下民族工作的意见》《关于实施中华优秀传统文化传承发展工程的意见》等，为少数民族优秀传统文化的传承与弘扬提供了政策支持。2011 年 10 月 27 日，李长春同志在《关于〈中共中央关于深化文化体制改革推动社会主义文化大发展大繁荣若干重大问题的决定〉的说明》中明确指出：我国必须不断扩大中华文化国际影响力，形成与中国国际地位相称的文化软实力，切实维护国家文化安全。2012 年党的十八大报告提出"建设优秀传统文化传承体系，弘扬中华优秀传统文化"的重大任务。党的十八大召开三年来，以习近平同志为总书记的党中央治国有数，理政有方，融合中华优秀传统文化和历史智慧提出了一系列治国方略，本着择其善者而从之、其不善者而去之的科学态度，将其作为治国理政的重要思想文化资源，将其融入中国道路，实现了对传统文化的完美"超越式传承"，开启了党和国家最高领导人运用传统文化展现治国理政情怀的新篇章，引擎"中国梦"这艘世界巨轮砥砺前行。习近平总书记在中央民族工作会议上指出，"博大精深的中华优秀传统文化是我们在

---

① 徐华：《传播学视野下民族传统体育的价值、现状与发展策略研究》，苏州大学，2009年，第 15 页。

② 《胜固可喜 败亦无忧——中华民族传统体育运动所体现的人本精神》，2015 年 8 月 22日，华奥星空网站（北京）（http://sports.163.com/15/0822/18/B1L3FCU700051C8U.html）。

世界文化激荡中站稳脚跟的根基，是确保中华民族始终屹立于世界民族之林的根本保证。抛弃传统、丢掉根本，就等于割断了自己的精神命脉"。因此，中央高度重视传统文化的传承，要求大力传承和弘扬民族文化，为民族地区发展提供强大精神动力。重大民族文化活动的举办，为少数民族优秀传统文化的传承与弘扬提供了实在的抓手，推动民族文化保护工作整体发力、全面提升。中国特色社会主义文化强国的内涵丰富，导向明确。（1）在文化元素层面：社会主义先进文化深入人心，物质文明和精神文明全面发展，文化创造活力持续迸发，社会文化生活丰富多彩。（2）在文化享有层面：人民的基本文化权利得到保障，思想道德素质和科学文化素质得到全面提高。（3）在文化影响力层面：文化将成为整个民族的精神家园，将对人类文明进步作出重大贡献。

习近平总书记指出，2011 年 10 月 18 日，中国共产党第十七届六中全会通过的《中共中央关于深化文化体制改革的决定》，提出深化文化体制改革，推动社会主义文化大发展大繁荣的战略部署，指明当今世界正处在大发展、大变革、大调整时期，维护国家文化安全任务更加艰巨，必须在推进文化改革发展中切实维护国家文化安全。

"文化强国"战略为我国民族传统体育文化的发展提供了良好的外部环境。建设文化强国与建设体育强国是相辅相成、协调发展的关系。（1）"两个强国"建设具有一致的发展方向：坚持"二为"方向和"双百"方针，创造具有中国风格气魄的新文化，这就要求民族体育和现代体育共同发展。（2）"两个强国"建设具有共同的精神支柱：社会主义核心价值体系是兴国之魂，也是"两个强国"建设的精神支柱和引路明灯。（3）"两个强国"建设具有一致的基本任务：满足人民的文化需求是社会主义文化建设的基本任务，而满足人民的体育文化需求则是体育发展的任务。

三　微观视野：建设美丽中国，实现幸福梦

文化发展直接关系着民生幸福和人的全面发展，关系着社会文明进步。站在民族复兴新的历史起点上，我们发展繁荣文化的物质基础与精神资源更加丰厚，同时也面对着人民文化需求的井喷式增长。这无疑对文化发展繁荣提出了更高要求。正确认识和充分利用民族文化，具有重

大的战略意义。维护好民族团结,地区发展就有了压舱石;没有民族团结,哪个民族也过不上好日子。在"弘扬民族文化,建设和谐文化,实现中华民族伟大复兴的中国梦"的时代背景下,少数民族传统文化在创造性转化与创新性发展中迸发新活力,民族文化走出去步伐更加自信,为"中华民族一家亲,同心共筑中国梦"凝聚起强大的精神力量,使其在人们的灵魂深处"落地生根"。

当前,全球化、城镇化使武陵山区少数民族传统体育赖以生存与发展的"文化空间"面临越来越被边缘化的危境,文化重塑成为民族地区社会工作最为紧迫的着力点之一①。2012 年 11 月召开的党的十八大在报告中首次把"美丽中国"作为未来生态文明建设的宏伟目标,"把生态文明建设放在突出地位,融入经济建设、政治建设、文化建设、社会建设各方面和全过程,努力建设美丽中国,实现中华民族永续发展"。彰显了我国民众对美好生活的诉求和愿望,凸显了我国建设特色社会主义社会的价值②。"美丽中国"理念继承了中国传统"天人合一"的思想,吸收了世界各国绿色、低碳等发展理念,是对可持续发展理念的拓展和创新。这一理念的提出,有利于实现人与自然的和谐发展,有利于孕育并提升民族的持久创造力,有利于赢得当前和未来国际竞争制高点。"美丽中国",美在山川,美在文化,美在历史,更美在人文——最美的是人。"美丽中国",没有了最美中国人,如无根之萍、无源之水,徒具美丽外表,不具美丽生命③。

随着人民群众生活水平的提高和时代的进步,人们对精神文化生活的需求也日益增长。作为绿色体育,少数民族传统体育本身不像高尔夫等项目那样对运动场地要求很高,有利于保护脆弱的生态环境。传承与发展我国民族传统体育,服务我国民众体育生活,对我国民族文化生态建设,打造"美丽中国"、营造社会主义精神文明家园具有重要现实意义。少数民族传统体育活动具有健身、健心和促进社会适应等功能,让

---

① 刘辉武:《民族地区社会治理与社会工作的着力点》,《光明日报》2015 年 9 月 2 日第 13 版。

② 陈永辉:《"美丽中国"视域下民族传统体育生态文明与建设研究》,《武汉体育学院学报》2013 年第 9 期。

③ 《十八大首提"美丽中国"寓意几多》,《青海科技》2012 年第 6 期。

人们走出封闭的独门独户，为形成和谐融洽的人际关系提供了一条渠道的同时，更使广大群众感受到了党和政府的温暖和关爱，成为政府联系群众的纽带和惠及百姓的民心工程，在凝聚各方力量、调动各方积极性方面发挥了不可替代的作用，"幸福文化"之花深深扎根民族乡并香飘四溢。

文化也是经济社会发展的重要支撑，文化发展直接关系着经济发展质量。党的十七届六中全会提出，"推动文化产业与旅游、体育、信息、物流、建筑等产业融合发展，延伸文化产业链，提高附加值"。这对推动体育与文化、旅游相结合提出了明确要求。在市场经济的时代，民族传统体育已被看成是一种新兴的旅游产业，受到国内外旅游界人士的高度关注，是发展旅游经济、增强地方经济活力的需要。少数民族传统体育的有形载体和无形的精神文化内涵具有明显的地域性、民族性、时代性、艺术性和欣赏性，是民俗旅游中最有魅力、最为灿烂的典型"产品"，是人文旅游最有情操、最为高雅的新亮点，具有促进地方经济发展的潜在功能和开发价值。丰富民俗旅游，促进区域经济发展，让文化软实力成为实现"中国梦"的硬支撑。

总之，把握民族传统体育文化的本质及发展规律，提出丰富和发展民族传统文化的方法，对于社会文化多样性保护，提高各民族人民的自信心和自豪感，加强民族文化建设，加强民族团结和国家的稳定发展都具有积极作用。同时，对于促进民族经济发展，推进全民健身，提升民众的幸福感具有战略性意义。

综上所述，民族文化精华的存在，事关人类文化生态系统物种多样性的保存，事关人类文明永恒问题的理解，事关民族生命之"线"的延续，对其传承问题进行研究极富时代价值。关于这一点，习近平总书记进行了多次阐述，对中华优秀传统文化的价值定位，作出了八个重要论断：其一，中华优秀传统文化是中华民族的"根"与"魂"。其二，中华优秀传统文化是中华民族的文化基因和精神家园。其三，中华优秀传统文化是中华民族生生不息、发展壮大的丰厚精神滋养。其四，中华优秀传统文化是涵养社会主义核心价值观的重要源泉。其五，中华优秀传统文化是中国特色社会主义植根的文化沃土。其六，中华优秀传统文化是治国理政的重要思想文化资源。其七，中华优秀传统文化是实现中华民族伟大复兴中国梦的重要精神支撑。其八，中华优秀传统文化是我们在世界文化激荡中坚定文化自信的坚实根基和突出优势。这八个论断，不仅涉及对历史经验的总结，也涉及对现实需要的考量，还涉及对发展前景的展望，对中华优秀传统文化的价值定位进行了全面而凝练的概括，对今天我们要传承和弘扬中华优秀传统文化的意义进行了科学的诠释。

第二节　研究目的

一　初步构建武陵山区少数民族传统体育文化传播理论体系

通过逻辑分析和归纳方法，对武陵山区少数民族传统体育文化空间的概念、内涵、类型、特征、功能等进行研究，初步构建少数民族传统体育文化传播理论体系，有助于对少数民族传统体育文化传播领域尚未厘清的范畴进行核心思想定义、内在规律阐述、理论系统化等建设，有助于提升国家的软实力。

二　了解武陵山区少数民族传统体育"文化空间"的现状

本研究从传播学角度出发，通过现状调查，同时结合文献资料，对武陵山区少数民族传统体育文化空间的传播现状进行分析，厘清其存在的问题。

三　提出重构武陵山区少数民族传统体育文化空间的传播策略

本研究运用传播学理论，提出武陵山区少数民族传统体育文化的发展模式和策略。

第三节　研究对象与方法

一　研究对象

本研究主要以武陵山区少数民族传统体育"文化空间"为研究对象，分析其当前的现状，针对其存在的问题提出相应对策，以期促进其健康发展。

二 研究方法

(一) 文献资料法

通过中国知网、万方数据库等相关平台，查阅、收集、整理相关文献资料，了解当前武陵山区少数民族传统体育文化空间发展面临的问题，制定研究方案，为本研究提供理论支撑。

(二) 田野调查法

本研究选取武陵山区地域性特征明显的少数民族村寨、社区民俗体育进行田野调查，以恩施的摆手舞和宜昌的巴山舞等民族传统体育文化为个案，通过访谈和观察，对演进中的武陵山区少数民族传统体育文化的媒体融合传播现状进行分析，以纸笔记录、录音、录像、拍照为主要技术手段，采集相关材料。

(三) 问卷调查法

编制《恩施州来凤县在校学生对本民族传统体育"摆手舞"的文化自觉现状调查》等问卷，并进行信度和效度检验，对民族地区在校高中学生进行调查，为土家"摆手舞"在当地高中的传承提供了真实、可靠的数据。

(四) 专家访谈法

对长阳土家族自治县体育局局长、退休体育教师以及长阳土家族民俗文化村村长——"巴山舞之父"覃发池等专家进行访谈，了解少数民族传统体育文化的传承与传播现状，厘清存在的问题，以便提出相应对策。

第 二 章

民族传统体育文化传播的
理论基础

　　文化是人类社会发展、进步的一个重要内容和精神动力。广义上讲，文化即所谓的大文化，是指人类改造客观世界和主观世界的活动及其成果的总和，包括物质文化和精神文化两大类。物质文化是通过物质活动及其成果来体现的人类文化；精神文化是通过人的精神活动及其成果来体现的人类文化，包括思想道德和科学文化。狭义上讲，文化是指专注于人类的精神创造及其成果。从逻辑上，后者从属于前者，相当于广义文化的深层结构——精神层面。美国社会学家戴维·波普诺（David Popenoe）认为，社会学家与人类学家对文化的共同定义是：文化是人类群体或社会的共享成果，这些共有产物不仅包括价值观、语言、知识，而且包括物质对象。

　　民族文化是民族内部彼此认同的核心，其基本要素有：服饰、节庆、语言文字、饮食方式、居住形态等。这些都是在漫长的历史活动中自然形成的，与当地的气候、山川、风物、传统等浑然一体，是民族历代先祖集体智慧的结晶，是一个民族区别于其他民族的根本标志。民族传统体育文化是民族文化宝库中的一块瑰宝，在培养各族人民优良品质、强健体魄、规范社会行为和加强民族团结的社会实践中发挥着巨大作用。在社会历史大变迁的今天，在外来文化的冲击下，民族传统体育文化面临着机遇与挑战，实现现代化转型，需要加强理论建设和创新传承，这是新时代体育文化人的历史使命。

　　首先，应加强理论建设，强化科学指导程度。"没有理论指导的实践就是盲目的实践，而盲目的实践是不会取得成功的。"要继承和发展民族传统体育文化，首先必须重视对其进行科学研究和理论建设。目前，民族传统体育文化的理论研究尚属体育理论研究中的一个新课题，这方面工作开展的滞后状况，严重地影响了民族体育工作的改革与发展，使之缺乏科学的理论基础和理论导向。因此，民族传统体育文化的理论建设与科学研究应是当前民族体育工作的当务之急。

从研究的任务来看，对民族传统体育文化的研究，从单纯的体育科学视角或仅兼顾其民族性进行研究是不全面的，因而也难以深刻地分析、推论、演绎出各民族传统体育的本质特征。所以，以多学科角度透视为基础，多方位、多层面地对民族传统体育进行科学的理性探索，才能获取对民族传统体育的本质特征、文化内涵、哲学理念、价值功能及其发展规律较准确、客观的认识。民族传统体育的表现形式多种多样，涉及体育与人、体育与社会、体育与民族文化、体育与自然环境之间错综复杂的关系。因此，民族传统体育文化作为一种社会存在和体育现象，从研究范畴来看，民族传统体育是一门涉及社会科学知识、自然科学知识等多学科知识领域的综合性学科知识体系，既可从体育学角度研究，也可从民族文化学的角度进行探索；既可从体育史学的范围着手研究，也可将其视为一种普遍意义的社会文化现象，从文化人类学和文化社会学的综合性角度进行全面的考察。在民族传统体育文化的研究探索中，应加强体育学与民族学、社会学、文化学、哲学、伦理学、人类学等多学科知识的综合性研究，使其研究工作向着更深层次、更广阔的方向发展。

民族传统体育文化的理论研究与应用研究亟须加强，进一步充实和完善民族传统体育学的科学理论，构建民族传统体育文化理论体系。应从体育学、民族学、哲学、传播学等多学科角度对民族传统体育文化进行系统而深刻的研究，从而把握民族传统体育产生的文化背景、社会功能、本质内涵及演进规律，提出促进民族传统体育文化的现代化发展，加强民族文化建设，推动少数民族和民族地区文明进程的理论[①]。

其次，加强文化创新传承研究。所谓"创新"，就是在求异的前提

---

① 田祖国、钟海平、白晋湘、龙佩林：《民族传统体育文化研究的方法论原则和理论体系的构建》，《南京体育学院学报》2003 年第 6 期。

下，发现前所未闻的规律，发明前所未用的技术，实施前所未有的举措，创造前所未见的事物。文化发展的实质，就在于文化创新。文化在交流的过程中传播，在继承的基础上发展，都包含着文化创新的意义。运用多学科的理论与方法，多角度、全方位地对民族传统体育文化的传播进行审视，逐步建立起科学的理论传播体系，在实践中提高民族传统体育文化传播的科学化、现代化、社会化程度，促进民族文化的繁荣。

传播学的理论主要包括场域理论、符号互动论、创新扩散理论、自组织理论、共生理论、生态学理论和文化空间理论。

第一节 场域理论

一 场域理论的来源

"场域"来自"场"一词，"场"的概念最初由著名的物理学研究者牛顿提出，指物体周围传递重力或电磁力的空间。这个发端于自然科学的定义逐渐被社会科学广泛应用，衍生出"场"的空间概念，比较著名的有美国社会心理学大师库尔特·勒温（Kurt Lewin）发明的"心理场"，勒温主张"从事物的相互关系中研究事物的本质，从而实现一种整合性的理论建构"[1]。勒温的理论建构无疑受到了"关系"思维的影响，这一概念后来由法国当代著名的思想家、社会学家、人类学家、文化理论批评家皮埃尔·布尔迪厄（Pierre Bourdieu）发展创新，经过多年的人类学经验研究和对结构主义的批判，布尔迪厄在惯习、资本等概念的基础上提出了"场域"这一概念，并由此发展出较为完整的"场域理论"。

二 场域理论的概念与观点

场域理论是很有影响力的社会心理学的主要理论之一，是关于人类行为的一种概念模式。场域、惯习和资本是布尔迪厄批判性媒介研究的主要学术工具[2]。

---

① 申荷永：《充满张力的生活空间：勒温的动力心理学》，湖北教育出版社 1999 年版，第151 页。

② 高宣扬：《布尔迪厄的社会理论》，同济大学出版社 2006 年版，第 139—140 页。

（一）场域

1. 场域的概念

场域（field）是布尔迪厄社会学理论中的核心概念之一，布尔迪厄把场域定义为"在各种位置之间存在的客观关系的一个网络（network），或一个构型（configuration）。"① "一个场域的结构可以被看作不同位置之间的客观关系的空间，这些位置是根据他们在争夺各种权力或资本的分配中所处的地位决定的。"另外，这些位置的界定还取决于这些位置与其他位置（统治性、服从性、同源性的位置等等）之间的客观关系。"②

场域，即指人们围绕着某一参与对象（如政治、经济、艺术、科学、教育等等）而形成的社会圈。它是由一些具有共同生产物、价值观、思想、制度、组织、规则的人员组合而成的多元复合体。场域是一个客观关系构成的系统，而不是实体系统。人的每一个行动均被行动所发生的场域所影响，而场域并非单指物理环境而言，也包括他人的行为以及与此相连的许多因素。场域既是布尔迪厄社会学理论的概念，也是他从事社会学研究的分析单位。场域所指涉的范畴也十分宽泛，它既可以指具体的、正规的集团组织，也可以指有着某些共同价值观念的松散的社会网络体系。

2. 场域的基本特征

场域具有以下自身的基本特征：关系性、斗争性、历史性、相对自主性和不稳定性。

（1）关系性

场域内有复杂的关系，进入一个场域的行动者之间以及场域与场域之间，共同受制于元场（政治场、经济场），并且在政治场和经济场之间各自相互独立又关联地存在着。

关系性思维是布尔迪厄的理论之核，因此，在20世纪90年代，他又

---

① L. D. Wacquant，"Towards a Reflexive Sociology：A Workshop with Pierre Bourdieu"，*Sociological Theory*，Vol. 7，No. 1，June 1989，pp. 26 – 63.

② ［法］皮埃尔·布尔迪厄：《文化资本与社会炼金术》，包亚明译，上海人民出版社1997年版，第142页。

称自己的理论为"关系性的科学哲学"①。在一个系统或一个社会空间与场域中，任一行动者或行动单元的行为逻辑与社会命运，是在和别的行动者或行动单元的相互关系中得到界定的，这种关系既是一种个体关系，同时又构成了某一社会空间或场域。这些行动者是在由自己构成的社会空间中行动，所以行动者自身是社会化的，"个人的即是社会的"，是被结构所限定的客观化了的主观；结构是浸透了行动者日常生活实践的主观化了的客观。他将自己的这种社会学方法称为"生成的结构主义"，是"结构的建构主义"或"建构的结构主义"。这样，布尔迪厄就将客观主义和主观主义的分离进行了沟通②③。在布尔迪厄那里，关系始终处于一种对"利益"的争夺中。

（2）斗争性

场域既是力量的空间，又是一个永恒斗争的场所。"场域作为位置空间的结构并不是一成不变的，它是一个永恒斗争的场所"④。场域中以及场域间充满竞争，这是场域运动的表现。

场域内存在力量和竞争，而决定竞争的逻辑就是资本的逻辑。争夺的对象不仅包括资本的垄断权，还包括场域规则的制定权。一种资本总是在既定的场域中灵验有效，它既是斗争的武器，又是争夺的关键。根据不同的位置及资本，行动者采取不同的策略。行动者的策略总的来说可分为三种：即保守、继承和颠覆。当一个场域基本上处于稳定或静止状态时，保守或继承策略是行动者的主要选择；但是，当一个场域处于激烈的变革状态中时，保守策略和颠覆策略的符号斗争就成为场域一般特性。

场域中的行动者将资本作为手段，在惯习逻辑的规则下追求更多的资本，从而发生位置和关系的变化。由于资本的不平等分配，场域内部

---

① Rondney Benson And Erik Neveu, *Bourdieu and the Journalistic Field*, Cambridge：polity press，2005，pp.1，32.

② ［法］皮埃尔·布尔迪厄、［美］华康德：《实践与反思——反思社会学导引》，李猛、李康译，邓正来校，中央编译出版社1998年版，第1页。

③ ［美］维·斯沃兹：《文化与权力：布尔迪厄的社会学》，陶东风译，上海译文出版社2006年版，第74、158页。

④ 朱国华：《权力的文化逻辑》，生活·读书·新知三联书店2004年版，第20页。

充斥着潜在的和活跃的力量，存在着为争取权力来界定一个场域的斗争，个体在场域中展开竞争。一个场就是一个有结构的社会空间，每一个场域中都有统治者和被统治者，而任何统治都隐含着对抗，有在此空间起作用的恒定、持久的不平等的关系；同时，也是一个为改变或保存这一实力场而进行斗争的战场。每个获准进入场域的行动者必然会受到场域逻辑的压力，也就是会认同场域的游戏规则，这就是所谓入场费；但另一方面，每个行动者都程度不同地谋求获得更多的资本，从而获得支配性位置[①]。因为场域中的行动者的位置是由其在这个空间中的权力或者资本的质量与数量的分布来决定的，所以一切场域都被权力场包含在内，都和权力场有着控制与妥协、制约与反抗的关系。场域像是一个"角斗场"，其内部时刻进行着关于权力、力量和地位等资本形态的较量。

资本不仅是场域活动竞争的目标，同时又是用以竞争的手段。有学者将场域看作是生产符号暴力的场所，生产者生产的符号产品成为胜利者后，必然要向社会扩散。场域不同，生产的符号也不同，这样就造成场与场之间的斗争。

场域内部的斗争最终会演变成场域外部的斗争，斗争的永恒性导致占主流地位的符号不固定，引起场域的界限和能量发生变化，维持社会运转。

场域是由社会成员按照特定的逻辑要求共同建设的，是社会个体参与社会活动的主要场所，是集中的符号竞争和个人策略的场所，这种竞争和策略的目的是生产有价值的符号商品，而符号商品的价值依赖有关的消费者社会对它的归类，符号竞争的胜利意味着一种符号商品被判定为比其竞争对象拥有更多的价值，并可将之强加于社会，布尔迪厄称之为"符号暴力"。就是说，场与场之间不是平行的，而是包含所属关系的。在这种所属关系中，场的独立性就表现为一种相对的独立性。

（3）相对自主性

自主性实际上是指某个场域摆脱其他场域的限制和影响，在发展的

---

① 李全生：《布尔迪厄场域理论简析》，《烟台大学学报》（哲学社会科学版）2002年第2期。

过程中体现出自己固有的本质①。科学场具有较高的自主性，能够在一定程度上摆脱政治上的影响。但是大部分的场域受到权力场、政治场的控制，权力场、政治场在某种意义上作为"元场域"存在着。

布尔迪厄认为，社会空间中有各种各样的场域，场域的多样化是社会分化的结果，这种分化的过程视为场域的自主化过程。现代社会世界高度分化后产生一个个"社会小世界"（微观世界，microcosm），就是各种不同的"场域"，如经济场域、权力场域、艺术场域、科学场域等；社会作为一个"大场域"（和谐统一体，cosmos），就是由这些既相互独立、又相互联系的"小场域"构成的。

场域的生成过程就是各场域在社会分化过程中不断获得相对独立性，并形成一套自己独特的价值观和运行逻辑的过程。外部资源要想渗透到场域内部，必须转换成场域本身的结构元素，才能发挥作用②。每一个场域都是一个独特的空间、一个独特的圈层，同样也是一个具有不同规则的游戏圈，这种游戏圈使得不同场具有完全不同的游戏方式，社会行动者一旦进入某个场域，必须表现出与该场域相符合的行为以及使用该场域中特有的表达代码；但是，又因为资本种类的相通，场域又具有相对统一的联系。场与场之间是包含所属关系的，在这种关系中，场的自主性就表现为相对自主性。

因此，场域是一个相对独立的社会空间，相对独立性既是不同场域相互区别的标志，也是不同场域得以存在的依据。场域的相对独立性表现为不同的场域具有不同的"逻辑和必然性"，即"每一个子场域都具有自身的逻辑、规则和常规"。

（4）历史性

"场域"是指出场者的历史生活的空间。出场学是关于场域研究的学说，指涉历史出场者所处的历史语境与思想符号之间的辩证关系。场域的定义、本质、分类、步骤、研究对象等一系列的体系架构，都是在马

---

① ［法］皮埃尔·布尔迪厄、［美］华康德：《文化资本与社会炼金术》，包亚明译，上海人民出版社 1997 年版，第 143 页。

② ［法］皮埃尔·布尔迪厄、［美］华康德：《实践与反思——反思社会学导引》，李猛等译，中央编译出版社 1998 年版，第 1144 页。

克思主义出场学关于历史建构的交往实践视阈中逻辑地展开的。场域的展开不仅是历史建构，而且是空间建构；不仅是单一存在的实践，而且是多元主体的交往实践；不仅是已成的、指向以往历史的客体存在（在场），而且是一种指向未来和他者的价值存在。场域不仅是存在空间和历史语境，更是出场者的立场①②③。

总之，场域中的法则是历史的，它是不断生成和变化的结果，其动力就来源于行动者的争夺。

（5）不稳定性

场域是一个动态关系网络④，因为场域中存在着积极活动的各种力量，它们之间不断"博弈"（game），使场域充满活力，且类似于一种"游戏"。场域的核心是贯穿于场域中的力量对比和斗争的紧张状态。因此，场域是各种有形的和无形的、历史的和现实的、物质的和精神的因素相互斗争的关系网络。因此，场域中的基本法则是在不断变动的，其基本的变动动力就来自场域中行动者的争夺行为。场域本身就是一个充满斗争的场所，场域内部的斗争最终会演变成场域外部的斗争，这种斗争的结果会达到一个平衡，但斗争的永恒性导致占据主流地位的符号不是固定的，所以场域中的能量是不断变化的。

在布尔迪厄看来，场域及其边界的确定，都充满着不同力量关系的对抗。场域的界限是由场域自身决定的，没有先验的答案，"场域的界限在场域作用停止的地方"。布尔迪厄由此提出了"资本"这一概念："在场域中活跃的力量是那些用来定义各种'资本'的东西"。

（二）资本

1. 资本的概念与分类

不同于经济学里的资本概念，布尔迪厄的资本概念指的则是行动主体的社会实践工具，是行动主体通过实践活动积累起来的物质的、身体

---

① 任平、孙琳：《场域：符号与历史的出场意义》，《天府新论》2012 年第 3 期。

② 朱国华：《文学场的历史发生与文学现代性》，《河北学刊》2005 年第 4 期。

③ 张意：《现代性历程中的文学场》，《新疆大学学报》（哲学·人文社会科学版）2011 年第 4 期。

④ 张意：《文化与符号权力：布尔迪厄的文化社会学导论》，中国社会科学出版社 2005 年版，第 71 页。

的或者象征性的劳动，这种劳动可以作为社会资源在排他的基础上被行动者或群体所占有①。布尔迪厄认为资本是一种能量，借助这种能量，人们可以对自己和他人未来的社会地位发生改变。在社会世界里，行动者依靠资本的控制力来进行竞争，以此界定他们在社会生活中的阶级地位。

根据资本的不同作用，他把资本类型分为经济资本、文化资本、社会资本和象征资本。这四种类型的资本中，经济资本是根源。

（1）经济资本（economic capital）：以金钱为符号，以财产权的形式被制度化，它可以迅速转化为金钱等物质形式，表现为制定化的财产权。

资本是一种力量，铭写在主体或客体结构中；它也是一条原则，强调社会世界的内在规律性。绝大多数的非物质形式的资本都可以表现出物质资本的形式，同理，绝大多数物质类型的资本也可以文化资本或社会资本的非物质形式表现出来。

（2）社会资本（或社会关系资本，social capital）：是指一个人或群体凭借拥有一个比较稳定、又在一定程度上制度化的相互交往、彼此熟悉的关系网络，从而积累的资源的总和，它反映了更为复杂的社会场域的结构和权力关系。

首先，这种关系网络具有集体性和制度化的基本属性。集体性是指社会资本赋予关系网络中的每一个人一种集体拥有的资本，一个人拥有的社会资本的多少，既取决于他可以有效调动的关系网络的规模，也取决于与这些网络相关的各种人拥有的资本（经济、文化、符号）的数量。制度性是指行动者在交往中采取特定的策略来确定或再生产某些社会关系，把偶然的关系（如邻里关系、同事关系，甚至亲戚关系）转变为选择性的持久关系，这种关系可以满足行动者主观上的需要（感激、尊敬、友谊等），又可以进一步转变为在体制上得到保障的权力关系。

其次，社会资本离不开社会交往，制度化关系网络的确立和维持必须以稳固的物质性交换和符号性交换为基础。

社会资本以社会声望、社会头衔为符号，以社会规约为制度化形式，形成于社会关系中，在一定条件下也可以转化为经济资本。

（3）象征资本（Symbolic capital）：是以某种符号化的意义而存在，

① 薛晓源、曹荣湘主编：《全球化与文化资本》，社会科学文献出版社 2005 年版，第 3 页。

也可以转化为经济资本，在本质上是有形的经济资本。

可以将象征系统比喻成"构建中的结构"，语言、手势、等级地位、年龄、肤色等意义体系以及区分模式就使我们的社会有秩序、有意义地发展着。还可以将象征系统比喻成"被构建的结构"，行动者对一件事物的认知和交流能力需要从象征符号当中获取，通过这样的过程形成对一件事物内在感知的能力，行动者之后会以这些象征符号作为标准对事物进行划分和判断。由此，可以将象征权力看成是支配场域的软暴力，会渐渐地将场域区分原则和其他相应合法化的东西灌入行动者的大脑。

（4）文化资本（cultural capital）：泛指任何与文化及文化活动有关的有形或无形资产①，是"指一种标志行动者的社会身份的，被视为正统的文化趣味、消费方式、文化能力和教育资历等的价值形式"，表现为制度化的教育资格，以作品、文凭、学衔为符号，以学位为制度化形态。

任何一种正统文化都隶属于一个社会场域，一个人的文化素质和知识水平的高低，以及这些素质和水平与正统文化的相符程度决定了他在特定场域中所处的地位，同时，制约因素还有这个人所属阶级和家庭等多个方面。文化资本便被布尔迪厄用来表示一个人在文化上的各种有利和不利因素。他指出，文化资本是指标志一个人的社会身份的、世代相传的，被视为正统的文化趣味、消费方式、文化能力和教育资历等的价值形式②。因此，总的来说，"文化资本"指任何与文化及文化活动有关的有形及无形资产。

文化资本分配的不平等和不均匀使得文化资本具备了应有的价值。一种文化资源的掌握者越少，那么此种文化资源就越有价值。周围的生活环境和社会环境共同影响着文化资本。作为个人而言，文化资本是通过后天教育而获得的文化资源，需要行动者付诸艰苦的汗水和努力，需要进行漫长的实践经验累积。一个人所占有资本的质量和数量决定了他在一个场域中的地位的高低。同样，一个社会阶层在社会中的地位取决于其占有的文化资源的多少。

---

① 朱伟珏：《"资本"的一种非经济学解读——布尔迪厄"文化资本"概念》，《社会科学》2005 年第 6 期。

② 宫留记：《布尔迪厄的社会实践理论》，河南大学出版社 2009 年版，第 147 页。

"文化资本"是布尔迪厄将经济学概念成功地运用于文化研究的典型例子，第一个完整地提出了文化资本理论，指出，文化资本是指借助不同的教育行动传递的文化物品①。在当今社会，文化已渗透到社会的所有领域，并取代政治和经济等传统因素跃居社会生活的首位②。

布尔迪厄将文化资本划分成身体化形态、客观形态及制度形态三种基本形式。

①身体形态的文化资本：指行动者通过早期部族和家庭教育获得传统文化产物并使其成为身体与精神一部分，这种产物包括教养、品位、知识、技能及感性等，成为精神与身体的一个有机组成部分，布尔迪厄将其解释为"习性化"。体现在行动者身体和精神持久的性情倾向中，是通过家庭环境及学校教育获得，并成为身体与精神一部分的知识、教养、技能、品位等文化产物。

行动者通过学习来提高文化修养和积累知识，但是如果不想要这些修养和知识流于表面形式，成为一种仅仅用来装点门面的临时性知识，就必须进行充分的吸收和消化，使之真正成为行动者身体与精神的一个组成部分，唯有如此，这些修养和知识才有可能转换成身体形态的文化资本。

文化资本的身体化过程必然伴随着大量的时间消费。文化能力以内在化为前提，这一过程需要学习，需要行动者身体力行，花费大量的时间和精力，无法由其他人代理，最终只能体现于特定的个体身上；它也"无法通过馈赠、买卖和交换的方式进行当下传承"，具有身体性、无意识性、独特性、隐蔽性等特点。身体形态的文化资本如同任何物质财富一样，同样可以投资于各种市场，并获取相应的回报。

从表面上来看，知识与修养等文化资本是人类共同的精神财富。它既无法私有化，也不受法律的保护。因此从理论上讲，只要有良好的学习条件和具备一定学习能力，任何人都可以获得，这种表面的公共性也使它更具普遍价值。但实际上，身体化文化资本的积累不仅需要花费行

① 郭凯：《文化资本与教育场域——布尔迪厄教育思想述评》，《当代教育科学》2005年第16期。

② 朱伟珏：《超越社会决定论》，《南京社会科学》2006年第3期。

动者大量的时间和精力，通常还必须以雄厚的经济实力为后盾。

②客观形态的文化资本：以物化形态为表现形式，表现为文化商品的形式，具体指书籍、绘画、纪念碑、古董等工艺品、道具、工具及机械等物质性文化产品，是理论的实现和客体化，也可以是某些理论、问题的批判等等，是文化资本的客体化形式，是一种可以直接传递的物化形态文化资本①。

一个人的客观形态文化资本随着他的物质性文化财富的增多而增加。由于其物化形态的特性，使得人们通常以为要得到它们只需要足够的金钱，这是一种片面的看法。任何事物要成为文化资本，就必然包含一些身体化文化资本的特点。也就是说，客观形态的文化资本不是完全物化的与身体化过程毫不相关的资本，行动者的身体形态文化资本要想发挥作用，就必须投入到具体的市场中去。

③体制形态的文化资本：是一种制度化形态，表现为一定时期的教育体制、资助形式等②，表现为某些制度性的规定或规则，如学历认定、学术资格等。它是以制度化的形式正式承认行动者掌握的知识与技能，并授予合格者资格认定证书和文凭等。目的是将个人层面的身体形态文化资本转换成集体层面客观形态文化资本。文凭是制度形态文化资本的典型形式。布尔迪厄指出，学历资本的积累只有通过经济层面的教育投资才能实现，通过此种方式——布尔迪厄称之为社会炼金术——获得的文化资本具有"一种文化的、约定俗成的、经久不变的、合法化的价值"。

制度形态的文化资本不需要通过特定的人得以体现，它的获取也不一定需要漫长的时间。这种制度形态的文化资本超越传统身体形态局限，使全体所共同占有。它的生存依赖于国家和社会，如果没有社会的公认，它便不复存在。

布尔迪厄认为，通过文化资本所获得的利润"与他（行动者）所掌

---

① 李全生：《布尔迪厄的文化资本理论》，《东方论坛》2003 年第 1 期。
② 薛晓源、曹荣湘主编：《全球化与文化资本》，社会科学文献出版社 2005 年版，第 6 页。

握的客观形态（文化）资本以及身体形态（文化）资本的多少成正比"①。

布尔迪厄认为，文化资本的积累通常是以再生产的方式进行的，"文化再生产"是一个体现代际文化资本传递方式的概念，受到各种外在因素（时间、转换和实践行为）的制约，文化资本的再生产可以被理解成一种具有有限自由的重复性生产。

文化再生产要通过早期家庭教育和学校教育实现。

①家庭教育：早期社会化主要依靠学前的家庭教育，既有父母对子女的有意识的传导，也有子女对父母的无意识的效仿，继承父母的文化资本并将其身体化。这是一种潜移默化的教育，如果子女获得了上辈人的"惯习"，可以说基本上实现了这一阶段的文化资本再生产的目的。文化资本的再生产其实是一种社会化的结果，通过社会化，不同家庭背景的子女继承他们父辈的文化资本，从而使社会成员之间的差异代际传递。以继承的方式所进行的文化资本的再生产更具隐蔽性、更容易被人们所忽略（被误认）。

②学校教育：布尔迪厄指出，学校是除家庭以外最重要的生产文化资本的场所。与个性化的家庭教育不同的是，孩子们只有等到法定年龄才能入学，在学校接受的是一种经过预先设计、内容统一的集体教育，文化资本的传递"从较晚的时期开始，以一种系统的、速成的学习方式"进行。

在现代社会中，家庭和学校所承担的传承功能不同，培养目标也不同。通常，家庭主要是培养"教养"和"规矩"等广义品位与感性的地方，而孩子们从学校获得的主要是系统性专业知识及社会技能等文化资本，往往通过考试的形式正式获得社会的承认，并通过颁发文凭的方式被固定与制度化。身体化文化资本正是通过这种方式被转换成一种制度形态的资本的②。

---

① 包亚明：《布尔迪厄访谈录——文化资本与社会炼金术》，上海人民出版社 1997 年版，第 199 页。
② 朱伟珏：《文化资本与人力资本——布尔迪厄文化资本理论的经济学意义》，《天津社会科学》2007 年第 3 期。

2. 资本的特征

布尔迪厄特别论述了资本的可转换性和可传递性。他认为，资本是一个深受惯习和场域等因素影响、不断发生着各种变化并能够转换成其他各种形态资本的运动体。在场域中，经济资本是显性的资本，而社会资本、文化资本和象征资本是隐性的资本。四种资本是可以相互转化：经济资本具有最广泛的用途，能够更直接、更容易地转换为其他三种资本；而社会资本和文化资本也可以向经济资本转化；经过一定的权利斗争，大多数资本可以转化为展现人们社会地位的象征资本。这种资本的转换和生产显然不是在一成不变的条件下完成的，它是一种资源的总动员，是在环境和行动者行为倾向等变量的共同作用下，利用一切可以利用的资源创造出来的。

布尔迪厄的文化资本再生产理论揭示了资本主义社会中再生产的原因和规律。表面看，这种再生产是文化资本的再生产和教育场域的自我再生产，但从深层看，这其中又伴随着阶级惯习的再生产和特权、不平等的再生产，再生产的结果就是整个社会结构的自我复制。

（三）惯习

布尔迪厄将场域分为空间和时间两个维度，沿着时间的维度考察，行动主体在长期的社会实践中逐渐累积起来的社会经验，会在行动者的思想上留下痕迹，从而影响行动者对于外界的感知，进而构成行动的倾向，这就是布尔迪厄所指的惯习。

1. 惯习的概念

惯习（或称为习性，habitus、habitat），是"深刻地存在于性情倾向的系统中、作为一种技艺（art）存在的生成性（即使不说是创造性的）能力，是完完全全从实践操持（practical mastery）的意义上来讲的，尤其是把它看作是某种创造性艺术"①。

2. 惯习的特征

惯习具有时间的向度，是历史、结构和社会化的产物，早期社会化的经历对于惯习的形成至关重要。它来自个人和群体长期的实践活动，

---

① 陈宇光：《论布尔迪厄社会实践理论的三个核心概念》，《南通职业大学学报》2003 年第 4 期。

经过一定时期的积累，经验内化为人的意识，成为行为的生成机制，体现在现实的实际行动中，又更进一步预示着行动者的未来，对行动者的活动具有一定的指导意义，贯穿行动者一生的行为。

可以从以下几方面来理解惯习：

（1）惯习是一个持久的、可转移的禀性系统。一方面，惯习具有稳定性，牢牢植根于人们的心智以至于身体的内部，具有很强的稳定性，倾向于抗拒变化，同时会超越人们遭遇的一些具体情境而发生惯性作用；另一方面，惯习是可以迁移的，在某种领域获得的经验（例如家庭的经验）也会在其他领域（例如职业）产生效果；这是人作为统一体的首要因素①。再有，惯习是一种倾向系统，通过个人的社会化而实现社会结构的内化（被结构的结构），也通过指导人们的实践再生产着社会结构（具有结构能力的结构）。惯习代表一套内化了的能力和结构化了的需要，一套感知方式、思考、欣赏和行为方式系统②。

（2）惯习在潜意识层面上发挥作用。惯习的框架、分类模式的特殊效力在意识和语言的水平之下，内省研究或者意愿控制之上发挥功能，超越了意识控制范围。

（3）惯习是实现内在化和外在化的双重过程，更是完成主观与客观、个人与社会共时运动的相互渗透过程。惯习具有开放性和能动性，指导着人们的活动，具备行动者的主观精神状态和客观实践活动的双重形态。一方面，惯习具有创造性、建构性，是与客观结构紧密相连的主观性，既是个人的，又是集体的，是一种社会化了的主观性③。

（四）场域、资本和惯习之间的关系

场域、资本和惯习这三个概念必须放在场域理论体系中考察才有准确的意义。

1. 场域和资本

布尔迪厄本人曾谈及文化资本和场域的紧密关系："一个人必须看

---

① ［法］菲利普·柯尔库夫：《新社会学》，钱翰译，社会科学文献出版社 2000 年版，第 36 页。

② 毕天云：《布尔迪厄的"场域—惯习"论》，《学术探索》2004 年第 1 期。

③ ［法］皮埃尔·布尔迪厄、［美］华康德：《实践与反思——反思社会学导引》，李猛、李康译，中央编译出版社 1998 年版，第 1700 页。

到，因为资本是一种社会关系，即是一种仅仅在它被生产和再生产的领域中存在和生效的能量，所有与阶级相关联的资产价值和效度都是由每个领域中的特定法则给予的。"在一个特定的场中，资本是斗争的武器和股本，它使资本占有者能够行使权力及施加影响①。

2. 场域和惯习

场域是行动者实践的场所，惯习来自实践的过程，这样惯习和场域就在实践中统一起来，两者相互依存，不可避免地互相影响、不可分割。

场域和惯习之间的关系体现在两个方面。

一方面，惯习和场域的关系是一种约束关系：场域塑造着惯习，场域中所拥有的资本数量和所处位置的不同影响着一个行动者惯习的形成；而惯习活跃着场域，通过对自身所拥有资本数量和结构的分析，采用相应策略，以获得更有利的资本，来改变场域的现状。每个场域都有惯习，每个惯习只能在场域中存在，并且每个惯习和产生它的场域是对应的关系。不同的场域有不同的惯习。

另一方面，惯习和场域的关系是一种构建关系：场域和惯习之间是一种通过实践为中介的"生成"或"建构"的动态关系。惯习将场域构建成一个有意义、有价值的世界。在惯习和场域的关系中，历史因素不能排除在外，同一场域随着变迁会发生惯习的变化②。

3. 资本和惯习

个体与社会结构（阶级）之间并不总是一种被规定的单向关系，个体在他们富于竞争性的卓越化游戏中，总是积极地利用文化资本。

4. 场域、资本和惯习

布尔迪厄将场域理论比作一个游戏，惯习和资本就是游戏中的王牌。惯习和资本为场域中的参加者规定了可能的本质属性，这些王牌决定了游戏的形式和结果。场域是行动者争夺有价值的支配性资源的空间场所，各种资源构成不同形式的资本，每一个场域都有各自占主导地位的资本，

---

① ［法］皮埃尔·布尔迪厄：《文化资本与社会炼金术》，包亚明译，上海人民出版社1997年版，第140、144页。

② P. Bourdleu, L. D. Wacquant, *An Invitation to Reflexive Sociology*, Chicago：The University of Chicago Press, 1992, p. 127.

有多少场域就有多少种资本形式。在特定的场域中，特定的社会位置形成不同的惯习①。可见，三者是紧密联系的：场域是社会高度分化的独立关系网络空间；习性是社会化的开放的性情倾向系统；资本是具有隐喻性的区分形式②。

布尔迪厄的场域概念超越社会科学的主客观的二元对立，为学界贡献了一种新的思维范式。但布尔迪厄的场域理论只是作为一种分析工具来发挥作用，在理论上是引人入胜的，凸显了布尔迪厄理论的形式主义（即建构主义）特点，彻底地贯彻了关系主义的思维视角。这种整体观对我们研究文化的传承与传播具有重要的借鉴价值。

三　场域理论视域下的文化传承与传播

布尔迪厄认为，"一个场就是一个缺乏发明者的游戏"。按照游戏规则这一分类标准，可以把场域分为经济场域、政治场域、教育场域，文化场域等等。

在"文化场域"中，是无限"个体"和"群体"之间构成的；个体，是由某种出于原生性的意识形态的兴趣所赋予我们的与现实的存在关系；群体，则是在表面上仅仅被暂时的或持久的关系所定义，这些关系是其成员之间的某种正式的或非正式的关系。它甚至可以被理解为成员之间相互影响的关系，即主体之间的关系，实际上这是被激活的互相联系的关系。

文化场域包括文化生产场域、文化消费场域等。

（一）文化生产场域

文化生产场域被划分为两个部分：有限生产（restricted）的场域和规模生产的场域，前者为其他生产者进行生产，是该场域中最靠近文化极的部分——文学期刊、前卫艺术与音乐等；后者为一般受众生产，是该场域中最靠近经济极的部分——大众娱乐等。教育场域与媒介场域、新闻场域、艺术场域、科学场域、宗教场域、美学场域等一样，是次场

---

① 李艳培：《布尔迪厄场域理论研究综述》，《决策与信息》2008年第6期。

② ［法］皮埃尔·布尔迪厄：《文化资本与社会炼金术》，包亚明译，上海人民出版社1997年版，第150页。

（subfield）的概念，类属于文化生产场域，直接处于文化生产场域的环境。

1. 教育场域

教育场域就是教育中的复杂矛盾的多元位置间存在的多元关系网络，是有形和无形的整体集合与各种力量的不断重组①。

布尔迪厄把教育看成是现代社会中一个具有自己建制特征、专业利益、资本分配和转换机制的场域②。他认为，教育体制乃是文化再生产和社会等级结构得以延续的制度性基础。教育系统控制着文化资本的生产、传递和转化，因而乃是支配着社会地位、形塑着社会无意识的重要体制，也是再生产不平等社会结构的主要手段③。教育以其自身的相对独立性，不仅通过文化的再生产实现了社会的再生产，而且使之合法化。布尔迪厄的教育再生产理论改变了人们对教育的传统看法，同时为研究教育的功能提供了一个全新的视角。

文化立国，教化为本。文化的基本属性不是商品，更不能等同于歌舞娱乐。文化的核心价值在于，用道德理性、正确的制度与规范引领社会向上。人的正确的世界观、人生观不是与生俱来的，也不是天上掉下来的，只有经过教育才能具备，所以《礼记》说："建国君民，教学为先。"严复说，中国传统教育的根本目标是要树立人格与国性："无人格谓之非人，无国性谓之非中国人。"如今从幼儿园到研究生的任何一个层次，人格与国性的教育都有一定缺位，使孩子从小只受到个人奋斗的教育，却缺乏对民族和国家的责任感。某些为富不仁的商人，造假添毒，危害社会，民怨四起，严重影响了政府形象。这些问题应当引起我们的足够重视。我国是礼仪之邦，讲究尊老孝亲、善友睦邻、诚信宽厚、礼让自谦等等，这是中华民族的优良传统。中华腾飞需要民族精神的引领，这不是几句空洞的口号就能解决的，需要从学校、家庭、社区做起，扎扎实实地开展工作。

---

① 杜小丽：《基础教育场域中教师对学生的"新"评价》，《课程教育研究》2015 年第 8 期。

② 徐贲：《教育场域和民主学堂》，《开放时代》2003 年第 1 期。

③ 朱国华：《权力的文化逻辑》，生活·读书·新知三联书店 2004 年版，第 84、89 页。

2. 媒介场域

媒介场域是指以规模生产的大众传播媒介（如电台、电视台、报社等）为主体、由与新闻传播活动有直接利害关系的各方机构和个人组成的相对独立的遵循自身独特逻辑和规律运转的客观关系网络[1]，是对媒介实践和媒介关系的一种新理解、新视角。

媒介场域并非一个实体概念，而是一种分析和研究过程中的功能性概念。它是一个包含多种构成元素（媒介机构、传播者以及与传播相关的机构和个人等）与矛盾关系的客观关系空间，展示的是由不同的权力（即资本）所决定的处于不同位置的行动者之间的客观关系。（1）文化资本构成了媒介场域的逻辑起点，是媒介场域的基本资本形态。但是文化资本只是媒介场域的显现资本形态，更多的情况下是以一种"符号形态"被确认的。媒介场域是多种资本的交汇地，其参与者拥有各不相同的政治、经济、文化等多种资本，这些资本参与、影响甚至决定着媒介场域的运行过程。（2）媒介场域中行动者惯习的形成，一方面来自行动者的家庭出身和教育，这是一种潜移默化的影响；另一方面来自媒介组织内部控制。媒介惯习的形成，实质是场域内的利益争夺问题，在维护还是颠覆传统惯习的反复较量过程中，媒介发展缓慢推进。

媒介场域具有中介性和低自主性。媒介属于中介性的公共机构，在民主社会中，媒介场域与政治场域、经济场域、文化场域、公众生活场域存在着密切的关系，是联结其他场域的纽带。媒介场域的自主性较一般场域低，更易受外部力量控制，多是政治或经济发展的附属物[2]。

3. 新闻场域

布尔迪厄指出，"新闻界是一个独立的小世界，有着自身的法则，但同时又为它在整个世界所处的位置所限制，受到其他小世界的牵制与推动。说新闻界是独立的，具有自身的法则，那是指人们不可能直接从外部因素去了解新闻界内部发生的一切"[3]。新闻场域主要位于规模生产的场域，因此更靠近他律的经济和政治之极。图2—1显示了新闻的精确结

---

①　丁莉：《媒介场域：从概念到理论的建构》，《社科纵横》2009年第8期。

②　冷夏琰：《媒介场域理论研究综述》，《华中人文论丛》2012年第1期。

③　［法］布尔迪厄：《关于电视》，许钧译，辽宁教育出版社2000年版，第89页。

教育两个渠道获取①。"实践"是文学场域理论的最高原则，实践是习性、资本与场域共同作用的产物，而"关系"思维的结合，使得整个理论体系充满了动感。

5. 艺术场域

艺术场理论认为，艺术研究不仅仅要考虑艺术本体、艺术家、接受者因素，还需要考察包括批评家、艺术史学家、出版商、博物馆、画廊、学院、美术协会等所有艺术行动者作为一个艺术整体的艺术场体制。艺术场内部所有行动者相互博弈从而成就了艺术品的价值，这就重现了传统艺术研究忽略的诸多要素。

场域里的艺术行动者尽管在经济方面没有太多优势，但在场域中占据一定的位置（象征利益），从长远上来看，这些将转换为经济利益，形成真正的经济价值。

这种短期的经济困难，并不会影响艺术家获取有效的文化资本，反而会让文化资本呈现增长的趋势。在艺术历史的长河中，我们看到一些艺术家以捍卫"艺术纯洁性"的名义，在艺术场域中的"有限生产场"中生存下来，获得最后的胜利②。

另外，有研究者基于社会资本理论，解析少数民族传统体育文化传承发展的阶段，探究少数民族传统体育文化传承发展面临的困境。研究结果显示，民族传统体育文化逐步走向消亡的原因主要有：对少数民族传统体育文化信任与认同的缺失、少数民族传统体育项目面临失传和消亡、少数民族传统体育文化的生存和发展关系网络失去平衡等。通过社会资本再生产的措施，促进少数民族传统体育文化有效地传承发展，为摆脱传承发展的困境提供思路，进而积极探索培养民族公共精神的基本面貌，为少数民族传统体育文化的传承发展奠定基础③。

---

① ［法］皮埃尔·布尔迪厄、帕斯隆：《再生产：一种教育系统理论的要点》，邢克超译，商务印书馆 2002 年版，第 14 页。

② 吴晓青：《布尔迪厄艺术场域的"败者为胜"理论研究》，硕士学位论文，湘潭大学，2014 年，第 37 页。

③ 唐明：《基于社会资本理论的少数民族传统体育文化传承发展研究》，《沈阳体育学院学报》2016 年第 2 期。

（二）文化消费场域

随着中国市场经济的繁荣发展、物质产品的富足，我国社会步入了一个转型期，消费逐渐取代生产，成为社会生活的主导[①]，"消费社会"这一来自西方的概念越来越引起中国学者的关注。

消费时代构成文学存在的新语境，文学的商品属性成为影响文学生产和消费的一个重要因素，文学由此获得了新的发展空间，文学由原来的注重认识、教育、熏陶等功能向注重文学的消闲、娱乐这种消费文化转型[②]。

消费社会最显著的变化是消费大众的崛起，消费主义统领下的消费文化呈现娱乐化、平面化、世俗化的特点。消费大众一方面为现代媒体所操控，另一方面也通过市场表达自己的文化选择，挤压着传统的主流文化和精英文化。同时，大众媒介的发达使书面线性阅读的文学必将经受越来越严峻的考验，而文化全球化所带来的文化产品样式和品种的增多也极大地压缩了文学的存在空间。

在消费时代，随着"商品意识""市场意识"不断向各个领域渗透，"生产"这一我们通常用于指称物质生产活动的概念大有取代"创作"而被用于文学领域的趋势。从"文学创作"到"文学生产"，表面上是名词的更替，背后凸显的则是文学创作机制的转型和作家创作精神取向的转轨。同时，随着城市市民大众成为文艺的主要受众，文学接受也呈现出新的特点。表现为：传统经典的解构与戏说；视觉文化、通俗文化的盛行；作为商品消费的文艺消费；文艺作品的收藏与投资等。对消费时代的文学场进行考察，发现当代中国的文学场中，政治资本、经济资本和文化资本三足鼎立且不等值，有学者用"倾斜的文学场"[③]"裂变的文学场"[④] 来概括市场压力下的当代文学生产。在市场的开拓和文学性的坚守

---

① 张永清：《文学体制与新时期文学思潮》，《西北大学学报》2008 年第 3 期。
② 范国英：《文学场的结构与文学价值的生产——以 20 世纪 90 年代的期刊奖和纯文学奖为例》，《廊坊师范学院学报》（社会科学版）2014 年第 2 期。
③ 邵燕君：《倾斜的文学场（当代文学生产机制的市场化转型）》，江苏人民出版社 2003 年版，第 68 页。
④ 单小曦：《现代传媒语境中的文学存在方式》，中国社会科学出版社 2008 年版，第 66 页。

之间，作家在文学艺术方面寻觅突围，文学期刊在不懈探索，对此，文学场理论依然给我们指引：文学正是通过坚守一种价值、一种理想，来守护我们诗意栖居的精神家园，使人生不至坠入平面化，这也正是布尔迪厄文学场理论的深刻意义所在①。

与消费社会同生共长的消费文化，对人们的消费理念、价值取向产生了重要影响。带有明显消费主义特征的消费文化，使消费者往往把消费品彰显自身价值的符号，对消费品、消费品的追逐体现为对符号的追逐。由此产生的种种负面效应，不但异化了消费本身，而且昭示出消费文化的人文缺憾。构建具有时代特征的消费文化，必须为消费文化注入人文精神，通过人文关怀提升消费文化的层次②。

1. 文化场域与旅游场域

文化意识的不断增强使人们开始在旅游活动中更加重视对旅游地文化的体验，这标志着旅游业的发展已经从对经济现象的关注转到对文化的关注。这种对旅游的认识是随着旅游目的地的变迁而逐渐深入的，是旅游业发展得以提高的基础。

布尔迪厄的场域理论使社会科学在研究思维上的空间得到了极大的延伸，使社会研究中抽象的思维方式更加有迹可循。布尔迪厄的场域理论认为，各种关系网组成了世界，在各种关系网之间便是社会活动者活动的空间。关系的构成是场域的存在条件，亦即场域是由无数的关系构成的。场域理论的提出，为文化研究提供了另一种新的视角；将场域理论引入民族文化旅游中，使研究的过程更加注意对文化持有者社会关系的研究，加强了文化持有者与特定的客体之间关系的认识。同时也指明了文化的发展不仅要注意文化区域内各单位的发展，同时也指出在文化区域外的文化客体与文化区域相关的研究。

旅游场域就是以旅游现象为中心而形成的非实体性客观关系网络③。世界各国的旅游业经过了一系列重经营效益的发展后，人们终于认识到，

---

① 姜春：《布尔迪厄"文学场"的理论视野及当代价值》，《江南大学学报》（人文社会科学版）2013 年第 1 期。

② 闫禹、徐晓风：《当代消费文化的人文缺憾》，《北方论丛》2016 年第 2 期。

③ 张晓萍：《民族旅游的人类学透视：中西旅游人类学研究论丛》，云南大学出版社 2009 年版，第 90 页。

旅游业的发展归根结底还是要回归到文化的因素中去寻求。

（1）民族文化旅游的构成

民族文化旅游是在民族资源富集的地区兴起的一种旅游方式，在旅游业中具有很大的特殊性，具有极大的区域特征。在旅游开发中，民族文化旅游兼有观光旅游与体验旅游的特点：民族文化旅游区大多由于受历史环境的影响，其生存生活的环境多为自然资源丰富、风景秀美的地区，同时还伴有当地的少数民族风情，这些都是观光旅游发展的有利条件；由于民族地区的民族具有相对于发达地区的另一种形态的生产方式和生活方式，而在旅游中作为旅游主体的旅游者在民族地区进行旅游活动时，必然以亲身体验民族生活为主要目的，因而，从这一角度而言，民族文化旅游又具有体验的特点。

民族文化旅游的开发主要考虑到民族与文化两大组成部分。民族部分是由特定区域的人们在区域开发中形成的人们共同体，是当地文化的承载体，正是当地的这些民族，通过其自身的努力，开拓了这些地区，因而成为民族地区的重要建设者。民族具有六大特征：共同的历史渊源、共同的生产方式、共同文化、共同风俗、共同语言、共同心理①。在我国，由于历史发展环境的差异，民族地区在各自的客观环境下形成了不同的民族共同体，正是在具有上述特征的人们共同体的努力之下，民族地区物质的、精神的文化才得以形成。文化是民族地区的另一重要组成部分，各民族在自己的文化生活方式上受客观条件的限制影响，从而导致了民族地区的文化特点的形成，即，在纵向上与文化中心地区的文化有着极大的差别，在横向上则与其他民族有着极大差别。文化的传承是文化得以继续发展的基础，各民族在各自的生产和生活中创造了有别于民族地区之外的文化，这种地区域间文化的极大反差是旅游活动中难得的开发资源，也是吸引旅游者参与旅游活动的主要因素。因此，在民族文化旅游开发中，如何协调好区域内部民族与文化两方面的关系，是民族文化旅游区域开发中首要解决的问题。

（2）场域理论在民族文化旅游中的分析

民族文化旅游的发展有着自身特有的规律，这一规律主要建立在民

---

① 吴仕民：《中国民族理论新编》，中央民族大学出版社 2008 年版，第 31 页。

族文化与旅游市场两者之上。但是，如果仅仅保持现有对民族文化旅游的认识还远远不够，随着旅游业的发展，还将会有更多的理论介入对民族文化旅游开发在文化层面上的分析认识。场域理论通过对空间位置关系的分析，将民族文化旅游区置于系统的研究网络中进行研究。民族文化旅游开发中的场域研究主要有以下几点：文化特质历史传承中的时间差、异质文化间所形成的场域、民族旅游区域对全球一体化背景下的文化冲击的面对。

①文化特质历史传承中的时间差

文化的传承在历史上主要是通过文化载体间的不断复制而进行的。从某种程度上讲，这种历史时间的不断复制是文化得以保存的主要原因。但是，历史在各个阶段的发展背景有着极大的差异。相对而言，文化传承的变迁的速度要慢于社会发展的节奏，正是这种传承上所形成的时间差，使得文化特质的表现形式与社会环境形成了鲜明的对比，使文化的历史厚重感得到增强，而这种历史厚重感却是旅游开发中旅游资源形成的重要条件。旅游活动中，旅游资源的吸引力源自于与旅游者自身惯常文化环境的差距，文化环境之间的差距越大，对旅游者的吸引力也就越强，反之则越弱。

在文化特质的历史传承中，各个时期的文化受特定的社会因素的影响，在文化的传承发展上必然有所取舍。纵观历史上文化的传承，在很多方面无不是吸收了其他文化的具有积极意义的因素而促进主体文化的发展的。

②异质文化间所形成的场域

民族文化的发展离不开与外界文化的联系。从文化发展的全局视域来看，这种异质文化间客观存在的关系形成了总体的文化场域，而在总场域的内部还存在着许多个文化子场域。文化的发展是由文化自身系统的构建与外界文化的不断交流形成的，特别是在与异质文化的交流中，异质文化对于区域内的文化具有极大的影响作用。这种作用主要表现为自身结构文化的涵化与变迁，在涵化与变迁的过程中，由于相邻文化场域中相近似的文化因素的不断增多，从而扩大了文化场域的范围。而扩大后的文化场域又不断与第三方的文化场域发生接触，进而又重复着文化的涵化与变迁。对于文化自我认同感较强的人群，文化的涵化过程则会呈现出涵化速度较慢的情况。在自我文化延续的一定时期内，由于双方还存在大量各自的文化组成因素，自然会形成各个文化保持自己独有的文化传承，从而形成异质文化间的场域。

③全球一体化背景下对文化冲击的应对

全球一体化是现代社会发展的必然趋势，随着现代技术的快速发展，人们对自己惯常居住环境外的事物有了更多的了解渠道，也使得各个地区的文化相互间面对面交流的机会得到增加。在旅游文化中，文化间的接触对旅游活动的影响作用已经到了"尖峰时刻"，而旅游地民族文化怎样面对这种文化间的接触，已经成为各个旅游区民族文化发展的重要问题。

文化的发展对自然地理环境的依附性极强，不同的自然环境催生出了各民族独特的文化。受各自文化的影响，各民族在文化心理的认同上又表现出对自身文化独有的文化情感，这种文化情感又反作用于各民族文化的发展，文化场域也正是在自然环境与社会环境双重作用下形成的。科技的不断进步将文化所依附的自然地理界限打破，各种文化因素在科技的作用下都可以汇聚到一起，这种汇聚加大了文化涵化和变迁的机会，在很大程度上形成了一股对原有文化场域有着极大消解力的力量。在对原有文化场域的消解过程中，民族地区旅游活动的开展显得十分吃力。由于旅游活动的开展涉及的部门行业众多，因而在对地方经济的发展上有着极大的促进作用。因此，世界各地无不重视旅游业在本地区的发展力度。而以民族文化作为旅游开发资源的地区，在与外界文化因素接触时的文化态度以及民族文化的践行力度则成了全球一体化背景的民族文化旅游发展的试金石。受客观自然环境的制约，与经济发达的文化中心区相比，民族地区文化旅游发展的发展速度必然缓慢，因此，从发展的持久性与效率上，对民族文化进行保护就显得十分必要。这种必要是由客观环境决定的，由此必然导致民族文化场域间如何共生共存这一问题的出现。

在旅游开发活动中，历来就存在以经济发展为开发准绳和以旅游地的文化发展作为开发目的的两种开发思路。然而，在民族地区旅游开发活动当中，人们对二者总是各执一词。面对现代文明的冲击，旅游开发活动首先要解决的是对旅游开发地的场域环境的定位认识。在市场经济体制中，只有积极利用经济环境促进地方的旅游开发，才能改善开发地的发展境况，这种以经济发展为标准的开发思路主要以旅游资源较贫乏的地区为主，特别是在新型的旅游活动中尤为明显。而以文化的发展作为开发目的的旅游开发思路则主要适用于文化历史积淀较厚重且特色丰富的地区。旅游开发思路的确立还必须依靠后续的开发工作才能推动旅游地开发活动的持续进行，否则便会失去开发的动力。文化是民族地区旅游开发的动力所在，对民族文化的开发研究是应对全球一体化的重要手段。在现代社会发展的过程中，外界文化迫力对民族文化的影响是巨大的，主要体现在民族旅游区在生活中对外来文化的接受。这种文化迫力对民族旅游区最直接的影响莫过于对民族文化场域所造成的解构。因此，民族旅游在现代环境中的开发不得不重视对内部文化场域与外界文明的关系与区别。对内外文化场域界限的建立并非有意隔断民族旅游区的发展，而是在对民族历史文化进行有效保存的前提下对民族旅游文化进行适宜的开发，在全球一体化的历史背景下寻求民族传统文化可持续发展的空间。

将场域理论引入民族文化旅游开发中，是民族文化在外界文化刺激下的积极反应，它要求民族文化旅游的开发应以有效地继承民族文化及发展民族文化作为立足点。首先，注重在民族文化区域内对民族文化元素的挖掘与民族文化形象品牌的树立及维持。其次，在与外界文明的接触上，民族文化的开发应建立自身文化与外界文化的专门文化场域；在民族文化旅游开发区内建立起民族文化的发展及传播的专门场域对民族文化进行专门的传承，使旅游开发中处处体现出民族文化的特色，在此区域外则建立相应的场域，积极吸收外界文明，从而促进民族文化的发展以及增强对外界文明的适应能力。

场域理论在旅游开发活动中的实践主要在于强调对异质文化活动领域的界限确定及认识，在文化场域划分的基础上，使民族传统文化能在全球一体化的背景下形成自身发展的空间。文化场域由于确立了文化间的发展区域，因此能更好地促进民族文化在一定的范围内得到有效的发展。同时，对文化场域的界定，还能使旅游开发区内的民族在发展本民族文化的基础上，积极吸纳外界的先进文明，与时代的发展同步，促进民族文化的发展①。

（3）旅游场域的文化生产与文化消费

旅游场域是文化生产与文化消费的综合体，具有共生、系统和整体的特点。

①文化再生产研究

马克思的再生产理论："再生产"（reproduction）一词最开始运用于生物学上，指的是性的和生物的繁殖、生殖或再生。在社会学中的意思是重复、复制和再造，它提供改变和新生的可能性②。马克思指出，再生产是对旧秩序的肯定和维持，换言之，是通过变化来达到社会的连续③。马克思的社会再生产理论衍生出了很多关于再生产的理论，生产过程即为再生产过程，它是连续不断的，不受生产过程的社会形式的影响。一个社会既不能停止消费，也不能停止生产。由此可以看出，每个社会生产过程，从经常的联系和不断的更新来看，同时也是再生产过程。

马克思的"再生产"思想对再生产理论影响很大，以后的再生产理论者在思想和方法上都与马克思相似，他们批判地审视现状，关注现象背后的本质，关注如何实现再生产。不仅经济再生产理论者直接引用"再生产""资本"等概念，文化再生产理论者也借用这些概念。

布尔迪厄的文化再生产理论：20 世纪 70 年代初，法国社会学家布尔迪厄提出了"文化再生产"概念，这一概念主要说明文化通过不断的再生产得以传承并从而使社会延续，这表现出社会文化的动态发展过程。文化生命相对于自然生命的最根本特点便是它的自我创造性，由此可见，文化不可能以复制的形式来发展，这是由文化的本质决定的。文化只能通过再生产的模式，才能得以维持与更新。因此，文化传承本身就是一个再生产的过程。

布尔迪厄文化再生产理论涉及文化资本概念、文化资本的形态以及文化资本的再生产等方面。

---

① 杨旭、杨昌儒：《文化场域在贵州民族文化旅游区域中的实践——以屯堡文化为例》，《贵州民族学院学报》（哲学社会科学版）2011 年第 4 期。

② Jenks. Chris ed., *cultural reproduction*, London：Rutledge and kurgan Paul, 1993, p. 5.

③ 马克思：《资本论第三卷》，人民出版社 1975 年版，第 56 页。

布尔迪厄所说的"再生产"既与具体的人有着密切的关系，又联系着社会体制。

如前文所述，文化资本的再生产主要有两种方式①：

一种是展开于人们还没形成意识的早期，获得于年幼时期的家庭体验。

文化资本的再生产通常都是通过继承的方式进行，其最主要的再生产场所便是家庭。整个家庭所拥有的文化资本决定了文化资本的原始积累，不同家庭出身的人所继承的不同的文化资本总量，导致每个人拥有不同的行动轨迹的起点。孩子们从小竭力仿效父母的一言一行和一举一动，因此在无意识状态中得到父母的文化素质和兴趣爱好的熏陶，通过这种模仿行为他们继承并身体化父母的文化资本。这种资本转移方式被称为生前馈赠或提前执行的遗产继承，始终在秘密状态下进行，基本上发生在家庭内部。

以一种系统的、速成的学习方式从较晚的时期开始进行。

除了家庭以外，文化资本的传承也经常在各种公共场域发生，其中最为典型的是学历再生产，体现在教育市场。这些知识和技能通常以考试的形式获得社会的正式承认，并以颁发文凭的方式被制度化。正是通过这种方式，身体形态的文化资本转变成为制度形态的文化资本。

显而易见，文化资本通常是以再生产的方式进行传承。在这个传承过程中，文化资本的总量和性质随时可能会发生改变，但不管怎么变化，它都是以再生产的方式传承下去的。

目前关于文化资本再生产的论文或专著基本上都是涉及高等教育方面的研究，而关于旅游开发背景下文化资本再生产的研究少之又少；且相关研究大部分集中在文化资本的概念辨析以及理论阐述等方面，对于其在实际中的应用研究不多。

宫留记阐述了布尔迪厄的文化资本的概念、三种形态及其基本特征，指出今天决定行动者命运的是文化资本而不是经济资本②。戴维·思罗斯比考察了"文化资本"这一概念在社会学中的应用以及经济学上的价值，

---

① 高宣扬：《布尔迪厄的社会理论》，同济大学出版社2004年版，第183页。

② 宫留记：《布尔迪厄的社会实践理论》，河南大学出版社2009年版，第98页。

对经济意义上的文化资本概念建立的基础进行了分析，最后探讨了文化资本对经济增长以及经济可持续发展的意义①。曾德强分析了文化再生产理论中三个关键概念：符号暴力、惯习和文化资本，并探讨了文化再生产理论产生的影响②。李全生认为，文化再生产理论存在一些偏颇，特别是在社会流动方面，布尔迪厄过分强调稳定，而忽视了活跃的一面③。

　　②民族文化再生产研究

　　我国目前关于民族文化再生产的研究还不够成熟，相关研究文献较少。从已有研究成果来看，民族文化资本的形成及其影响因素引起了学者们的重视，他们从不同角度探讨了民族文化再生产的方式。

　　方李莉发现，在各种力量的影响下，西部民间文化在不断进行重组和重新建构，文化传统和人文资源受到政府、市场经济、专家学者以及当地居民本身的影响而不断进行再生产，并产生各种变异，文化的再生产不可避免④。张志亮以布尔迪厄的文化再生产理论为依据，阐述了山西大寨文化资本的形成，以文化资本的三种形态为基础，分别从权利的干预、经济结构转型、资本转换和资本的代际传递策略四个角度，分析在旅游开发背景下大寨文化资本的再生产状况⑤。程玲俐和吴铀生认为，在文化转化为产品的过程中，要以保护和弘扬为主，遵循一定的原则，不能脱离本土化的特色，提倡企业化运作，通过经营管理活动，挖掘民族文化资本，使其具有经济和社会效益⑥。马昂和王鸿延则对甘肃的历史文化资源向旅游产品转化的过程进行审视，提出了文化资本向旅游产品转化的几点构想，认为要整合民族民俗文化，将传统与现代相结合，最终

---

　　①　［澳］戴维·思罗斯比：《什么是文化资本？》，潘飞译，《马克思主义与现实》2004 年第 1 期。

　　②　曾德强：《浅析布尔迪厄"文化再生产"理论》，《当代教育论坛》2009 年第 5 期。

　　③　李全生：《布尔迪厄的文化资本理论》，《东方论坛》2003 年第 1 期。

　　④　方李莉：《从艺术人类学视角看西部人文资源与西部民间文化的再生产》，《民族艺术》2006 年第 1 期。

　　⑤　张志亮：《旅游开发背景下大寨文化资本及其再生产》，《旅游学刊》2009 年第 12 期。

　　⑥　程玲俐、吴铀生：《西部民族文化资源开发中的支撑与反支撑》，《西南民族大学学报》（人文社会科学版）2008 年第 12 期。

实现旅游业的快速发展①。

③民族文化旅游研究

国际著名的旅游人类学研究专家科恩将民族文化旅游定义为"针对在文化上、社会上或政治上不完全属于该国主体民族的人群，由于自然生态和文化特征的独特性、差异性旅游价值，而进行的观光旅游"②。由此可以认为，民族文化旅游是利用当地居民的生活方式来吸引旅游者而开展的一种旅游。20 世纪 70 年代以前，国外学者对民族文化旅游开发方面的研究较少。后来随着现代旅游规模的日益扩大，国外学者逐渐将研究领域扩展到旅游对目的地造成的影响上来，尤其关注负面影响，这些负面影响基本发生在不发达的国家和地区，主要是旅游对当地社会文化环境和自然生态的影响。近年来，民族文化旅游的研究引起学者们的高度重视，研究主要集中在以下四个方面：

民族文化旅游开发方法研究：在我国，如何开发与保护民族文化并实现其可持续发展等方面的文献较多，学者们各抒己见，提出了解决民族文化开发与保护的方法与途径。王亚力以湖南湘西凤凰为例，探讨了如何对民族交界地区的民族文化进行开发③。卢天玲、王挺之以四川凉山美姑县毕摩文化为例，对毕摩文化旅游开发提出了一些措施和建议④。罗永常提出四点对策来解决民族村寨旅游发展问题，即确立参与式发展理念，确立社会性的旅游发展观，提高社区的自我发展能力和尊重社情民意⑤。简王华分析了民族文化旅游开发的现状及存在的问题，提出广西民族村寨旅游开发的基础是民族文化旅游资源特色，并认为应打造民族文化旅游品牌，使民族文化资本真正能够转化为旅游产品⑥。高红艳以文化

---

① 马昂、王鸿延：《甘肃历史文化资源向旅游产品转化的几点思考》，《西北成人教育学报》2005 年第 1 期。

② 杨慧等：《旅游、人类学与中国社会》，云南大学出版社 2001 年版，第 19 页。

③ 王亚力：《论民族交界地区文化旅游资源的特点、形成与开发——以湘西凤凰为例》，《经济地理》2002 年第 4 期。

④ 卢天玲、王挺之：《论彝族毕摩文化的旅游价值及其开发方式》，《贵州民族研究》2006 年第 5 期。

⑤ 罗永常：《民族村寨旅游发展问题与对策研究》，《贵州民族研究》2003 年第 2 期。

⑥ 简王华：《广西民族村寨旅游开发与民族文化旅游品牌构建》，《广西民族研究》2005 年第 4 期。

变迁理论、可持续发展理论和旅游相关知识为分析框架，研究了社会文化对民族文化旅游发展产生的影响，分析二者之间的矛盾，并指出，目前在保护民族文化的工作中，我国民族文化旅游发展模式存在很大的不足。因此她提出了民族文化保护与旅游开发之间的平衡点，即民族文化生态旅游，并研究和探讨了相应的开发模式，提出相关的民族文化保护措施，并以贵州花溪镇山布依村为例，对我国民族文化生态旅游开发提出了具体的对策①。

民族文化旅游资源开发研究：此方面的研究主要集中在对某个区域的民族、民俗旅游资源的研究上，许多学者结合具体地区的民族、民俗旅游资源进行分析，论述了旅游资源的开发方法与保护措施。马晓路等以四川省凉山彝族自治州为例，对如何在民族地区利用民族文化等优势资源，通过发展特色经济，推动产业结构的调整和升级进行了思考②。郭颖提出，应通过多学科来研究民族文化旅游资源开发，尤其是综合运用文化人类学的相关理论与方法，并以云南泸沽湖地区为例，运用文化人类学的理论与方法，对民族文化旅游资源具体的开发模式和保护的方式进行了探讨③。

民族文化旅游产品（线路）设计研究：民众的日常生活是体现民族风情最主要的领域，因此，需要研究分析如何促进民族风情产品化进程。陶犁认为，民族文化可以与其他旅游资源要素组合，通过地域文化或历史文化的形式，参与到所有旅游产品的开发过程中，对各类旅游产品的内涵和功能产生影响④。徐红是、田美容以"真实性"为切入点，以黔东南苗族侗族为例，分析当地歌舞旅游产品的开发和管理中存在的问题，对民族歌舞旅游产品开发的特点进行了总结，进而建立了民族歌舞旅游产品管理模型⑤。肖忠东在对我国文化旅游产品结构进行转换的基础上，

①　高红艳：《民族地区文化生态旅游与民族文化保护》，《贵州师范大学学报》2003 年第 1 期。

②　马晓路、武友德、周智生：《少数民族地区特色经济发展初探——以四川省凉山彝族自治州为例》，《经济问题探索》2006 年第 10 期。

③　郭颖：《试论少数民族地区文化旅游资源的保护与开发——以泸沽湖为例》，《旅游学刊》2001 年第 3 期。

④　陶犁：《民族文化旅游产品开发探》，《思想战线》2002 年第 4 期。

⑤　徐红是、田美容：《少数民族歌舞旅游产品管理模型初探——以贵州黔东南苗族侗族为例》，《贵州民族研究》2004 年第 2 期。

进一步分析文化旅游产品体系，研究其系统开发，并提出应针对各体系分别进行开发①。

民族文化旅游商品开发研究：我国许多民族的手工艺品蕴含了深厚的民族文化，具有极高的艺术价值。为此，一些学者提出旅游商品应该强调民族文化的特性。马晓京认为，民族文化旅游商品化对民族传统文化的发展有积极和消极的影响，但大部分时候消极影响大于积极影响②。张文祥认为，在旅游工艺品开发中，要突出其民族与地域的审美文化特点，加强旅游工艺品开发中的创新③。车婷婷、黄栋认为，民族地区应挖掘民族文化内涵，将民族文化渗透到旅游商品开发的各个环节中去④。沈炜从文化再生产理论视域阐述了民族文化资本在旅游开发中的表现（传统身体形态、旅游客观形态、民族制度形态）及其再生产模式⑤。

旅游是一种意义的实践。旅游场域的各行动者围绕着与旅游有关的文化资本进行转换、支配与控制，以获得各自所需的文化权力，实现经济利益的最大化。文化的权力生成主要有三种策略：区别异己争夺大众、争夺资本获得霸权性和符号再生产追逐利益化。而策略的实施需要通过贯穿于旅游市场中生产、传播和消费过程的文化商品化与符号资本再生产的方式获得社会的认同，主要通过景观的生产与空间消费等途径得以实现，并形成了围绕景观、影像与形象的由内至外的符号生产体系。文化的权力生成与表达及其相互作用，推动着文化资本与其他资本的转换，因此对旅游场域的演进具有重要意义⑥。

④民族文化旅游的问题反思

自 20 世纪 60 年代以来，旅游对当地文化的影响一直是旅游人类学研究的重要维度。在长期的研究过程中，主要形成了两种结论：一是旅游

---

① 肖忠东：《我国文化旅游产品的系统开发》，《吉首大学学报》（社会科学版）2000 年第 1 期。

② 马晓京：《民族旅游文化商品化与民族传统文化的发展》，《中南民族大学学报》2002 年第 6 期。

③ 张文祥：《论我国旅游工艺品的开发与创新》，《桂林旅游高等专科学报》1999 年第 2 期。

④ 车婷婷、黄栋：《对少数民族地区开发旅游商品的思考》，《商业研究》2005 年第 8 期。

⑤ 沈炜：《旅游场域中民族文化资本及其再生产研究——基于文化再生产理论》，硕士学位论文，中南民族大学，2011 年，第 1 页。

⑥ 光映炯、毛志睿：《旅游场域中文化权力的生成与表达》，《思想战线》2013 年第 1 期。

开发可有效地保护文化，强化族群认同；二是文化资源被盲目开发以致破坏，文化商品化及文化异化现象增多。上述两种结论都有相关理论基础和案例支撑，各有各的理。旅游为何会导致文化商品化及异化，如何逆转现状，减少旅游对文化的负面影响，布尔迪厄的场域理论将有助于研究者更深入地回答以上问题。

旅游场域理论吸引了众多学者聚焦旅游场域，将宏大社会场景中的一角——旅游场域的文化再生产现象作为其研究对象。学者们选择的案例既有丽江、平遥古城，也有云南傣族生态旅游村和徽派古建筑群；既包括民族传统节日，也包括风俗习惯等，具有一定的代表性。

通过理论分析和实地调查研究，不少学者认为旅游开发后，民族文化和地方文化发生了商品化和异化现象，旅游场域的文化再生产是浅层次的复兴，和文化再生产的终极目标背道而驰。孙九霞以深圳"中国民俗文化村"泼水节为例，认为这种在"旅游者凝视"支配下的移植，导致完整的族群文化被片段式展示、神圣性族群文化被娱乐化运作、多样性族群文化被集中性处理[1]。泼水节已由宗教节日完全演变成全民娱乐项目。鉴于对云南省丽江县纳西族文化的调研，宗晓莲不无忧虑地指出：旅游市场为东巴文化的复兴提供了经济支撑，但这种复兴却使文化偏离了原来的方向[2]。罗睿在泸沽湖落水村进行了田野调查，指出旅游开发后，当地的人热衷于经济活动，受经济效益诱惑而对文化过度商品化，这使文化传承面临畸变和消亡的威胁[3]。石群的调查结果表明：作为新兴的乡村旅游地，旅游带来的经济效益增长给了村民实实在在的好处，他们仍秉承着淳朴的民风，对旅游者大多持欢迎的态度。

就目前旅游发展现状而言，旅游唤起了村民的"文化自觉"，恢复了古老的文化传统，促使文化再生产基本上延续着传统的路径。旅游场域的文化再生产让旅游社区居民生发了自豪感，开始重新审视本民族本地

---

① 孙九霞：《族群文化的移植："旅游者凝视"视角下的解读》，《思想战线》2009年第4期。

② 宗晓莲：《旅游开发与文化变迁：云南省丽江县纳西族文化为例》，中国旅游出版社2006年版，第129页。

③ 罗睿：《泸沽湖旅游场域文化变迁机制解析与重构》，《乐山师范学院学报》2009年第12期。

区的传统，达成族群认同，复兴传统文化。但在这些值得庆幸的现象背后，还存在着一些必须正视的问题："发展旅游业就是为了赚钱"等价值取向已取代了耻谈金钱的传统观念，文化商品化和异化现象正不断显现，文化商品化和异化是否违背了文化的本性？

文化就其本性而言，就是人类精神寻求永不满足的自由的一种表现①。文化既是人们生存能力和生存意向的反映，同时具有现实超越性，它引领着人类迈向最高目标——实现自由而全面的发展。文化自由是允许人们有选择自己身份的自由——并且享受他们认为有价值的生活——而不被剥夺其他重要的机会（如教育、医疗、卫生或工作机会）②。而旅游场域的文化商品化及文化异化却有违人类的自由天性。文化商品化使人受利益驱使，只要有利可图，就可以放弃原则。如为了迎合旅游者，可以嫁接文化，可以让神圣的宗教仪式世俗化，可以把圣物变成粗制滥造的商品出卖。而文化异化实际上是人性异化的一种表现，是指文化失去了自身的特色，成为从众的、虚假的文化③，从而失去自我更新的能力。某些学者称之为"无根的崛起"，具体表现为大杂烩式的、复制的传统节日、被肢解的婚嫁表演等。文化异化导致的直接后果是人类的文化创造活动失去目标。著名学者钱锺书先生说过，"崇高的理想、凝重的节操和博大精深的科学、超凡脱俗的艺术均具有非商化的特质。强求人类的文化精粹去附和某种市场价值价格的规则，那只会使科学和文艺都'市侩化'，丧失其真正进步的可能和希望。"

⑤民族文化旅游问题的成因反思

旅游场域的文化再生产之所以产生有违人的自由天性的上述问题，主要原因是旅游场域的逐利性、权力场域的导向。

旅游场域的逐利性：布尔迪厄把权力场域当作"元场域"，在所有的场域中起分化与斗争的组织原则的作用④。在权力场域中，一极是经济资

---

① 高宣扬：《布尔迪厄的社会理论》，同济大学出版社 2004 年版，第 139、47、31 页。

② 李银兵：《南新平花腰傣花街节研究》，中央民族大学出版社 2011 年版，第 299 页。

③ 石群：《旅游对中国乡村文化影响的研究述评》，《宁波大学学报》（人文科学版）2009 年第 12 期。

④ ［美］戴维·斯沃茨：《文化与权力——布尔迪厄的社会学》，陶东风译，上海世纪出版集团 2012 年版，第 156 页。

本占中心的经济场域，一极是文化资本占中心的艺术场域。各个场域依据与两极的接近程度而分化，旅游场域是为游客提供旅游产品和服务，围绕经济利益的合法化斗争而组织起来的"综合体"，相对而言，它更靠近经济场域，这也决定了其逐利性。旅游场域内部也通过经济资本与文化资本的对立而内在地分化为更加商业化的文化和供本地居民消费的文化。如为了迎合游客的需要，大寨人引进了双头布老虎，专门卖给游客，可以做枕头；而大寨人自己给孩子做满月时仍然用单头布老虎辟邪。

旅游场域是一个充满了利益竞争的空间，行动主体包括地方政府、民间精英、当地民众、旅游企业、旅游者、旅游从业人员，所有人都认为"这是一个值得投入的世界"，这也是它存在并运转下去的前提。每一位资本拥有者挟带着各自的资本，遵照大家认可的规则，在这里进行资本的再分配，这是一个充满斗争的场所。

社会资本凭借"社会联络网"把握的社会资源和各种资本，垄断着整个旅游场域，以隐蔽的手段实现权力的合法化，继而获得更大的权力。

经济资本在旅游场域往往具有决定权，它的掌控者运用经济优势控制了旅游场域的运作。一般情况下，经济资本似乎更容易转化为文化资本与社会资本而不是相反。它拉拢、利用文化资本，以商业经营成功和大众趣味为外在标准，生产的是可以迅速地或现成地转化为经济资本的东西，获取更多的经济收益，同时也联合政治资本来取得政治上的合理性与合法性。

文化资本一般由少数人掌握，是其攫取经济资本的条件。实现文化资本向经济资本转变，必须将文化资本带入市场，然后才可能发生转换，而且在文化资本进入市场之后，还要将一些不适合市场的一些因素进行调整，以适应游客的喜好和需要①。为了实用，大寨人把孩子满月时辟邪的单头布老虎换成了双头布老虎，受到了游客的追捧。通过这种转换策略，文化资本和经济资本顺利实现了联合，并强化了文化资本的自主性，文化资本因而获得利益和名声，实现自己在场域中的影响最大化。有限的文化生产场域是高度专门化的文化市场，参与者为了争夺"什么是最合法的文化形式"的标准而斗争，其努力的目标指向同行的认可。

---

① 张志亮：《旅游开发背景下大寨的文化资本及其再生产》，《旅游学刊》2009 年第 12 期。

权力场域对旅游场域的政策导向：布尔迪厄把权力场域界定为"在社会地位之间获得的权力关系，这种关系保证了社会地位的占据者具有一定数量的社会权力，或者一定数量的资本，从而能够进入争夺垄断权的斗争，这种斗争的核心方面则是争夺对于合法的权力形式的定义"。权力场域作为"元场域"，对其他场域有着不容忽视的制约作用。我国旅游业是在国家最高领导层的高度重视下发展起来的，它主要分为两个阶段：改革开放前，中国的旅游接待隶属于外事部门，是政治事务；改革开放后，旅游转变为赚取外汇、拉动内需的"经济经营型"行业。"中国改革开放的总设计师"——邓小平是提出旅游业产业属性的"第一人"，"搞旅游业要千方百计地增加收入。既然搞好这个行业，就要看看怎样有利可图。"① 中国有丰富的人文资源和自然资源，发展旅游业的条件得天独厚。当时国家各项事业百废待兴，急需资金；发展旅游业赚钱快，还能引进外资、赚取外汇，正好解燃眉之急，因而得到了邓小平的特别重视，他希望旅游业作为中国改革开放的先导性行业能率先突破。1979 年以后，中国旅游业得到了快速发展，邓小平高瞻远瞩，对旅游发展从关注速度转移到了减少旅游对环境和文化的影响，加强环境保护和文化风貌保护。但不少人将邓小平统筹旅游与文化发展的策略搁置一边，仍热衷于"文化搭台，经济唱戏"，以文化为卖点，片面追求经济效益。文化成了商品经济的附属品，成了发展经济的重要载体和工具。2012 年 8 月，位于河南驻马店汝南县梁祝镇的"梁祝故里"景区建设半途而废，说明"文化搭台，经济唱戏"模式已难以为继。有人认为文化资源具有可重复利用的特性，希望借此来获取永久的利益，但真实情况是：文化资源如果不加保护地滥用，就会枯竭直至消失。

民族文化旅游的对策分析：从布尔迪厄的文化再生产理论出发，可以通过以下几个方面的努力，引导旅游场域的文化再生产回归本性。

加强权力场域对旅游场域的引领作用，充分实现旅游业的社会文化功能。21 世纪初旅游业的社会文化功能日益引起重视。2009 年在《关于加快旅游业发展的意见》中，国务院首次提出要把旅游业"培育成国民经济的战略性支柱产业和人民群众更加满意的现代服务业"，在国家战略

---

① 邓小平：《邓小平论旅游》，中央文献出版社 2000 年版，第 1 页。

层面提升了旅游业的功能，重申了旅游业不仅仅是一项产业，在旅游业日益被放大的经济功能背后，其社会文化功能亟待发掘。文化是由人创造的，但人类一旦创造了文化，就无法置身事外而生存。旅游和文化密切相连，旅游是人类精神文化层面的需求，文化是旅游的核心，旅游业理应承担文化责任。政府部门及旅游经营者要通过各种渠道，在旅游业的各个环节，以旅游者喜闻乐见的形式，发挥旅游业对文化的传承、传播、激发功能，以及对外文化交流的优势。更应秉承"不见利忘义，不涸泽而渔"原则，加快实现旅游业的社会文化功能，让旅游业早日成为"人民群众更加满意的现代服务业"。

加快旅游产业和文化产业融合发展，推动旅游场域向艺术场域靠近。相对艺术场域，旅游场域更靠近经济场域，这决定了其逐利性。我们越来越深刻地认识到，"旅游的灵魂是文化"，如果旅游只停留在满足游客的物质享受层面，而不以满足游客的精神文化需求为终极目标，旅游业迟早会走上末路。目前的当务之急是发挥文化资本的作用，多角度展现旅游文化内核，走旅游产业和文化产业融合发展之路，推动旅游场域向艺术场域靠近。产业间的融合发展是经济结构调整和消费需求改变的必然产物，可以在产业间产生叠加效应，实现互利共赢①。而旅游产业与文化产业具有天然的耦合性和共同的现实需求基础，符合产业融合发展的趋势②。

中央出台的一系列文件对旅游产业发展促进文化产业发展提出了明确要求。《中共中央关于深化文化体制改革，推动社会主义文化大发展大繁荣若干重大问题的决定》指出，"要推动文化产业与旅游、体育、信息、物流、建筑等产业融合发展"；"要积极发展文化旅游，发挥旅游对文化消费的作用"。当今世界各国都非常重视旅游产业与文化产业的协同发展，英国旅游与文化艺术部门的成立带动了地方经济复兴与产业发展，欧盟各国的文化旅游产业也已成为当地首要经济发展核心。各国的成功经验也表明，选择产业融合发展的道路无疑是正确的，接下来的重要任务是在旅游产业和文化产业融合发展的过程中，如何处理好文化保护与

① 宋子千：《游业应增强产业融合的主动性》，《旅游学刊》2011年第4期。
② 余洁：《文化产业与旅游产业》，《旅游学刊》2007年第10期。

经济发展的关系，以及怎样融合。

在旅游产业和文化产业融合发展的过程中，主要有两条路：一条是文化产品的浅层次开发，以文化为工具，目的是发展经济。另一条是文化产品的深层次开发，正确处理文化保护和经济发展的关系，以经济效益为手段，目的是保护文化，实现文化的社会效益，两者相辅相成，既能借文化充实旅游内涵，吸引游客，获得好的收益；又能让文化得到真正的保护和发展，这才是一条可持续发展之路。旅游产业和文化产业的融合是一个庞大的社会系统工程，推进两者的融合发展，促进双方利益最大化，需要在创新理念、政府主导、市场运作、人才保障等方面进行深入探索和实践，从较高层面对两大产业进行整合①。可以结合地方文化特色，走出一条自己的路，如创立自己的文化品牌，扩大规模，精心组织，让其长盛不衰；积极申报"非物质文化遗产"，为传承人创造更好的工作环境和生活条件；培植具有地方特色的旅游演艺精品；创办地方文化展示中心，让游客对本地文化既有感性体验，又有理性认识；创新和制作有地方文化特色的旅游工艺品、纪念品等。韩国歌剧《春香传通过挖掘地方文化内涵，将韩国的风俗习惯、民间传说、歌舞表演等融为一体，成为旅游者在韩国观看演出节目的首选，长演不衰，是实现旅游产业与文化产业融合的佳案，非常值得我们学习。

促进各种资本合理分配，鼓励社区参与。1997 年颁布的《关于旅游业的 21 世纪议程》明确提出了"居民参与"是旅游业可持续发展的一项重要内容和不可缺少的环节。我国的社区参与是浅层次的，仅限于经济活动领域，而规划、管理、经营和利益共享等深度参与方面很薄弱。国内学者对该课题的考察主要从参与者个体的角度来认识，如孙九霞提出，村民参与乡村旅游是为了从根本上解决农村经济的发展和农民增收的问题。居民的参与可以强化社区居民自我意识，增强社区认同感，保护传统文化。而布尔迪厄将参与者置于更广大的背景中，将之视为一个个场域的行动者，并敏锐地觉察出场域中各行动者呈塔式结构，只要缺少其中的任何一个，这座象征性的塔就不存在了。行动者彼此互为条件，缺

---

① 石艳：《产业融合视角下的旅游产业与文化产业互动发展研究》，《山东财政学院学报》2012 年第 2 期。

一不可。场域观的关系主义思维方式为分析社会提供了操作性的范例①。

社区居民是旅游场域的重要行动主体，社区居民的参与既是旅游业可持续发展的必要条件，也是社区自身和谐发展的需要。居民不参与，说明当地民众漠视旅游业，如此一来，旅游地吸引力将大打折扣。最有说服力的数据是全球《2011 年旅游竞争力报告》中，中国的"旅游亲和力"（四大支柱之一）最差，全球排名 124 位②。旅游场域的普通居民处于从属地位，这影响了他们在社区参与的话语权，也消磨了其积极性。如何促进社区参与，发挥居民的积极性？王琼英提出，社区居民可通过 5 种角色参与乡村旅游的发展，即表演者、决策参与者、投资者、资源环境保护者、利益获得者③。王琼英对居民的角色进行了细致分析，涉及乡村旅游发展过程中的方方面面，为后续相关研究奠定了可供借鉴的基础。

从场域观的角度来思考，社区居民不参与，根源在于他们掌握的各种资本在数量和质量上都偏少、偏差。为了解决这一根本问题，首先要引导各种资本在社区居民间的合理分配。社区居民是各种资本的创造者，理应成为各种资本的拥有者和享有者，但现实社会中，他们往往势单力薄，不能形成合力。因此要鼓励第三方力量的介入，大力发展民间组织，发挥其中介、沟通、监督作用，将社区居民联合起来。如成立旅游发展合作社，由社区居民自我管理、自我服务、利益共享，培育社区居民对各种资本的控制力，增强其在旅游场域中的话语权。其次要积极创造条件，壮大和提升各种资本。文化资本正在变成越来越重要的新的社会分层的基础，中国的阶层固化现象依然存在。人民群众是文化再生产的主体，他们的日常生活构成了文化生命自我超越、自我生产、自我创造、自我批判的源泉——源源不断、取之不尽的源泉。为此，要做好文化资本的代际传递；挖掘本土文化资源，精心打造地方文化品牌，做好文化资本的积累和创造工作；通过教育培训，加强社区居民的文化认同，增加他们掌握文化资本的机会。大力发挥社会资本聚集社会资源或财富的

---

① 于鹏杰：《场域：现代社会研究的另一种视角》，《广西民族大学学报》（哲学社会科学版）2009 年第 2 期。

② 刘德谦：《世界经济论坛〈2011 年旅游竞争力报告〉里的中国》，中国旅游评论 2011 会议论文，2011 年，第 259 页。

③ 王琼英：《乡村旅游的社区参与模型及保障机制》，《农村经济》2006 年第 11 期。

作用，政府部门可以牵线搭桥，利用地缘关系招商引资，服务地方经济；旅游社区要利用旅游宣传推广，招徕客源；各地要发挥地方精英拥有的社会网络，为社区居民谋利。还要千方百计地扩大经济资本拥有者的基数，避免经济资本被少数人掌握、为了个人私利而越位破坏传统文化。旅游开发过程中的土地征用要公开透明，补偿及时到位，拓宽各种渠道为社区居民积累经济资本；旅游社区要鼓励发展旅游经济合作组织，聚沙成塔，提高社区居民运作资金的能力；地方政府要出台相关政策，为社区居民从事旅游经营提供贷款、税收等优惠政策。最后，政府部门在资本分配过程中，要有所不为有所为，做好服务工作，加强制度保障与宏观调控，保证公平。

文化是旅游之魂，文化的超越性、创造性决定了文化不可能死水一潭、一成不变，文化的本性决定了文化再生产不可避免。当然，文化再生产也不是"复制"，更不是文化商品化和文化异化。随时随地反思旅游场域的文化再生产，可以在一定程度上减少文化商品化和文化异化，引导文化再生产回归正途，促进旅游业可持续发展①。

在当今文化与旅游融合的背景下，以布尔迪厄的文化再生产理论为指导，对《张家界·魅力湘西》进行个案考察，研究认为，市场、政府、专家学者、非遗传承人与地方民众等文化主体共同建构了旅游演艺场域，并在市场主导和支配下实现了非物质文化遗产的文化再生产。旅游演艺场域中，非物质文化遗产再生产的价值主要是传播非物质文化遗产，激发非遗传承人、当地民众和整个社会保护和传承非物质文化遗产自觉意识的形成②。

文化商品化和文化异化正侵蚀着旅游场域的文化再生产，使之远离其本性——人类精神对自由的追寻，究其根源主要是旅游场域的逐利性、权力场域的导向。从布尔迪厄的文化再生产理论出发，可以通过以下几个方面的努力，引导旅游场域的文化再生产回归本性。其一，加强权力场域对旅游场域的引领作用，充分实现旅游业的社会文化功能；其二，

---

① 石群：《反思旅游场域的文化再生产》，《旅游论坛》2014 年第 5 期。
② 姚小云：《旅游演艺场域中非物质文化遗产的文化再生产——以〈张家界·魅力湘西〉为例》，《怀化学院学报》2013 年第 12 期。

加快旅游产业和文化产业融合发展，推动旅游场域向艺术场域靠近；其三，促进各种资本合理分配，鼓励社区参与。

在旅游场域中，主要行动者是村委、村民、旅游公司、政府的机关单位、游客、旅行社、文化和传媒界，最重要的旅游资源是民族文化，即文化资本。行动者因为拥有不同数量和不同质量的文化、经济、社会和象征资本，在场域中处于不同的位置，这些处于不同空间的位置在结构上存在着对应关系，而这种对应关系促使他们采用不同的行动策略，保证他们自己在旅游场域中占有更有利的位置，形成场域内博弈的局面，最终各种资本实现再生产，并且整个场域中各行动者所掌握的资本实现再分配①。

以皮埃尔·布尔迪厄的"场域理论"和列斐伏尔"空间的生产理论"为视角，旅游场域形成之前的空间属于"内源性自生式本体空间"，以"物理属性"为主；旅游场域形成后的空间属于"外源性嵌入式构建空间"，倾向于"社会属性"；旅游开发使物质空间景观化、文化空间多元化和社会空间复杂化，空间的分异和碎化趋向表现为一种混合性"属地格局"。

第二节　旅游符号学理论

现代符号学诞生于19世纪，是一门研究符号的科学。瑞士语言学家费迪南德·D. 索绪尔和美国哲学家查尔斯·S. 皮尔斯是现代符号学的奠基人。现代符号学中的符号概念主要源于瑞士语言学家费迪南·索绪尔（Ferdinand de Saussure）及美国哲学家查尔斯·皮尔斯（Charles Sanders Pierce）的研究成果。

索绪尔指出，符号（sign）具有能指（signifier）和所指（signified）双重属性。索绪尔所说的"能指"就是符号的客观载体，是指称意义的可观部分，包括物质、行为等；索绪尔所说的"所指"即符号意义，意义是通过符号载体来传达的。索绪尔（1980）还指出，符号的"能指"

---

① 王云：《旅游场域中民族文化的现代建构——湖南凤凰县勾良苗寨的个案研究》，硕士学位论文，中南民族大学，2012年，第18页。

与"所指"之间既有任意性，又有确定性。所谓"任意性"是指"能指"与"所指"的关联多是人为赋予的，社会约定俗称的，两者之间的结合方式是任意的。所谓"确定性"，一是指"能指"与"所指"构成一个具有一定结构的符号系统，在此系统中"能指"对应的"所指"是确定的，离开了此系统，这种确定性的关系不复存在；二是指"能指"所被赋予的"所指"意义一经广泛传播被社会接受，"能指"与"所指"之间的关系就被确定下来，而这种关系具有排他性①。索绪尔符号学方法论是"能指"与"所指"的二元方法论，即一切符号都是围绕"能指"与"所指"展开。

皮尔斯以注重符号的意义解释为核心而建构起了语言符号实用主义，并成为近几年学界更乐于接受的符号学研究范式。皮尔斯认为，符号是能够表达一定意义的任何物像②。凡是人类所承认的一切有意义的事物均可构成符号，符号涉及的范围是相当宽泛的。与索绪尔不同的是，皮尔斯符号学理论以符号的三分构造作为符号研究的基础，这种三元的方法论包括三方面内容：一是符号自身（代表事物的能指），它代替或被再现出来代替另一个东西；二是所指称的意义对象（所指），包括直接对象与动力对象，是符号指向与讲述的根本内容；三是解释项（主要受社会惯约的影响），包括情绪解释项、能量解释项与逻辑解释项，符号如何对对象进行解说、因其何种观念以构成关联即是解释项的意义所在，符号——解释项——对象因意义结构的不断递进而组成一个循环往复的层序结构，因此又说"解释项只不过是另一种再现，真相的火炬传递到后一种再现之中，而这种再现同样也具有解释项"③。此外，皮尔斯还把符号分成图像符号（icon）、指示符号（index）和象征符号（symbol）三类，将符号的研究延伸至更广阔的领域。符号的定义更宽泛，最核心的是它属于关系范畴，而不是单纯的实体物质，是"能指"与"所指"的统一，符号既是感觉材料，又有精神意义④。

---

① 李幼蒸：《理论符号学导论》，中国人民大学出版社2007年版，第45页。

② 黄华新、陈宗明：《符号学导论》，河南人民出版社2004年版，第34页。

③ ［美］皮尔斯：《皮尔斯：论符号——李斯卡：皮尔斯符号学导论》，赵星植译，四川大学出版社2014年版，第56页。

④ ［德］恩斯特·卡西尔：《人论》，甘阳译，上海译文出版社1985年版，第44页。

符号之所以被创造出来，就是为了向人们传达某种意义，所以，符号学所研究的正是经常被指称为意义的问题①。而将符号学作为一种分析方法来看，霍普金斯（Hopkins）认为，符号学能够系统研究意义的产生②。符号学在发展中逐渐作为一种基础科学渗透到诸多研究领域，产生了一些重要的研究成果，如米德的符号互动理论、波德里亚的符号消费理论等。麦格奈尔（Mac Cannell）创造性地将符号学的思想引入到旅游研究中，出现了一个跨学科的研究领域——旅游符号学。从研究方法角度，旅游符号学是指用符号学的方法来研究旅游现象；从研究的内容上来看，符号学可以研究旅游的多个方面，比如旅游吸引物的符号意义研究、旅游中人与人的符号互动研究以及旅游地的符号属性研究等。简而言之，旅游符号学就是以符号的视角去研究旅游。

旅游符号学中的部分基础理论包括符号吸引理论、符号互动理论、符号消费理论和符号传送理论。

符号吸引理论是由美国学者麦格奈尔率先提出来的，该理论认为旅游资源的形成可分为 5 个阶段：命名阶段（naming）、取景和提升阶段（framing and elevation）、神圣化阶段（enshrinement）、机械复制阶段（mechanical reproduction）、社会复制阶段（social reproduction）。在这一过程中，旅游吸引物不是直接的物质的呈现，而是经过开发设计、被赋予了意义的景观。符号吸引理论对于旅游开发具有重要的指导意义③。

符号互动思想由芝加哥大学教授米德提出，之后布鲁默发展了符号互动理论。该理论的基本内容包括：符号在人们的互动中起着中介作用，人与人的互动是符号互动；人们在互动中的行为举止是有意义的，要想对他人行为作出反应，就要首先解读行为者所赋予行为的意义；意义并非一成不变，意义的准确解读依赖于互动所处的情景；意义是在互动过程中双方协商确定的，并在互动中不断被修正和发展。符号互动理论以新的视角重新解读了旅游活动中人与物、人与人之间的交流互动。

---

① ［法］罗兰·巴尔特：《符号学原理》，生活·读书·新知三联书店 1988 年版，第 33 页。

② Hopkins J, "Signs of the Post-Rural: Marketing Myths of a Symbolic Countryside, Geografiska Annaler. Series B", *Human Geography*, Vol. 80, No. 2, June 1998, pp. 65–81.

③ 董培海、蔡红燕、李庆雷：《迪恩·麦肯奈尔旅游社会学思想解读——兼评〈旅游者：休闲阶层新论〉》，《旅游学刊》2014 年第 11 期。

符号消费理论源于法国社会学家让·鲍德里亚的消费社会研究。通常，物之所以被消费，正是因为其具有实用价值，但是鲍德里亚强调，消费中其实存在着物——人——符号三者的关系，人们购买物，除了获得物的实用性外，还购买了物作为符号的意义。人们购买此物而不是购买彼物，正是因为此物作为符号的意义，包括此物所蕴含的文化内涵以及其对身份、个人品位等的象征①。旅游消费也可以看成是符号消费。旅游世界中的物和人都具有一定的意义：旅游吸引物是由外在形式和内在意义共同构成的符号系统；旅游中的人是因身份、地位、行为等特征而相互区别所构成的差异性符号系统；人与物所构成的旅游情景衍生出一个充满意义的、具有时间和空间维度的符号世界。人们的旅游消费，从符号学的角度来讲，正是对这些符号意义的体验消费。同时人们通过不同的旅游消费，彰显自己不同的品位、身份等。这些消费特性均说明旅游消费是一种符号消费范式。

符号传送理论最先是将符号学引入到传播学中而产生的，是指符号发讯者将符号意义传送给收讯者的过程。20 世纪 70 年代，西方学术界把符号学思想引入旅游研究领域。1976 年，麦格奈尔率先提出旅游的符号意义，第一次把"符号"一词引入了旅游研究的领域。继他之后，文化学者卡勒尔（Cullerl）在 1981 年发表了《旅游符号学》一文中，他沿用了麦格奈尔的观点，把旅游者比喻为"符号军队"，他说"旅游者追求的是异国文化的符号"，这里的"异国文化符号"就是指代的民族民间旅游产品能作为信息载体，传递文化符号的功能。1983 年，美国旅游人类学家纳尔逊·格雷本（Nelson Graburn）最早把符号学研究的方法运用到旅游研究当中。他指出旅游人类学研究应以象征符号与意义以及语义学的方法为中心，采取跨学科角度进行研究。他认为旅游是一种文化事物，是人们用来点缀自己生活的事物，同时也被人们赋予了一定的文化内涵，因而，格雷本认为，研究旅游就是要分析它的文化内涵、符号意义②。

---

① 孔明安：《从物的消费 到符号消费——鲍德里亚的消费文化理论研究》，《哲学研究》2002 年第 11 期。

② Graburn N, "The Anthropology of Tourism", *Annals of Tourism Research*, No. 10, June 1983, pp. 9 – 33.

以上这些学者将符号学的思想与研究方法引入到旅游研究当中，开创了旅游研究的一个全新领域。其中，符号互动论越来越受重视。

一　符号互动论的研究背景

随着人类社会的不断发展，群体活动和行为成为人类生活中越来越重要的存在形式，任何社会中的人都不能脱离群体而独立存在，这就使得交往和沟通成为人们日常生活中普遍存在的一种行为方式，而信息和意义是人们在进行交往互动中传递的内容，符号这一人类文明的结晶恰好成为双向互动中信息与意义的有效承载物，经由符号对信息的储存、传递、翻译，人们才能实现互动双方的沟通理解。在互动过程中，互动双方传递的都只是一些符号，既包括语言符号，还包括表情、身体动作、图像等。口头的、面对面的互动交往是人类个体之间传递信息的最初形式，也是应用最为广泛的形式，语言符号是这种形式的重要沟通媒介。随着生产方式的不断进步，电报、电话、电视机等书面、音频、视频的互动方式渐渐融入人们的日常生活中，给人们提供了更多的互动选择方式。

随着社会的变迁，人们认识社会、他人、自我的模式也在相应地改变。人们越来越体会到符号在社会生活各个环节中的重要作用，并试图从符号出发，认识理解人类的种种社会行为，包括对自我的认识。符号互动的重要性是在经济的发展、文化的交融渗透中凸显出来的，反过来，它也推动了经济和文化的向前迈进。符号互动理论就是在这样一种社会背景中应运而生，并得到关注和发展的。

自从奥古斯特·孔德（August Comte，1798 – 1857）创立"社会学"以来，在近一个世纪的发展中，西方社会学理论的中心基本在欧洲。自20 世纪 30 年代以后，美国社会学理论开始崛起并获得长足发展，它一方面承继了欧洲社会学理论的精髓；另一方面也创造性地构建了具有本国特色的社会学体系，符号互动论就是其中最具有特色的社会学理论流派之一。

二　符号互动论的观点

人们在社会中的相互交流和沟通一直是社会学理论所关心的重要社

会问题，符号互动论是关注这一问题的理论研究成果之一。符号互动论（Symbolic interactionism）是强调事物的意义、符号在社会过程及在社会心理、社会行为中作用的理论，认为互动是一切社会行动的存在基础，社会由一个个参与互动的人构成。

符号是指所有能代表人的某种意义的事物，包括语言、文字、记号、物品、场景等，甚至个体的动作和姿势也是一种符号。符号是信息的外在形式或物质载体，是信息表达和传播中不可缺少的一种基本要素①。美国社会心理学家赫伯特·米德（George Herbert Mead，1863 - 1931）认为，符号是社会生活的基础，人与人之间的交流和沟通是通过有意义的符号进行的，可以借助符号理解他人的行为，也可以借此评估自己的行为对他人的影响。人们对这个符号必须有共同的意义理解，即，人们相互理解的前提就是有共同的意义背景，或者说是文化背景。所谓意义，就是人对自然事物或社会事物的认识，是人给对象事物赋予的含义，是人类以符号形式传递和交流的精神内容②。人的行动是有社会意义的，而意义是在互动之中产生的，通过符号的互动，人们形成和改变自我概念，建立和发展相互关系，处理和应对外在变化。

简单地说，符号是指具有某种代表意义的标识。符号是信息的外在形式或物质载体，是信息表达和传播中不可缺少的一种基本要素——信息的中介，是指那些具有不同传播功能的，既统一又有所分工的图形和色彩的总称，它的本质和语言一样，是一种特殊的社会现象，作为交际工具，为社会成员服务。符号被分成语言符号和非语言符号两大类③。

意义与符号是人类进化的锐利武器，是人类传播的一对翅膀，是个人社会化的中介者和代理人。意义是交流的对象，经验的核心；符号是传播的中介，表意的"姿态"。两者共同构成"论域"的内容层面和形式层面。但意义和符号都不是个人的、心理的，而是集体的、社会的。如果要进行交流，就不能没有建立在"共同性"和"普遍性"基础上的意义和符号。因此，米德对意义与符号关系的论述，不仅"朝着强调认了

① 郭庆光：《传播学教程》，中国人民大学出版社1999年版，第47页。
② 霍桂恒：《心灵、自我与社会》，华夏出版社1999年版，第88页。
③ 史婧炜：《传播学视域下视觉符号解读及其层次探析》，《大众文艺》2012年第20期。

传播是重要社会化的代理人这个方向大步迈进"，而且有助于人们正确认识和了解人类传播的本质和规律。在米德的理论中，他始终强调在日常生活中意义的创造和交换。他被认为是符号互动论的开创者，在其著作中提出了"有意义的符号"（significant symbol，也翻译为"表意符号"）这个重要概念，第一次从理论上确立了符号在人类理解和社会协调中的独特价值。符号其实是一切传播活动的最基础条件，米德的符号研究为后来传播学研究中的各类传播模式研究提供了一个基点。

一定的社会情境也具有符号的意义。在符号互动论那里，情境是指人们在行动之前所面对的情况或场景，包括作为行动主体的人、角色关系、人的行为、时间、地点和具体场合等。任何具有意义的符号只有在一定的情境之中才能确切地表示出其意义。同样，人们只有将符号视为一个系统，或者在一定背景下去理解符号才能真正领会其中的含义。托马斯认为，人们在自觉的行动之前总有一个审视和考虑阶段，即要对他所面对的情景做出解释，赋予这一既定情境以意义，他称此为情境定义（definition of the situation）。

综上所述，符号互动论的核心观点如下：

（1）人类创造与运用符号，进行自我认识，通过对符号的定义与理解进行互动。

（2）符号是社会相互作用的中介，社会活动是符号相互作用的过程。

（3）符号互动是能动的、可变的过程。

（4）符号互动创造、维持与变革社会组织、结构与制度[①]。

三　符号互动论与文化传播

查尔斯·桑德斯·皮尔斯（Charles Sanders Peirce）是 20 世纪最为重要的哲学家之一，更是美国思想史上的传奇人物，尤其是他对符号学所进行的原创性研究，后来成为当代符号学的基础。皮尔斯对美国当代传播学的影响并不仅仅在于实用主义，也不应当局限在实用主义。他认为符号学研究的最根本目的就是要探究符号传播的规律与机制。皮尔斯符号学的核心是"符号三元构成说"，这一学说决定了符号意义的生产与传

---

① 宋林飞：《西方社会学理论》，南京大学出版社 1997 年版，第 272 页。

播是其符号学理论的中心视阈。皮尔斯认为，任何符号都由再现体（rep-resentamen）、对象（object）与解释项（interpretant）这三项所构成。皮尔斯的传播学思想之内核：三元符号传播模式①。

传播学的肇始与20世纪初社会科学中传播研究的发展是同步的。从传播学学科发展的角度来看，20世纪初的几十年正是传播学从发轫到确立主流典范的阶段，也逐渐出现了自己的研究主题。按照约翰·彼德斯（John Durham Peters）对传播思想史的梳理，20世纪20年代的思想主要特征是不太区分面对面交流和大众传播，"大众媒介"是个新造的词汇。到了20世纪30年代，大众传播和人际交流分野，传播学研究和通信技术分道扬镳②。此时，美国现代传播研究的特色是强调日渐复杂的研究技术，实证研究盛行一时。早先哲学取向和进步主义媒介理论家对媒介潜力的假设开始转变，刚好搭上美国社会科学专项实证分析的大潮流。在传播学领域内，实证导向的研究起源于四个领域：第一次世界大战之后的宣传分析；第二个领域是民意研究；第三个学术途径，采用社会心理学方法研究现代媒介，其中最完整的早期研究是佩恩基金会研究，即电影对儿童和青少年的影响；第四个也可能是最有关的领域是市场研究。这四个领域最后汇流成为传播研究的范围，形成传播研究的不同视野③。

（一）符号互动论对传播学效果研究的影响

乔治·赫伯特·米德（George Herbert Mead）被誉为符号互动理论的"鼻祖"，米德的研究中包含的传播学思想最为丰富，也最成体系，他以符号互动论为中心的社会心理学研究实际上开辟了传播学研究的重要领域，米德应该是美国早期传播学发展最为核心的人物④。

19世纪末20年代初是本能心理学盛行的时期，本能心理学认为，人的行为受到本能的"刺激—反应"机制的主导。受这种理论的影响，早

① 赵星植：《论皮尔斯符号学中的传播学思想》，《国际新闻界》2017年第6期。

② ［美］彼德斯：《交流的无奈——传播思想史》，何道宽译，华夏出版社2003年版，第23页。

③ ［美］丹尼尔·杰·切特罗姆：《传播媒介与美国人的思想——从莫尔斯到麦克卢汉》，曹静生等译，中国广播电视出版社1991年版，第98页。

④ 柯泽：《米德的符号互动论思想以及对美国传播学研究的影响和贡献》，《新闻爱好者月刊》2014年第10期。

期的传播效果流行"枪弹论"，也称"皮下注射论"，认为"传播媒介拥有不可抵抗的强大力量，它们所传递的信息在受传者身上就像子弹击中躯体、药剂注入皮肤一样，可以引起直接速效的反应；它们能够左右人们的态度和意见，甚至直接支配他们的行动"。这种过分夸大传播效果的理论忽视了影响传播效果的各种客观因素，并且否定了受众对大众传媒的能动的选择和使用能力。而米德认识到人是正在行动的有机体，而不是一个被动的"容器"，同一件事情对不同人的作用是不同的，对同一个人在不同时间、环境下产生的作用也是不同的。米德甚至提出了"选型注意"和"选择性理解"的问题，指出了人（受传者）在接受刺激（传播）时的能动反应。从20世纪40年代开始，"枪弹论"的效果逐步破产，而米德认识到"刺激—反应"模式的不足要比这一时间早得多。

（二）传播的类型

符号互动论给我们提供一个平台，也给我们提供一个讨论传播的框架，它意味着我们越是能理解传播的过程，我们越能理解自我和他人。

1. "自我"的概念与人内传播

关于"自我"的概念是米德符号互动论的核心。他认为，自我是"主我"（I）和"客我"（Me）的统一体，前者是一个人的主体意识，后者是从周围观察到的他人对自己的态度、评价和角色期待。"客我"意识只有通过与他人的意义交换（即传播）才能得到，"客我"和"主我"的对话和互动形成统一的社会自我。米德认为，人的自我意识就是在这种"主我"和"客我"的辩证互动过程中形成、发展和变化，而人内传播的过程也是"主我"和"客我"之间双向互动的社会过程，互动的介质也是信息——有意义的象征符[①]。米德对"主我"与"客我"的辨析，也丰富和深化了自我（内向）传播的研究内涵。米德创造了以人类互动为基础的社会心理学，无意间开启了人内传播学的基础研究领域[②]。从具体可见的人与人、人与社会的互动去研究个人生活和社会生活，因此，符号互动论在人类自我理解领域成为一个新的里程碑。

---

① 张良杰：《论米德符号互动论及对传播学的影响》，《东南传播》2008年第2期。

② ［美］乔治·赫伯特·米德：《心灵、自我与社会》，霍桂桓译，华夏出版社1999年版，第164页。

2. "姿态"和副语言传播——人际传播

恩斯特·卡西尔（Ernst·Cassirer）曾经说过：人是"符号的动物"，而在米德视野中的是符号的流动形式，而不是静态的符号。米德认为，没有交流就断然不会有人的个性与社会化，甚至不可能形成自我与心智；没有交流更不会存在人类社会，因为后者完全建立在符号交流的基础上。这种观点把传播的人本主义特征阐述到了极致。

"符号互动"作为一种传播研究视角，把传播看作是沟通不同个人世界的桥梁，人际传播是通过人类共同理解的象征符号（主要是语言）来进行的，这种互动不仅表现在个人与他人的交往中，而且表现在个人的自我思维活动中，而个人和个性也是在互动过程中形成的①。

语言虽然是传播的基础，但不是唯一的媒体，体姿、表情、眼神、身体接触等都是自我表达的重要媒体。米德所谓的姿态（姿势）是指包括语言在内的人们所做的各种活动和表情，是传播学中副语言（即辅助语言）传播的重要概念。人类的姿态或行动是人类在社会层面上传递信息的最初符号，是人对特定环境深思熟虑之后所作出的有目的的、富有意义的反应；人们通过语言、手势和行动，实现了互相之间的沟通。美国社会学家 E. 戈夫曼指出，"在若干人相聚的场合，人的身体并不仅仅是物理意义上的工具，而是能够作为传播媒体发挥作用"②。

米德将传播看作是影响人类行为的重要过程，深信大众传播媒介的"无比威力"以及对社会变迁、社会进步的推动作用。在米德眼里，大众传媒不仅能提供情报、传播信息、交流经验，而且能改变态度、控制社会；不仅能产生一种不同类型的个体，而且会产生一种不同的社会。因此，其作用往往超过宗教、经济和教育。可见，米德的思想超出了华生的行为主义，冲破了社会心理学的传统藩篱，具有了传播社会学的色彩。虽然也有某些主观臆测，如认为社会变化的原因在于个性（主动的我）等不正确的看法，但由于它带有全方位性和辩证性，颇具吸引力，因而颇受学术界的重视。

查尔斯·库利（Charles Horton Cooley）用"镜中我"（即，人们彼

---

① 谈谷铮：《社会学》，四川人民出版社 1955 年版，第 135 页。

② ［美］沃野：《评两种符号互动主义的方法论》，《学术研究》2002 年第 2 期。

此都是一面镜子，映照着对方）为比喻来形容人的社会自我，并指出这决定了主体对他人意识的态度并进而直接影响到主体的行为，最终促成了个体之间的相互交流①。库利把传播看作是社会形成的基础，并不是"自我"决定了传播，而是传播决定了"自我"。"如果没有传播，心智无法发展为真正的人性"②③。"芝加哥学派"的社会思想是传播学的源头之一，赫伯特·布鲁默（Herbert Blumer）涉及诸多传播研究④。在理论上，布鲁默坚持认为"人类社会应该被看作是由行动着的人构成的，社会生活应该被看作是由人们的行动构成的"。尽管布鲁默在符号互动理论方面有着突出的贡献，然而真正在传播层面对符号互动理论有创新性贡献的却是另一位社会学大师戈夫曼。他与符号互动论一脉相承，承认传播是社会行为的基础，但同时更细致地分析了信息传播在社会行为中所起的作用以及社会制度因素在人的信息传播中所起的作用，因此，将更多的科学精神注入了理想主义的"芝加哥学风"，他以"框架"为工具，更清楚地展示了现代社会的日常生活中人际交流与传播是如何建构社会的这一问题。

但是符号互动理论只强调人们活动的符号方面，而不谈符号所标记的客观内容，也没有研究符号如何正确反映客观内容，因而，符号互动论只能给人一种主观主义或相对主义的指导。

（三）符号互动论与文化传播

1. 符号与文化的渊源

（1）符号：人的本质存在

19世纪末至20世纪初西欧最有名、影响最大的瑞士语言学家费尔迪南·德·索绪尔（Ferdinandde Saussure）在其代表作《普通语言学教程》中提出，符号学是"研究社会生活中符号生命的科学"。查尔斯·莫里斯

---

① ［美］库利：《人类本性与社会秩序》，包凡一译，华夏出版社1999年版，第131页。

② Charles Horton Cooley, *Social Organization*, *A Study of the Larger Mind*, New York, Charles Seribner's Sons, 1967, p. 62.

③ 陈燕：《人际传播：符号互动论与社会交换论的比较研究》，硕士学位论文，安徽大学，2007年，第41页。

④ ［澳］马尔科姆·沃特斯：《现代社会学理论》，杨善华译，华夏出版社2000年版，第71页。

（Charles William Morris）也曾指出，"人类文明是依赖于符号和符号系统的，并且人类的心灵和符号的作用是不能分离的"。在德国哲学家、文化哲学创始人恩斯特·卡西尔看来，文化最根本的要素就是符号，文化是人的符号活动的产品或现实化。

（2）文化：被符号塑造着

在卡西尔看来，人类文化之所以可能生成，就在于人类的符号活动。人的符号活动创造了各种各样的文化世界，反过来，这些文化世界又成了人的各种符号形式。所以符号与文化是一而二、二而一。由此可见，符号活动的功能就是人与文化连接起来。文化由符号、规范准则和物质文化三个主要元素构成，文化涉及了人类社会中各个层面的一个文明综合体，同时又被符号世界所塑造。

（3）符号：作为媒介传播着文化

美国社会学家乔治·伦德伯格（George A. Lundberg）认为，"传播可以定义为通过符号的中介而传达意义"[1]。因此，符号是传播活动的要素，是"传播过程中未传达讯息而用以指代意义的中介"[2]。符号是由能指、所指、意指三方面构成的媒体，传播也就是指能指、所指和解读者相互作用的过程，是文字、图片、声音等符号集中传达信息形成传播力的过程。因此符号学被纳入传播学，而获得了更为明确的意义，符号的界定也具有了真实和明确的意义：符号是传播过程中与传播者、信息、媒介、受传者等要素相连接和并列的一个要素，必须负载和传播信息，必须物化在物质实体——媒介上才能被人所感知，进入传播过程。作为信息或意义的代码，符号与传播的密切关系也深刻地反映在符号类别与传播方式的联系与互动上。

2. 符号在文化传播中的体现

（1）符号开创了文化

从积极方面来看，符号对人类的意义主要表现在符号对人类灿烂文化的影响。在人类社会中，文化的创造性、丰富性、多样性让我们叹为观止。符号之于人类的意义主要表现在符号对文化的重要影响上，其中

---

① 何平等评注：《老子庄子》，北京古籍出版社 2000 年版，第 1 页。

② 郝朴宁、李丽芳：《民族文化传播理论描述》，云南大学出版社 2007 年版，第 7 页。

一方面就体现在符号开创了文化。符号系统原理因其普遍性、有效性和全面适用性，成了打开特殊的人类世界——人类文化世界大门的开门秘诀。符号的本质决定了它对人类文化的影响和制约，在符号的推动下，文化的产生和进一步发展成为可能。李恩来曾指出，符号获得的功能就是把人与文化联结起来，所以符号哲学的主要任务就是要对各种符号形式——语言、神话、艺术、科学、历史等进行研究，这些符号形式是织成符号之网的不同丝线，是人类经验的交织之网。因此，甚至可以用这样的一个等式来表达：人——运用符号——形成文化。

（2）符号重建了文化

从符号学的专著中可以得到一种启示，正式符号思想克服了人的自然惰性，并赋予人以一种善于不断更新人类世界的能力。符号的价值还在于，它既创造了文化的现实，也创造了文化的理想。卡西尔把语言、艺术、宗教、科学这些符号对文化的价值，尤其是对建设理想世界的力量推崇到了极致。从消极的方面来看，符号在给人类创建天堂的同时，也为人类准备了地狱，其中最重要的是对人本性的异化。随着人类社会的发展，人的符号本质呈现出越来越强的趋势，而人的本能却在符号化的进程中逐渐退却，这无不体现了符号对于现实社会文化的一种重建。

（3）符号传播着文化

媒介符号环境和受众认知环境决定了文本符号信息的接受，传者编码与受众解码在文本上的错位会影响文本的传播效果。因此，受众与传者共通的符号意义空间在文本信息传递上起着关键作用。符号构建之初，只是纯粹的表现个人的情感，即自我表现，但不久这种个别行为就成了习惯性的反映。当这种行为转变成群体的活动而程式化之后，当它们由自我表现转变为一种概念上的表现时，变形成了一套完整的符号系统。因此可以说，人的符号生存决定了其本身是一种符号动物，而其社会历史过程就是一种不断生产和消费文化符号的过程。

3. 符号表达民族文化

似乎还没有哪个时期、哪个国家或者地区的艺术能够像现在的中国一样如此凸显文化的力量。考察今天中国的变化，会给人一种强烈的"符号化"冲击。那么文化符号的研究和传承也应建立在对过去符号传播史的重现，考察如今民族符号的新传播方式，从而建立有利于民族文化传承的符号系统。

（1）符号对民族文化的传播

从符号学的角度来看，世界上一切有意义的物质形式都是符号。符号作语义传递和视觉传达时使人与世界沟通，每个符号都在于其他符号的差别中确定自身的意义，并且这种意义具有约定性。中国是一个历史悠久的国家，在跨文化交流中，符号化的传播使得文化交流取得了良好的效果。

（2）利用符号系统建构民族文化内涵

符号在文化冲突中异变，只有凝聚了社会化意义的符号，才能实现规范认可和交流的价值。因此，再对符号进行研究时，应解放思想，开阔视域，由符号的表性探及隐性的内涵，反过来再由隐性的文化内涵关照表性的视觉符号。但任何一种渠道都无法穷尽对符号中隐藏的文化密码的解读，更重要的是，认识到符号之外的外延符号，才是解开符号现代社会密码的密钥。首先是将自己的文化内涵表达出来，表达离不开媒介。这一媒介就是一种有普适性的语言——符号，并凭借它进行文化之间的对话。文化符号的整理和构建分为两步，第一步是将这些符号外化成一种可感受到的东西，第二步是以一种渐进的方式来实现它。文化建设不同于物质建设，它的要点是大众的认同和参与热情，文化符号的建立也不能认为就是文化建设的完成，事实上文化符号只是文化建设中的起始。

"符号互动"的视角给了一个全新的传播定义，传播是"由参与者间不同程度地共享意义（meaning）和价值而导致的符号行为（symbolic be-havior）"。传播的核心概念包括符号行为、共享的意义、价值（value）、参与者之间（between participants）。

传播学是研究人类如何运用符号进行社会信息交流的学科，其研究的重点是人与人，人与其他团体、组织和社会的相互交流、相互关系和相互影响，因此，从传播学角度研究视觉符号的建构从一定意义上来说就是研究视觉符号的建构的规则及其对人、团体和社会的影响①。视觉符号的种类多种多样，大到建筑、城市公共设施，小到广告、交通标志，

---

①　陈力丹：《传播学是什么》，北京大学出版社 2002 年版，第 1 页。

甚至手语、手势等，都承载了一定的信息。

"文化世界本质上是符号世界……人是被符号世界包围着"。符号世界是由人类的设计活动参与创造的。正如有的设计学家所言："所有的传达是将符号做媒介来进行的。"符号正是设计信息传播的媒介①。

①不同文化背景人之间视觉符号的不同认识

由于涉及两种以上的不同文化传者、文本和受者之间的关系较为复杂，传播者对异质文化的认识与现实会发生偏差，无论是传播者还是接受者总是透过自身文化的棱镜去审视他者文化，并运用自身的思维方式去编码和解码，这样就会在某种程度上产生"误读"。要使跨文化传播成功进行，信息不被偏差理解，传播者就要学会根据文化差异适当调整自己的传播策略②。同一民族的人对同一事物的看法也大相径庭，何况是不同文化的接受者。例如，在中国人心目中，"龙"的符号象征着神圣、皇权，是人们对福寿吉祥和谐如意的祈盼，"龙的传人""龙飞凤舞""龙腾虎跃"等词语都体现了中国文化对龙的崇敬与喜爱。然而在西方，圣经中的龙是凶恶和罪恶的象征，因此英美报刊中对"亚洲四小龙"的翻译经过文化转换后译为"Four tigers of Asia"。

在非语言交际中，虽然也有许多类似符号的表意手段，但是，并不是每个动作都具有固定的意义。

②不同文化背景人之间视觉符号的相同认识

如今的世界变得越来越同质化，来自文化领域的人对同一种符号也会有相同的认识，这些视觉符号的建构时多采用了人们所共识的特征符号，以及借助了强大的社会文化力量得以在全世界快速推广。笑脸成功的原因在于笑脸符号的高度识别性超越了文化界限，每个人都知道人笑起来是什么样的。在世界上众多的视觉符号中，商品的标志符号是算得上共识度较高的，标志传达信息的功能很强，在一定条件下，甚至超过

---

① 邢明、罗亚明、苏靓：《符号学在品牌包装与CI设计中的应用研究》，《包装工程》2009年第4期。

② 穆阳、王丰、王家民：《视觉符号在跨文化传播中的价值研究》，《艺术与设计理论版》2009年第1期。

语言文字，因此它被广泛应用于现代社会的各个方面①。由此联想到中国文化的推广，不管中国的文化有多深厚，历史有多悠久，没有一个能引起人们共鸣的形象和时尚现代的外表是很难在世界上得到推广和被其他人们喜爱的。

③商业视觉符号的建构

商业视觉符号在所有符号中有着较高的识别度，其建构也与当时的社会意识和习惯密切相关，特别是受艺术运动的影响最大。如果当时流行的是新艺术运动，那么符号的建构必定逃脱不了各式的曲线；如果现代主义盛行一时，那么符号必定倾向于简洁的设计。在商业符号的传播中，广告是当今最普遍、最易见的一种传媒方式，在很大程度上影响了当代人的消费意识和行为判断，视觉符号作为其中的信息载体在传播中是不可替代。人类的意识过程，其实是一个将世界符号化的过程，思维无非是对符号的一种选择、排列、转化、重生的操作过程。由此表明，符号是思维的主体，人是用符号来思维的。因此，缺乏大众基础、无规律、漫无目标的深化符号的指涉是晦涩难懂的，更无法传递出清晰的广告信息②。另外，广告是某种商品或价值、意志、生活方式、文化的符号，流行色是一种符号，消费者会根据自己的经济实力、文化层次来选择商品。广告中的视觉符号是某种商品以及其背后所暗示的意义的表征，视觉符号传达信息的关键在于将核心的价值浓缩出来。另外，广告可以说是所有视觉符号中传播效果较明显，而且其效果可以用数据和事实进行衡量的传播方式。其视觉符号的建构注重传播对象以及传播自身的内容，一个成功的建构会针对不同的对象和内容做相应的调整。

视觉符号建构的最终目的就是传播，所以在传播过程中路线要顺畅，不能产生歧义。不论文化背景是否相同，用于编码和译码的"代码本"（符号系统）必须为双方所熟悉和顺利使用③。编码和译码必须遵循社会公认为的规则（如语法、逻辑）。事实上，即便如此，传播者传送出去的

---

① 王如畅：《论标志设计学科中"符号化"表现特征》，《现代商贸工业》2009年第18期。

② 陈武：《符号学在平面广告设计中的运用》，《装饰》2006年第4期。

③ 余志鸿：《传播符号学》，上海交通大学出版社2007年版，第1页。

符号化的信息，也很难在接受者的大脑里得到原原本本的再生和呈现，因为影响编码与译码的因素实在是太多了①。

第三节　创新扩散理论

早期的扩散研究散见于人类学、农业社会学和教育学等相关学科中，由于这些学科彼此区隔和独立，早期这些学科领域的扩散研究并未形成交集，然而有趣的是，这些彼此区隔的扩散研究却得出了相似的结论："一项创新的扩散遵循以时间为横轴的 S 形曲线，以及创新者比晚期采用者具有更高的社会经济地位。"20 世纪 60 年代，美国学者埃弗雷特·罗杰斯（Everett M Rogers）提出一个关于通过媒介劝服人们接受新观念、新事物、新产品的理论，侧重大众传媒对社会和文化的影响。这就是传播效果研究的经典理论之———创新扩散理论。罗杰斯考察了创新扩散的进程和各种影响因素，打破了各研究传统之间彼此区隔的状态，使扩散研究不再局限于各研究传统的简单交叉，成长为"一个独立的，完整的体系"。总结出创新事物在一个社会系统中扩散的基本规律，提出了著名的创新扩散 S—曲线（S-shaped curve）理论。

一　创新扩散理论的内涵与过程

新事物的发明和扩散被人们接受或拒绝，都将会产生某种结果，引起将来社会变化的发展。罗杰斯认为，"创新是一种被个人或其他采用单位视为新颖的观念、实践或事物；创新扩散是指一种基本社会过程，在这个过程中，主观感受到的关于某个新事物的信息被传播，而这个过程是由创新、沟通渠道、社会系统和时间这四部分构成的，同时至少还包含 5 个环节：知晓、劝服、决定、实施和确定"②。

在罗杰斯看来，所谓扩散"是创新通过一段时间，经由特定的渠道，在某一社会团体的成员中传播的过程，它是特殊类型的传播，所含信息

---

① 王刚：《传播学角度下视觉符号的建构》，《艺术与设计（理论）》2010 年第 6 期。

② ［美］埃弗雷特·罗杰斯：《创新的扩散》，辛欣等译，中央编译出版社 2002 年版，第 34 页。

和新观念有关"。在创新扩散中有四个主要因素即创新、传播渠道、时间和一个社会系统。从创新到决策的过程中，要经历认知阶段、说服阶段、决策阶段以及实施阶段和确认五个阶段。（1）认知阶段是个人（决策单位）认识到某项创新的存在并理解了它的功能，这就是"认知"阶段。他还把认知分为三种类型即意识认知、怎样做的认知和有关原理的认知，（2）而罗杰斯的说服阶段不同于传统的传播学概念中的说服，这里的"说服"强调的是个人（决策单位）对创新形成的"赞同"或者"不赞同"的态度。而非传者引导受者向他所希望受者理解的方向进行，在这里说服仅仅是一个个人观点的形成和改变。（3）而"所谓的决策阶段实际上是个人（决策单位）对于是否采纳创新做出决定的一个阶段，在这个阶段有两种不同的选择，一是采纳创新而另一种则是拒绝创新。（4）实施是采纳创新后的第一步。（5）在实施阶段后，个人（决策单位）为已完成的创新—决策寻求进一步的证实，或者是改变先前做出的接受或拒绝的决定，这便是确认阶段"。

传播过程呈"S"形曲线，在扩散的早期，采用者很少，进展速度也很慢；当采用者人数扩大到相关群体人数的10%—25%时，扩散的进展会突然加快，扩散进入所谓的"起飞期"（take-off）；这个过程一直延续，直到系统中有可能采纳创新的人大部分都已采纳创新，接近最大饱和点时，扩散速度又逐渐放慢，采纳创新者的数量随时间而呈现出"S"形的变化轨迹。

创新的扩散作为一种特殊的传播，其中的受众研究自然不容忽视，罗杰斯对于创新扩散中的受众即采纳者进行了研究，并基于实际观察的基础上对他们进行了理想型分类，分别为具有冒险精神的创新者、受人尊敬的早期采纳者、深思熟虑的早期大多数追随者、持怀疑态度的后期大多数滞后者以及墨守传统的落后者[①]。在创新扩散的过程中，"早期采纳者"为后来的起飞作了必要的准备。这个看似"势单力薄"的群体能够在人际传播中发挥很大的作用，劝说他人接受创新。在罗杰斯看来，"早期采纳者"就是愿意率先接受和使用创新事物并甘愿为之冒风险那部

---

① 田甜：《创新扩散理论下的微信扩散和使用影响因子分析》，硕士学位论文，安徽大学，2014 年，第 1 页。

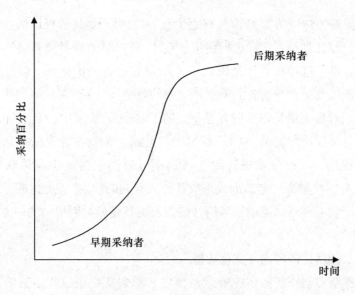

图 2—2　创新扩散的过程

分人。这些人不仅对创新初期的种种不足有着较强的忍耐力，还能够对自身所处的群体中的意见领袖们展开"游说"，使之接受以至采用创新产品。之后，创新通过这些意见领袖们迅速向外扩散。

二　创新扩散的特征

罗杰斯把创新—决策过程中的传播渠道分为两大类型，即大众传播渠道和人际传播渠道。大众传播（Mass Communication）是指媒体组织采用现代机器设备，通过大批复制并迅速地传播信息，从而影响庞杂的受众的过程。对社会有着潜移默化的作用，它改变着人们的工作方式和生活方式，改变着传统观念。1945 年 11 月在伦敦发表的联合国教科文宪章中首先使用这个概念。罗杰斯认为，在五阶段中，大众传播渠道在认知阶段发挥重要作用，而人际传播渠道则主要是在说服阶段发生作用，但是在第三世界国家，人际传播渠道也被证实在认知阶段起着非常重要的作用。这两种传播渠道与创新的属性之间的相互作用会影响创新的采纳率。

罗杰斯认为创新包含五种属性，即相对优势、相容性、复杂程度、可试验性以及可观察性。（1）所谓相对优势是指"某项创新相对于它所替代的原有方法（方案）而具有的优点"。这种相对优势可以通过诸如社会威望、经济收益的指标进行衡量。（2）而一项创新要被采纳还必须有好的相容性，这种相容性是说创新"与现有的各种价值观、以往的各种事件经验以及潜在采纳者的需求相一致的程度"。（3）而理解和使用某项创新的相对难度则是创新的复杂性，在罗杰斯的研究中，复杂性与创新的采纳是呈反比的关系。（4）可试验性是指"创新在优先的基础上可能进行的程度，可以分期进行的创新比不可分的创新更快地得到采纳"。（5）可观察性是指"创新的成果被其他人看到的程度"。上述的五种创新的属性影响了创新的采纳，当然这些因素也只是影响因素中的一方面。

三 创新扩散理论与文化传播

罗杰斯对创新扩散中四要素的界定、对创新决策过程中五阶段的认识以及对传播渠道类型和采纳者的分类为后来的创新扩散研究奠定了基础。但是由于缺少反馈环节和与实际情况不吻合等原因有着一些局限性，创新扩散理论与文化传播的关系研究不多。

第四节　自组织理论

20 世纪以耗散结构论、协同论、超循环理论、突变论为代表的系统理论统称为自组织理论。自组织理论认为，一个系统的自组织能力越强，意味着其保持和产生新功能的能力也越强。

协同学的创始人赫尔曼·哈肯（Hermann Haken）将自组织定义为"如果一个体系在获得空间的、时间的或功能的结构过程中，是没有外界的特定干预，我们便说该体系是自组织的"。

一 自组织理论内涵

自组织理论从存在和演化的统一上描述了系统演化的全过程，揭示了系统演化的自然观。所谓系统自组织，是指系统不是由于外部的强制，而是通过自己内部的组成部分之间的相互作用，自发地形成有序结构的动态过程。一般说来，社会系统总体上处于自发运动、自我组织之中，按自组织的规律运动发展。发展的前提是开放和不平衡，发展的诱因是波动和失稳，发展的道路是分叉和选择，发展的方式是渐变和突变，发展的动力是竞争和协同，发展的前途是目的和创新，发展的统一性是相似和重演，发展的循环性是混沌和有序①。自组织系统包含四个条件：第一，必须是开放系统，并不断与外界进行物质、能量的交换。第二，必须远离平衡态，其内部物质能量分布存在显著的差异性和不平衡性。第三，系统内部各要素间的相互作用能产生相干效应和协调动作，使系统走向新的有序；第四，系统存在着随机涨落，这是系统自组织的内在驱动力。

二 自组织理论与文化传播

中华优秀传统文化传承体系是一个复杂的系统，其构成要素主要包括传承主体和客体、传承内容、传承介体和传承保障体系等方面内容。它们相互联系，相互配合，充实和发展了中华优秀传统文化传承体系的内涵和外延。中华优秀传统文化传承体系具有开放性、差异性、非线性反馈和随机变化等特征，这些特征是构成自组织系统的必要条件。

从耗散结构理论、超循环理论和协同论分析了中华优秀传统文化传承体系的自组织特点，基于此，刘经纬和吕莉媛提出创新主体际范式模式、复杂过程的多因子互动模式和基于开放性结构特征的放射型影响模式，将其应用于中华优秀传统文化传承体系的模式建构中，对创新社会主义文化建设、方法，科学弘扬中华优秀传统文化提供参考。张兴奇、顾晓艳运用耗散结构理论，分析了少数民族传统体育文化进化机理，揭示了现时态语境中少数民族传统体育文化的进化趋势。研究发现：少数民族传统体育文化进化是一个不可逆或不可阻挡的历史进程；民俗节日依附向多元节庆发展转型、宗教祭祀向休闲娱乐转型、文化资源向文化资本转型、族群文化自享向族际文化共享转型、隐性传承向显性传承转型，是现时代少数民族传统体育文化进化的趋势②。

少数民族传统体育是一个复杂的文化系统，是它组织与自组织的综

① 段勇：《自组织生命哲学》，中国农业科学技术出版社 2009 年版，第 36—39 页。
② 张兴奇、顾晓艳：《耗散结构理论视阈下少数民族传统体育文化的进化理路》，《南京体育学院学报》2012 年第 5 期。

合体。一方面，我国少数民族传统体育在国家制定的各项政策和法规的指导下开展工作，这显然是它组织；另一方面，所有的指令、举措要真正落实就必须渗透到少数民族体育系统中的各个构成要素之中，然后转化为构成要素的自主行为，这就是自组织的形式了。白晋湘指出，"长期依赖行政手段的强制力……暴露出社会运行的灵活性差、发展创新性不够、群众的积极性低迷等诸多弊端"①。

形成自组织的演化是解决我国目前少数民族体育面临的困境的重要环节。基于自组织理论，秉持开放的理念是少数民族传统体育发展的希望；远离平衡态是少数民族传统体育走向有序的源泉；构成要素的非线性作用是少数民族传统体育产生自组织行为的依据；系统涨落是少数民族传统体育达到有序的契机②。

第五节　共生理论

"共生"（Symbiosis）一词源于希腊语，最早是一个生态学领域的概念，涉及众多生物学分支学科，指生态学双方受益的"共栖"，依据各要素间的利害关联性结成协作关系维持自我完成的均衡。1879年由德国微生物学家安东·德贝里（Anton deBary）首次提出"共生"一词，将其定义为："不同名的生物共同生活在一起"③，不同物种相互间不断地交换物质与传送能量。共生暗示了生物体某种程度的永久性的物质联系，是一种普遍存在的生物现象④。

一　共生系统的构成

共生是一种普遍存在的生物现象，抽象地说，共生是共生单元之间

---

① 白晋湘：《基于协同学理论背景下湖湘体育文化发展与体育湘军成长研究》，《成都体育学院学报》2013年第5期。

② 张新、夏思永：《基于自组织理论的少数民族传统体育传承与发展的研究》，《中国教育学刊》2014年第5期。

③ ［美］林恩·马古利斯：《生物共生的行星——进化的新景观》，易凡译，上海科学技术出版社1999年版，第1页。

④ 刘荣增：《共生理论及其在构建和谐社会中的运用》，《中国市场》2006年第23期。

在一定的共生环境中按某种共生模式形成的关系。

20 世纪 50 年代以后，共生思想渗透到社会诸多领域。共生既是一种生物间的相互作用现象与生存机制，也是一种社会现象和科学方法，是指在一定的共生环境中，共生单元之间按某种共生模式建立的相互作用关系，共生模式会由于另外两个共生要素的变化而变化。

共生单元是指构成共生体或共生关系的基本能量生产和交换单位，是形成共生体的基本物质条件。共生单元的性质和特征在不同的共生体中是不同的，在不同层次的共生分析中也是不同的。同时，共生单元在协调发展过程中，不同的分类标准又有着不同的情况。共生模式又称共生关系，是指共生单元相互作用的方式或相互结合的形式，它既反映共生单元之间作用的方式，也反映作用的强度。它既反映共生单元之间的信息交流关系，也反映共生单元之间的能量互换关系[①]。共生关系种类很多，共生程度也各不相同。从行为方式上说，存在偏利共生关系、互惠共生和寄生关系。共生关系随着共生单元的性质变化及共生环境的变化而变化。在协调发展过程中，报纸、电视、网络、手机、新兴媒介的不同共生单元和交通频率、音乐频率、农村频率、老年频率、新闻频率的同一共生单元之间存在各种各样的相互联系和作用，既受经济、社会、整个媒介生态环境的影响，也受自身发展的条件和竞争力的制约。

共生单元以外的所有因素如社会环境、经济环境、文化环境等构成共生环境。共生体和环境之间的相互作用通过物质、信息和能量交流实现[②]。共生环境往往是多重的，不同种类和层次的环境对共生关系的影响也不同，影响的主要环境和次要环境也会随时间变化互相替换。

共生既强调存在竞争的双方的相互理解和积极态度，又强调共生系统中的任何一方单个都不可能达到的一种高水平关系，并强调在尊重其他参与方式基础上，扩大各自的共享领域。因此，共生单元是在较大的社会、经济和生态收支背景下寻求自己的定位。

---

① 陈秋玲：《走向共生——基于共生关系的开发区发展路径依赖》，经济管理出版社 2007 年版，第 96 页。

② 吴泓、顾朝林：《基于共生理论的区域旅游竞合研究——以淮海经济区为例》，《经济地理》2004 年第 1 期。

二　共生的基本理念

"共生"不仅仅是一个抽象的名词，它蕴含着丰富的思想和理念。共生哲学中蕴含的进化理念、共同理念、异质共存理念、合作理念、互惠理念以及均衡理念在不同层面揭示了共生的本质特征。

（一）进化理念

进化理念是共生的本质特征，强调共生系统内的共生单元之间、共生单元与共生系统之间存在一种相互促进、相互激发的作用，这种作用可加速共生单元及共生系统的进化创新，并产生新的物质结构。

共生有动态发展、开放的意蕴。从动态的角度看，共生可以按字面理解为"共同生成"，它更多地体现为一个过程，不仅是主体不断发展变化的过程，也意指其作为一种结合方式的变迁和进化。过程承继的是过去，立足的是现在，面向的是未来①。

（二）共同理念

进化理念反映了共生系统的普遍本质，而共同优化、共同发展、共同适应则是单元共生的深刻反映。在生物界，对称性互惠共生作为一种最有利于生物进化的共生模式，对应的决定因素是"一体化"的共生条件，强调共生系统的统一性和共生进化的同步性，是共生单元在共同环境中对共生对象的自我协调与相互尊重；强调异质共存的共生单元之间的共生度和亲联度，是共生的"共同"基础。现代生物学研究普遍认识到，不同质的共生物种存在必然的内在联系或共同的质参量。而现代生态学就是把整个地球看成一个大的生态系统——生物圈，在这共同的生物圈内，各种各类生物间以及与外界环境之间通过能量转换和物质循环密切联系起来。

（三）异质共存理念

现代"共生"的哲学核心基本上属于"一体化"条件下的互利共生现象的哲学抽象与概括。有关"一体化"，尾关周二强调了"共同"和"个性"的相互关系，他认为，"在共同性基础上的共生，即共同性共生的理念，就是以来源于人类最本源性的共同价值为基础，同时又积极承

---

① 袁年兴：《共生哲学的基本理念》，《湖北社会科学》2009 年第 2 期。

认人们在现代获得的个性价值的一个共生理念，这一理念具备了人学的基础和人类史学的背景"①。异质同存是单元共生的深刻反映。因此倡导共生共同理念必须要承认共生系统中异质者的生存权利，在个体本位的基础上，建立体现自由、平等、公正的和谐的互动关系。

德国真菌学家安东·德贝里（Anton de Bary）将"不同种属的生物按某种物质联系共同生活"的现象叫作共生，这意味着共生是一种异种生物间的关系与结合。这一界定概括了生物世界共生现象的"异质共存性"。"共生"延伸到人文社会科学领域，同样延续了这个现象的内在本质，所以有学者认为，"我们所说的'共生'是向异质者开放的社会结合方式"。"共生就是异质物间的共生，试图得到拥有差异的权力并相互平等地承认"。从而在人与社会、人际之间、人与自然之间拓展了这一概念的适用范围，也扩充了共生对整个世界的意义和价值，强调了异质、平等的价值内蕴。同时也促进了哲学自身的发展，因为"伴随着共生理念的确立，哲学将从'主体性'到'主体间性'的转向"。"当'我'作为自身而存在时，他人也同样作为自身而存在；'我'与'他'必须互依，自由共在。"异质性普遍存在与自然界、生物界和社会生活等各领域之中，是系统演化不可或缺的因素，是事物共生互利的基本条件②。

（四）合作理念

共生过程既是共生单元在合作竞争机制的驱动下自我完善、自行趋优，不断地提高自身的复杂度和精细度的过程，也是一种在互惠合作的基础上共同趋优的过程，这种优化路径不同于单个单元独自的发展过程，而是在相互激励中互惠合作发展。共生行为的本质是互惠、互补、合作，事实证明，共生系统及各共生单元互惠互利正是在共生单元互相合作中得到发展和进化。无疑，共生原理揭示了生命世界发展的动力源泉和发展机制，正是相互联系、相互依存、相互帮助，才能在协同中激活双方，才能在协同中进化发展。

（五）互惠理念

互惠是共生单元相互合作的一个基本原则，也是共生系统进化的根

---

① ［日］尾关周二：《共生的理念与现代》，《哲学动态》2003 年第 6 期。

② 李燕：《共生哲学的基本理念》，《理论学习》2005 年第 5 期。

本法则，代表了共生系统进化的总方向和总前途。按能量特征和分配特征不同，共生行为模式可以被划分为寄生、偏利共生、非对称性互惠共生和对称性互惠共生 4 种形式。其中的对称性互惠共生关系中，共生单元之间以共同的物质或能量的生产和交换为基础，同时存在共生单元之间对称性的物质或能量分配，即所有共生单元都具有相同的分配系数①。

（六）相变理念

相变理念是指共生系统从一种状态向另一种状态的转变特征。共生理论在吸收相关学科思想方法的基础上，建立了自身的初步的概念体系和逻辑结构。共生系统的相变还具体体现在共生单元之间的相互作用，这种作用反映在共生过程中共生单元及其作为整体的共生体的变异与进化。共生体随共生关系的不同有不同的形态，从点共生、间歇共生、连续共生到一体化共生。我们称共生单元所形成的共生体这种新结构存在的时间为共生寿命，共生寿命反映共生相变的时间特征。共生单元之间的关系具有时间和空间特征。我们把共生单元之间相互作用产生的空间称为初始共生空间，共生体随空间的变化往往表现出不同的共生特征，任何只能在初始空间存在的共生体都具有单一的共生空间。任何随空间变化表现出间歇存在的共生体具有多个间歇共生空间，任何随空间变化表现出连续存在的共生体具有连续共生空间②。

总之，共生哲学的相变理念揭示了共生进化的基本方式，反映了共生系统进化的时空特征和一般规律。

三　社会共生论——共生理论在社会学领域的应用

中国著名社会学家费孝通早在《乡土中国》中的"共生与契洽"一节，就谈到"共生"。吉丁斯（Giddings）认为社会的基础是同类意识。所谓同类意识，也就是指有相同人格承认，是推己及人的结果。帕克更明白地说明在人类中可以有两种人和人的关系：一种是把人看成自己的工具；一种是把人看成也同样具有意识和人格的对手。前者关系他称作

---

① 袁纯清：《共生理论兼论小型经济》，经济科学出版社 1998 年版，第 1 页。
② 李思强：《共生构建说（论纲）》，中国社会科学出版社 2004 年版，第 1 页。

Symbiosis（共生），后者关系他称作 Consensus（契洽）。但是，共生理论在中国社会学领域正式拉开序幕，是 2000 年复旦大学社会学系胡守钧教授的"社会共生论"思想的明确提出，认为共生是人的基本生存方式，要以共生论来指导社会，告别以"阶级斗争为纲"的斗争哲学，走向呼唤和谐的社会共生论，但在当时并未引起学术界的关注。胡守钧教授 2002 年又出版了《走向共生》，推进了共生理论在社会学领域的应用①。在此期间，2004 年"和谐社会"的提出，成为我国政治生活中的主旋律，使共生理念进一步被学术界及社会界所重视。2012 年，胡守钧又出版了《社会共生论》，进一步完善了共生理论在社会学领域分析的框架，确定了"社会共生论"分析的三十六条定律，把社会共生论的研究又向前推进了一步②。目前，胡守钧教授还在复旦大学开设了《社会共生论》一门课程，专门讲授社会共生，吸引更多的青年学者关注社会共生。胡守钧认为，社会共生是人的基本存在方式，人与人之间的关系存在互补性和利益冲突，而人的个体为了生存和发展，又必须与他人合作，这导致了共生的可能；斗争—妥协是共生的方式，法律是共生的度，社会发展是共生关系的改善等；他的"社会共生论"思想也借鉴了"太极图"，认为社会主体之间经过斗争（阳）与妥协（阴）的互动（冲气），才能形成双方满意的共生关系（以为和），如图 2—4。胡守钧提出，社会发展要从"斗争哲学"走向"共生哲学"，虽然他建构了社会共生分析的三十六条定律，搭建了一个基本框架，但是他没有阐述自然科学中的共生现象与社会科学领域共生现象的本质区别。社会科学中的人是有思想、有文化影响、有法律道德等约束的，因此社会科学中的共生现象远比自然科学中的共生现象复杂。社会既是一种人个体群落的生存方式，也是一种文化的生存方式，文化生存与人的生存终将会走向理性化的共生时代。胡守钧的"社会共生论"思想提出后，我国已经有一批学者将这一理念应用于"和谐社会"的研究。刘荣增运用共生理论构建了和谐社会应该注意处理好五大共生关系，即人与自然共生、城乡共生、区域间共生、社

---

① 胡守钧：《走向共生》，上海文化出版社 2002 年版，第 1 页。

② 胡守钧：《社会共生论》，复旦大学出版社 2012 年版，第 1 页。

会各阶层之间共生以及经济与文化的共生①。张永缜和张晓霞构建了和谐社会的共生价值观，既保障人的个性发展，又可以促进人与人、人与社会②③④⑤和人与自然的和谐。还有学者用共生观念研究和谐消费文化⑥、市民社会⑦。在"和谐社会"的政治风浪一浪高过一浪的情况下，人与人、人与社会和人与自然的和谐共生已经引起越来越多的社会学家的关注⑧。

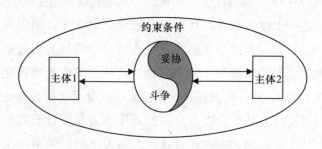

图 2—3   社会共生机制

在全球化浪潮正席卷社会生活各领域的 21 世纪里，有种种迹象表明，不同民族、不同文化、不同宗教之间的碰撞、摩擦乃至对立、冲突，将成为影响世界稳定的重要因素。全球化背景下的文化共生需要正确处理全球化与本土化的关系，坚持"和而不同"的民族文化发展战略⑨。

在 21 世纪的今天，我们更要提倡社会共生论，个人的利益和需要仅仅靠个人或民族是不可能维护和满足的，只有在全体的、社会的乃至人类的共同努力中，在群体的、社会的乃至人类的共同利益得到维护和共

---

① 刘荣增：《共生理论及其在构建和谐社会中的运用》，《中国市场》2006 年第 23 期。

② 张曙光：《生存哲学——走向本真的存在》，云南人民出版社 2001 年版，第 1 页。

③ 李振纲、方国根：《和合之境——中国哲学与 21 世纪》，华东师范大学出版社 2001 年版，第 1 页。

④ 陈启智：《儒学与全球化》，齐鲁书社 2004 年版，第 1 页。

⑤ 张永缜、张晓霞：《共生价值观与构建和谐社会》，《理论导刊》2007 年第 10 期。

⑥ 陈晓春、谭娟：《共生气质与和谐消费文化研究》，《消费经济》2008 年第 1 期。

⑦ 张海夫、段学品：《市民社会与和谐城市的共生关系》，《宁夏社会科学》2008 年第 3 期。

⑧ 史莉洁：《共生理论及其当代意义》，硕士学位论文，华中科技大学，2006 年，第 1 页。

⑨ 苏国勋：《全球化背景下的文化冲突与共生（下）》，《国外社会科学》2003 年第 3 期。

同需要得以满足的条件下，个人或民族的利益和需要才能从根本上得到维护和满足。

（一）共生理论与民族关系研究

共生理论是民族关系研究的新视角。在全球化的时代背景下，共生理论被注入了超出生物学领域的更深刻的社会意义。共生理论中的进化理念、共同理念、合作理念、互惠理念以及平等理念在不同层面揭示了民族关系的本质特征。民族共生关系是一种多层面的民族共同适应、共同发展的优化路径，要求诸民族在合作竞争机制的驱动下，互惠共生，协同共进。民族关系的存在，最重要的是体现在形成一种共生能量①。

毕跃光认为，从民族认同、族际认同、国家认同的关系来看，民族认同在横向上与族际认同形成了竞争与共生关系，纵向上与国家认同存在着共生关系。国家认同基于主导的地位，当国家认同能够保护和尊重民族认同，加快族际认同建设，就能够促进三种认同之间的共生与和谐②。

1. "共生互补"理念

"共生互补"理念是许宪隆教授首先提出并倡导的，作为构建我国民族散杂居地区和谐社会的本土性创新理念，其宗旨在于丰富中国民族关系理论的话语体系。经过多年的理论建构和实践探索，"共生互补"理念从内涵、思想渊源、理论结构到实践运用，均已具备一定系统性的理论特征，正在日趋成熟和完善，逐渐成为构建中国民族关系理论话语体系的一个重要概念和研究视角③。

具体体现在民族关系上的"共生"是一种族际开放的社会结合方式，是各民族基于对彼此不同生活形态的承认而相互拥有相对自由的活动和彼此参与活动的机会基础上建立起来的一种社会结合。"互补"一般蕴含差异中的趋同内涵，是指两者或两者以上不同事物之间因某种趋同而相互达成特殊的一致性，弥补单个存在的不足。"互补"意味着在与"他

---

① 袁年兴：《共生理论是民族关系研究的新视角》，《理论与现代化》2009年第3期。

② 毕跃光：《民族认同、族际认同与阅家认同的共生关系研究》，博士学位论文，中央民族大学，2011年，第1页。

③ 梁润萍：《"共生互补"理念研究综述》，《贵州民族大学学报》（哲学社会科学版）2015年第3期。

族"的比较中，更突出了本民族的特点，意味着"我族"与"他族"通过相互吸收彼此的长处来弥补自己的不足。故"共生互补"的定义可理解为：人类的活动及其结果要确保社会系统和自然系统的和谐共生、优势互补、协同进步和发展，它既包括人与自然的共生互补，又包括人类世界中的共生互补①。

2. 共生理论与民族文化传播

文化共生理论蕴含了中国传统文化中的共生思想，是共生理论运用于文化领域的产物。在全球化迅猛发展和我国社会深刻变革的时代背景下，其所包含的异质共存、尊重多样性，交流融合、突出互补性，共同进化、不可逆转性，传承创新、凸显时代性等丰富内涵，在理论和实践上为研究民族文化发展提供了新视角和新思路。

（1）民族文化教育

当下，渊源于生物学领域、内蕴于"和而不同"以及"世界大同"理念、产生于近现代哲学反思、应对于现时代发展的共生哲学以其独有的理念而成为时代的发展趋向，它追求人与自然、人与社会、人与人以及人自身的和谐共生，这恰与教育的当代使命即协调、改善与提升人、自然与社会之间的相互关系契合，正是由于这一内在关联，李燕认为：共生哲学理念是共生教育产生的哲学基础②。

除了学校教育外，我国民族地区还存在着传统的多种教育形态，曾在传承本民族传统文化、促进当地人与社会发展方面发挥着重要作用。各种教育形态本应携手共进，但当前各种教育形态间却存在着诸多问题，这些问题只有在民族地区多种教育形态共生理论的指导下，在坚持相互尊重、相互适应、相互补充、相互促进原则的基础上，才能得到解决，实现促进民族地区人与社会发展的目标③。田夏彪认为，教育是促进民族文化认同发展的重要力量，学校教育与校外"文化心理场"共生共谐的内涵在于各自内部要有自觉传承民族文化的意识和行动，且在内容结构

---

① 许宪隆、沈再新：《共生互补：构建散杂居地区和谐社会的实践理念》，《中国民族报》2008 年 8 月 29 日第 6 版。

② 李燕：《共生教育论纲》，博士学位论文，山东师范大学，2005 年，第 1 页。

③ 陈荟、孙振东：《民族地区多种教育形态共生理论研究》，《民族教育研究》2015 年第 4 期。

上形成整合互促之态，并借助政府、学校、社区力量的协调配合而采取多元灵活形式来展现。现实中要使这一理想得以实现，须确立"以人为本"的学校教育发展导向；增强"文化心理场"对学校教育的基础意义；营建利于"文化心理场"生长的学校和社区联动环境①。湖北省近年来在民族地区中小学开展了以"民族文化进校园"活动为正确的民族团结教育活动，促进了民族文化与校园文化的结合，弥补了国家课程设置的不足，传承了优秀的民族传统文化，凸显了校园文化的民族特色，推动了学校素质教育的不断发展②。孟长云认为，河套文化是在特定的地理区域和环境中与多种文化相融共生，熔铸出来的特有的文化形态。要弘扬河套文化，必须树立共生理念，遵循共生规律③。张慧探索了边疆多民族社区和合共生传统文化进入民族团结教育的多种途径，以实现其在民族团结教育中的现代创新性继承转换，增强民族团结教育的有效性④。张俊明等发现，在我国多民族杂居的河湟地区，各民族在交往互动中广泛吸纳他者文化，形成了普遍的文化共享与融合现象，如宗教信仰的吸纳与采借、饮食文化的兼收并蓄、服饰文化的相互影响。由于地处青藏高原文化、中原儒家文化、西域伊斯兰文化等多元文化交汇之地，受主流文化区文化的持续补给，河湟地区并未形成某种文化一家独大的局面，各文化都有其相对固定的信仰群体和较为清晰的边界，从而形成了一种相互渗透又相互制衡的多元文化格局⑤。

（2）民族文化产业发展

共生理论"协同进化"的本质特征与民间艺术文化产业的诉求一致。刘纪英和吕青以陕北民歌为例，提出实现民间艺术文化传承与文化产业

---

① 田夏彪：《共生共谐：民族文化认同教育形式的互补关系》，《教育导刊》2015 年第2 期。

② 孟立军：《论民族文化与校园文化和谐共生的实施与价值》，《中国民族博览》2016 年第3 期。

③ 孟长云：《从"共生理论"的视角探析河套文化》，《河套大学学报》2006 年第3 期。

④ 张慧：《边疆多民族社区和合共生传统文化与当代民族团结教育契合研究》，硕士学位论文，云南师范大学，2015 年，第1 页。

⑤ 张俊明、刘有安：《多民族杂居地区文化共生与制衡现象探析——以河湟地区为例》，《北方民族大学学报》（哲学社会科学版）2013 年第4 期。

协同进化的新思路，以期为民间艺术文化产业发展提供有益的借鉴①。苏章全等以滇西北旅游区为例，分析了滇西北旅游区的概况及旅游竞合条件，对滇西北区旅游竞合模式进行了初步探索②。旅游共生理论强调共生单元（旅游地或企业）的协同与合作，以推进各单元发展，为打造旅游共生体提供了理论基础③。马航等以深圳凤凰古村为例，明确传统村落与城市共生的三要素内涵并分析其现状，针对问题提出优化共生模式、强化共生环境和协调共生单元三大策略，并提出具体的保护性更新策略④。朱德亮等认为，一体化共生是实施桂黔湘边区旅游竞合的理想模式⑤。

（3）民族传统体育

高鹏辉等以民族民间体育赛事开展对城市的发展探究为研究对象，分别从共生单元、共生模式、共生环境等方面，梳理了民族民间体育赛事开展对城市政治、经济、文化、社会环境四大领域的发展所起到的作用，旨在激发对民族民间体育赛事的研究兴趣，弘扬优秀的民族传统体育文化，加快民族传统体育现代化发展进程⑥。

（4）新闻传播

复旦大学的魏金成指出，"入世"使中外传媒的共生成为现实，既有共生也有竞争⑦。吴生华认为，同一种类媒介因为有着相互依存的共生性形成了同一共生界面。长期以来，报纸、广播、电视在竞争中既形成了三足鼎立之势的竞争型共生系统，又形成了一个互补型的共生系统。竞争型共生系统中共生单元的竞争，是通过共生单元内部结构和功能的创

　　① 刘纪英、吕青：《基于共生理论的传统民间艺术文化产业发展路径探析》，《当代艺术观察》2015 年第 12 期。

　　② 苏章全、李庆雷、明庆忠：《基于共生理论的滇西北旅游区旅游竞合研究》，《山西师范大学学报》（自然科学版）2010 年第 1 期。

　　③ 唐黎：《基于共生理论的东金澎旅游经济合作区研究》，《福建论坛·人文社会科学版》2014 年第 12 期。

　　④ 马航、刘琳：《基于共生理论的城市边缘古村的保护性更新策略研究——以深圳凤凰古村为例》，《现代城市研究》2016 年第 1 期。

　　⑤ 朱德亮、张瑾：《基于共生理论的桂黔湘边区民族旅游竞合模式研究》，《广西民族研究》2012 年第 4 期。

　　⑥ 高鹏辉、刘友康：《民族民间体育赛事开展对城市的发展探究——基于共生理论》，《武术研究》2016 年第 6 期。

　　⑦ 魏金成、丁志强：《共生论视野中的中国传媒与 WTO》，《新闻传播》2003 年第 3 期。

新促进各方竞争能力的提高。作为同一共生体系中的共生单元，报纸、广播、电视在功能上具有互补性。因为三大传统媒介竞争和互补兼具的特点，所以媒介合作必须具备三大条件：一是各媒介要各自独立，互相抗衡；二是传媒之间要互相认识到对方优势对自身劣势的补偿性；三是受众对传媒兼容的特征，使传媒的合作成为可能①②。赖铃分析了中国广播媒介共生发展模式，并提出中国广播媒介共生发展的共生行为发展研究的理论模式③。

媒介竞争既有对立性，又有同一性，媒介生态学是共生理论在传播学领域的应用。

第六节　生态学理论

一　媒介生态学的历史

"生态学"（Ecology）一词是德国生物学家恩斯特·海克尔（Ernst Haeckel）在 1869 年率先提出的一个专有名词，并将其定义为"生态学是研究生物与其环境相互关系的科学"④，强调生态学是研究生物在其生活过程中与环境的关系，尤其是指动物与其他动、植物之间互惠或敌对的关系。生态学在 20 世纪 30 年代左右成为一门具有特定研究对象、研究方法和理论体系的独立学科。此后，生态学这门学科迅速发展壮大，生态学中的一些概念、理论、研究方法扩散、渗透到其他学科。媒介生态学就是用生态学的一些理念和理论来研究媒介的一门前沿学科。

后来也有许多生物学家从不同的角度对生态学的概念进行了探讨，但都没能超越恩斯特·海克尔的定义范围。浙江大学教授邵培仁结合媒介现象指出，"所谓生态学，就是研究生物和人与环境之间相互关系及其互动规律，研究自然生态系统和人类生态系统的结构和功能的一门科学，研究范围包括个体、种群、群落、生态系统以及生物圈等层次"。这一定

---

① 吴生华：《媒介的竞争和共生研究》，《新闻实践》2000 年第 9 期。

② 陈剑锋、唐振鹏：《国外产业集群研究综述》，《外国经济与管理》2002 年第 8 期。

③ 赖铃：《共生理论下的中国广播媒介研究》，硕士论文，西南政法大学，2010 年，第 1 页。

④ 杨忠直：《企业生态学引论》，科学出版社 2003 年版，第 1 页。

义的好处是，将人放在了中心的位置，将自然生态系统与人类生态系统同等对待，强调各种生态因子之间的整体互动和平衡发展①。

媒介生态学也称传播生态学，是基于生态学的大众传播学，研究的是大众传播活动与环境之间的关系。传播学界将传播生态定义为：传播系统内部的组织、构成、冲突及其与个体、人群、社会大环境之间的互动与演化。

媒介生态学的诞生是一个长时间的缓慢的渐进的转向过程，即逐步由生物生态转向社会生态、由社会生态转向传播环境、由传播环境转向媒介生态、由单一研究转向综合研究、由依附关系转向独立地位的过程。

"媒介生态"（Media Ecology）一词最早是由马歇尔·麦克卢汉（Marshall McLuhan）在 20 世纪 60 年代提出，通常认为他创立这一表述方式是将其作为一种比喻，来帮助我们理解传播技术和媒介对文化在深度和广度方面所起到生态式的影响。媒介生态学的形成有着其更为广阔的社会及学术背景。第二次世界大战后至六七十年代，越来越多来自各种不同理论背景、学术领域或政治意识形态信仰的学者、思想家或社会批评家开始讨论他们所认为的科技发展所带来的消极和积极的社会、经济、政治、文化和道德结果。大部分后来成为媒介生态学经典基础的著作都体现了思考技术和文化关系的这种新思想和新方式。

媒介生态学的研究方法起源于北美，其中又以加拿大的多伦多学派和美国的纽约学派最为著名。哈罗德·伊尼斯（Harold Innis）和马歇尔·麦克卢汉是多伦多学派的早期代表人物。哈罗德·伊尼斯是较早研究传播技术影响人类、人类文化的学者，称得上是媒介生态学的奠基者。马歇尔·麦克卢汉介绍并普及了媒介环境和媒介生态的概念。他的有关技术与媒介的理论，譬如"地球村"，"冷媒介""热媒介"的划分，"媒介即讯息"，以及"媒介是人体的延伸"等观点，都是媒介生态学成长发展过程之中的重要路标②。

---

① 邵培仁：《媒介生态学：媒介作为绿色生态的研究》，中国传媒大学出版社 2008 年版，第 1 页。

② 魏先努、周文：《媒介生态学研究综述》，《邵阳学院学报》（社会科学版）2010 年第 1 期。

纽约学派以尼尔·波兹曼（Neil Postman）最为著名，是在纽约大学首创了媒介生态学专业，媒介生态学真正的开山之父。从20世纪60年代开始，在波兹曼的领导下，媒介生态学开始作为媒介研究的崭新领域而逐渐成形，试图从生态想象的语境内部透视人、媒介和社会各种力量的共栖（symbiosis）关系，寻找媒介环境的改变与人的行为及感觉方式的改变的关联性，形成了后现代背景下的传播思维①。他将媒介生态学定义为把"媒介作为环境的研究"（Media ecology is the study of media as environments），使用生物学的比喻，来解释媒介生态这个新的学术研究领域②。

（一）媒介生态理论的概念和观念

1. 媒介生态学的概念

2000年，媒介生态学研究学会（The Media Ecology Association）成立大会上给媒介生态学下了一个定义："媒介生态学是对 符号、媒介、文化之间错综复杂的相互关系的研究"③。邵培仁认为，媒介生态（Media ecology）就是指在一定社会环境中媒介各构成要素之间、媒介之间、媒介与外部环境之间关联互动而达到的一种相对平衡的、和谐的结构状态。

媒介本身是一种具有"生命"特征的生机勃勃的开放系统，媒介生态的中心关注点在于媒介系统与社会系统之间的互动，这些互动不仅仅有媒介系统的内部要素互动，还有人与媒介、媒介与媒介、媒介与社会、国家与国家之间的互动。完整的媒介生态系统包括媒介生态因子（媒介各构成要素之间、媒介之间的相对平衡的结构状态）和环境因素（政治、经济等外部环境因素与媒介关联互动而达到的一种相对平衡的结构状态）两方面。媒介生态因子构成媒介微观生态，是媒介各构成要素之间、媒介之间的相互作用所产生的平衡，这种平衡能够使媒介的结构趋向完美的状态。媒介各构成要素之间、媒介之间的相互作用所产生的平衡，还

---

① 单波、王冰：《西方媒介生态理论的发展及其理论价值与问题》，《新闻与传播研究》2006年第3期。

② ［美］林文刚：《媒介生态学在北美之学术起源简史》，《中国传媒报告》2003年第2期。

③ Sternberg, Janet Lynne, *Misbehavior in cyber places: The regulation of online conduct virtual communities on the Internet*, Ph. D. dissertation, New York University, 2001.

要受到环境因素的制约。环境因素构成媒介宏观生态，是指政治、经济、文化等生态因子与媒介的相互制约和相互影响。从这个意义上说，媒介是在环境中，同时媒介本身也构成生产和传播环境①。

媒介生态学的研究对象既有特殊性和确定性，又有普遍性和广泛性。一方面，媒介生态学只将研究的目光聚焦在整体、互动、环境、绿色、平衡等关键概念上；另一方面它又将那些客观地存在于媒介生态活动中的、与媒介发生关系并影响到生态状况的现象都作为研究对象。

2. 媒介生态学的观念

观念是思想的结晶，行动的向导。

（1）媒介生态整体观

媒介生态整体观是人类面对媒介残酷竞争、信息生态恶化挑战的最佳对策和生存智慧。在信息社会里，人与人的交往日益密切，媒介与社会的互动更加频繁，对此，媒介生态整体观不仅主张充分考虑媒介系统与外部世界复杂的有机联系，而且强调重视媒介经营管理中由各种要素和资源共同构成的整体关系。不论是从传播的角度还是从管理的角度，媒介生态学所要研究的都不只是支撑传播活动的几种要素（如信息、媒介、受众）和某些重要资源（如人力资源、财力资源），而是要研究一个有机的相互联系、相互依赖的整体生态系统。

（2）媒介生态互动观

美国人际传播学家尔文·戈夫曼（Erving Goffman）在 1971 年出版的《公众的关系》的前言中，曾有远见地建议人们：使用"互动生态学"（interaction ethology）来指称描写行为在微观传播语境和互动结构中的意义和构成的研究②。媒介生态互动观在对生态环境问题的考察与认识上，倾向于人与自然是一体的"一元论"思想，相信"人天双赢"的可行性；主张媒介与媒介、媒介与社会、社会与环境和谐协调、携手并进。作为社会的一个具有自我特点和结构的子系统，大众传播媒介自身的各种要

---

① 邵培仁：《媒介生态学研究的新视野——媒介作为绿色生态的研究》，《徐州师范大学学报》（哲学社会科学版）2008 年第 1 期。

② ［英］亚当·肯顿：《行为互动：小范围相遇中行为模式》，张凯译，社会科学文献出版社 2001 年版，第 45 页。

素和资源之间，它与政治、经济、文化、教育等社会系统之间均存在着相互联系、相互作用、相辅相成的互动关系。

纵观人类传播史上五次革命发生与发展的历程，可以发现，媒介的生存与发展似乎不遵循优胜劣汰、物竞天择的法则，好像更符合互动互助、共进共演的原理，彼此之间似乎是一种相互协调、共进共荣的共生关系。在当今世界，媒介市场是由各种相互联系的共生要素组合在一起的生态系统。各个媒介在不同领域、不同层面，运用不同工具和载体，针对不同受众和资源，尽其所能，各司其职，共存共进。

（3）媒介生态平衡观

媒介生态学的诞生是人类文明、社会进步的产物，媒介生态平衡观的提出则是媒介生态系统渐趋成熟的标志。1977年，麦克卢汉指出，所谓媒介生态"意味着让不同的媒介能够共存共生，而不是彼此消亡"。在文明社会和法治国家，市场经济和媒介运作均已进入了有条不紊的自动调节、合理控制的轨道，各种媒介的数量比例、运行模式、功能结构、资源配置和能量交换等都处于相对稳定的状态，媒介发展潜能与环境阻力恰到好处地被置于动态的平衡之中。只有充分发挥媒介生态系统的自控、自净能力和社会自动调节装置的监督作用，才能有效保持媒介生态的平衡和稳定。

（4）媒介生态循环观

媒介生态系统只有保持其内部以及内部与外部之间稳定而有规则的资源流动与循环，才能维持媒介特定的结构和功能。

媒介生态本身就具有循环的特质。首先，它具有连锁性。其信息生产发布的连锁过程和经营管理的资源连锁过程中，各项要素前后互动互助、相辅相成。其次，它具有流动性。其信息流动总是由媒体流向社会、由城市流向农村；其能量总是高位流向低位、由集中归于分散。最后，它具有衰减性。讯息资源的质和量在传播过程中往往呈现逐级减少的态势。这种衰减是必需的、合理的，因为只有这样才能形成科学的"生态金字塔"。

在大众传播领域，循环是普遍存在的。日报、期刊文本的采写、编辑、印刷、发行，广播、电视节目的策划、拍摄、编导、放送，遵循的都是周而复始的循环规律。正是媒介生态资源永无休止的不断循环，推动着媒介生态系统的正常运转、演化和发展。

（5）媒介生态资源观

美国传播学家德弗勒（L. DeFleur）和鲍尔—洛基奇（Ball-Rokeach）指出：媒介生态关系的形成，"一方面在于目标，另一方面在于资源。生活在一个社会的部分意义就在于个人、群体和大型组织为了达到个人和集体目标，必须依赖其他的人、群体或系统控制的资源，反之亦然"。媒介系统控制的社会系统所必须依赖的资源是精神资源（即信息资源），与社会系统所控制的物质资源相对应。

信息资源因其对社会有益、为人类所需，被人们视为当代社会的第一战略资源。媒介系统是大规模生产和创造信息、处理和加工信息、传播和销售信息的专门组织或职业机构，也被人们看作未来社会发展中战略性的支柱产业，这决定了媒介系统必然要在现代社会所有个人、群体或系统的组织中和社会生活中居于中心地位，并发挥着关键作用；而信息资源也必然成为人们在日益复杂的并且不断变化的世界中认识环境、理解社会、规划人生、采取行动所不可或缺的极其珍贵的精神产品。因此，无论是从全球竞争、可持续发展考虑，从继承文化遗产、弘扬民族精神考虑，还是从引导社会舆论、维护社会稳定考虑，我们都应充分认识媒介生态资源对于人类文明和社会进步的重要性，既要珍惜、保护好媒介生态资源，又要合理开发和利用媒介生态资源，使其更好地为国家、人民和整个生物圈的利益服务。就是说，这种开发和利用不应该是粗暴的、掠夺性和破坏性的，而应该是文明的、有远见、有计划的，既不会造成信息雪崩、信息超载、信息污染，也不会造成信息枯竭、信息危机、信息霸权。传播生态学（Communication Ecology）要求人们确立媒介与环境、人与自然和谐相处的新型价值观和资源观，构建正确的信息传播与消费模式，建立科学的媒介经营与管理机制，确保媒介生态的总体平衡和良性循环①。

二　媒介生态与文化传播

自 20 世纪 60 年代晚期以来，媒介生态学逐渐发展成为媒介研究的学

---

① 邵培仁：《论媒介生态的五大观念》，《新闻大学》2001 年第 4 期。

术领域之一，其根源来自多种不同的学科。林文刚认为，西方媒介生态学的独特性表现在，将研究重点放在研究传播技术本质或内在的符号（symbolic）和物质（physical）结构如何对文化导致深远的微观及宏观的影响①。

（一）传播和文化的理论模式

波兹曼把媒介视为文化的一部分，认为媒介生态学是考察传播媒介如何影响人们的知觉、理解、情感与价值，以及我们如何就媒介促进或妨碍人的生存状态采取对策。波兹曼发现电子媒介的出现使文字文化迅速演变成为电子文化，电子文化是一种充满感官刺激、欲望和无规则游戏的庸俗文化，现在，人们生活在这种娱乐至上的电子文化所构成的媒介环境之中。

詹姆斯·凯利（Carey）认为，现在，传播主导着我们的思想和文化，媒介构成了人类生存的生态。马歇尔·麦克卢汉说得不错：就像鱼并没有意识到水的存在，媒介构成了我们的环境，并维持着这种环境的存在。同样，传播通过语言和其他的符号形式，也构成了人类生存的周遭环境②。马克·波斯认为，电子媒介语言与传统交往方式的差异已经深刻影响了人类感知自我和现实的方式，他创造的"信息方式"这一个术语用来说明电子媒介及其所产生的影响正日益成为我们社会的中心问题③，他还探讨了新传播技术对人类文化的影响，认为媒介不仅仅具有一种物质性的进化意义，而且成为一种划分文化时代的标志。他提出的"第二媒介时代"这一概念使第一媒介时代相对或从属于第二媒介时代，这样也许会把第一媒介时代的重要性看得极低，但肯定会使它具有历史意义④。

传播媒介与我们的日常交往（包括跨文化的交往）交织在一起，与传播媒介交往是我们日常社会交往活动中的重要组成部分，同时，我们

---

① 林文刚：《媒介生态学在北美之学术起源简史》，《中国传媒报告》2003 年第 2 期。
② ［美］詹姆斯·W·凯瑞：《作为文化的传播——"媒介与社会"论文集》，丁未译，华夏出版社 2005 年版，第 12 页。
③ ［美］马克·波斯特：《信息方式》，范静晔译，商务印书馆 2001 年版，第 13 页。
④ ［美］马克·波斯特：《第二媒介时代》，范静晔译，南京大学出版社 2005 年版，第 19 页。

的其他社会交往也交织着媒介表述的内容与形式。因此，如果将我们的日常交往看作是文化活动的话，那么，传播媒介是文化的不可分割的一部分。有关媒介与文化之间的关系存在三种不同的理论模式：（1）媒介是表述现实的工具；（2）媒介是传递信息的工具；（3）媒介是社会交往仪式和文化的生存与再生的场所。

　　1. 媒介是表述现实的工具

　　有研究者提出，传播是社会交往仪式，是文化的生存与再生的过程。传播媒介包括报纸、杂志、广播、电视、电话、电脑等这些信息处理和流通的技术和实体的这些"硬件"，但是，对于从事人文和社会科学研究的学者来说，"传播媒介"应当是个分析的概念，而不仅仅是个指代或类别概念。这两类不同概念的区别就在于，指代概念只是某一类事物或事件的标签，而分析（analytical）概念则表述社会或文化的现象或过程，应用它使我们能构筑出解释（explanatory）或阐释（interpretive）的框架。

　　作为一个分析概念，传播媒介指的是社会传播或交流的工具以及沉淀于这些工具并通过这些工具所表现出来的符号交往（symbolic interaction）的形式和常规（forms and conventions），这些交往发生于一个文化，同时也再生这个文化。传播媒介因此不仅是技术，而且是"社会技术"（social technology），也就是说，传播技术必须通过采纳、规范，并再生一个文化的符号表述的形式和常规而成为"传播媒介"，并因此成为社会存在和变化的工具和资源，成为个人社会化和实现自己的社会认同（social identity）的工具和资源。一个社会的主导媒介（此处媒介是复数，即主导媒介不是一种，而是多种），定义了这个社会符号活动的空间范围和历史时间定位，凝聚了这个社会生产、消费和再生符号的方式和规律。传播媒介是文化发生的场所，也是文化的物化（embodiment）。从这个意义上来说，要研究文化和文化的变迁，就不能不关注传播媒介，不能不关注创造和实践文化的个人如何运用传播媒介，我们所关注的就是传播技术与应用这一技术的人的活动及社会关系之间的结合面（interface）。文化本身就是一个传播现象，需要发生于媒介这样的"场所"。我们不能离开符号的创造和运用来谈论文化，不能离开信息的交流和人的社会交往来谈论文化。

2. 媒介是传递信息的工具

中文里的"传播"这个词与其英文的对应词相比有很大的局限性。与中文的"传播"相对应的英语词是"communication"。这个词含有几个隐喻（metaphors），各自表述了某种意义随影（entailment），即所牵涉的形象和过程意念。参考美国著名传播学者克利·蓬朵夫（Krip Pendorff）的论述，我们可以分析一下"传播"这一词所含的隐喻，以从中了解我们日常生活中和学术研究中是怎么看"传播"这一现象的。这些隐喻包括：

（1）传送（transmission），即信息或思想从实体空间的某一处被输送到了另一处，但是，这种传送是双向的，也就是说，参与传播活动的行为者都既送也收信息；

（2）导体（conductor），即传播是一个社会信息传送或流动的渠道；

（3）容器（container），即思想或意义可以被储存于具有实体存在的、可被传播媒介传递的符号体系之中；

（4）拷贝（copy），即思想和意义不会因传送而减少，但可以在另外的实体内拷贝，也就是说，参与传播活动的人可以共享（但不能分享）投入传播的思怒和意义；

（5）权力（power），即社会的群体在传播活动中担任不同角色，那些控制信息制作和流通的人具有社会赋予他们的制衡信息接受者的权力；

（6）社区（community），即思想和意义交流发生于生活在某一有限的实体空间范围内，在某一共同时间区域内的人们当中，而交流的结果是增强社区的纽带和意识。

挖掘这些隐喻的过程也就是给"传播"这个词下定义的过程，但是，我们在这里所下的不是学术上的定义，而是日常知识中的定义，学术上的定义只是在此基础上的进一步规范化。从以上的陈述来看，中文的"传播"这个词包含了以上6个隐喻的5个，所缺乏的是第6个，也就是社区的隐喻。如果对"传播"这个词作语言学上的分析，我们找不到它与"社区"和"共同性"这类概念的词源联系，这种缺乏的社会和文化的含义是，我们的传播概念可能缺乏"双向"和"社区"这样的内涵，这种缺乏可以被理解为表明了中国文化重视"社区"和"共同性"，它们是由于被视以为常而变得透明了，即不可观察了。但是，这种缺乏也可被看作是反映并在一定意义上规定了我国符号创造和交往的社会模式，即由中心向边缘扩散的这样一种模式。研究我国传播媒介与文化变迁的关系，不能不深入探讨这个缺乏及其文化意义。

从"社会技术"的角度来分析传播媒介，我们用的也是一种隐喻。技术被认为是人体的延伸，是人们创造性思维的物化，同时也是人们与自然抗衡的工具。所谓"社会技术"，沿用"技术"这个词所包含的人的思维物化这一含义，转移其"工具"这一含义到人与社会力量抗衡这一方面来。与自然力量不同的是，社会力量来自社会成员个人的力量，即社会与个人形成有机的联系，是个人作为社会成员之贡献被异化了的一种推动力和制约力，每一个成员个体都无时不在这种力量的动态过程中力图建立自我认同（self-identity）和社会认同（social identity），对符号以及符号创作和控制的形式及常规的掌握，也就是个体获取在这个社会动态中把握自己的技能和工具。因此，接触和使用传播媒介成为个人与社会交往的重要方式，接触和使用媒介的方式成为文化表现和再生的形式，规范接触和使用传播媒介的程式和常规成为文化生存和变化的重要社会基础。从这个角度看传播媒介，我们就能动态地观察上面所说的"社区"，即由于共享某一符号表述体系以及它所凝聚的社会交往和活动的形式与常规而组成的人的群体。

举例来说，在 20 世纪 70 年代电视出现之前，我所在的南方农村主要依赖生产队的队部作为村落这一社区的公共场所（public space），生产安排和各种流言（gossip）就在那里传播。这一公共场所就凝淀了生产队这一"社区"的各种文化和社会关系。有的生产队装了有线广播，比较正式的消息就在那里向全村传播。在这些生产队，文化和社会关系的表现形式和规范就有所不同。相比较于在生产队队部里的口头传播（有时依赖小黑板的帮助），有线广播的使用使得生产队内的权力关系表现得更为充分，它不仅转播县和公社的消息，而且赋予生产队长更加有效地安排生产的工具，虽然说生产队长在广播中仍然指名道姓地要张三去耙田，要李四去县城取化肥，但他安排生产时不像在队部那样的场合具有那么浓重的协商的成分。有线广播这时与集体的生产方式和生产队的集权关系紧密结合，反映同时也强化这些关系。与此同时，有线广播每天清晨和晚上播出的革命音乐与样板戏也成为这个社区共同的文化娱乐，成为这个社区与其他的社会和政治环境连接的表现（manifestation）之一。对于一个外来的人类学家来说，这个小小社区的生活方式与有线广播这一传播媒介有着不可分割的关系，它与当时当地的日常生活相互渗透，显示出某种秩序和仪式（order and ritual），造成一个具有乌托邦味道的文化氛围。

电视的出现在某种形式上改变了这种单一的乌托邦文化的氛围。开始时，生产队拥有一个九寸的黑白电视吸引了村民们，增添了另一种社区交往的仪式，人们喜欢端着饭碗凑到放在队部的电视机前，一边吃饭，一边看电视，一边交流各种流言，其中很多是对电视中出现的形象的评论或对放电视的小"技术骨干"调整图像的建议。而随着有些家庭开始有电视，这种集中的社区仪式便随之发生变化，有些人喜欢到平时相处较好的人家去聚会看电视，而拥有电视的人家也因此而大大显示了自己在这一社区的社会地位。电视不仅成为一个戏台，而且成为一种符号。这种传播媒介与社会文化和社会交往之间的有机关系，并不是我们现在所通用的"传播"这个同所能完全包括的。

文化是个似乎包罗万象的概念，属于所谓的"后设或超型概念"（meta-concept）那一类，这类概念的特点是内涵太复杂、太丰富，外延因此变得伸缩性很强，在实证研究中不好把握。大概是由于这个原因，美国人类学和社会学家克罗伯和帕森斯（Kroeber & Parsons, 1958）就曾建议对文化这个概念窄义地定义为"那些影响人们行为和通过这些行为所产生的创造物（artifacts）的，由人所创造和传送的价值观、思想和其他符号意义体系的内容和规律"。他们还明确提出要将这些内容与他们所称的社会体系（social system）区别开来，所谓社会体系，指的是人与人之间的社会交往和凝固这种交往的社会结构。

克罗伯和帕森斯的这种定义文化的方法有明显的结构主义和行为主义的倾向，在这一定义中，人的活动被划分为两个领域，一个是有形的，一个是无形的；一个是行为的，一个是符号的。但是，脱离人与人之间的交往，脱离社会结构，脱离作为主体的人来谈文化，文化就仅仅成为一种沉淀，而不是有生命的有机体。事实上，克罗伯在与另一位人类学家克拉克洪（Kluckhohn）一部早些时的合著中，对文化的特征作过更完整的罗列，他们认为，文化是一种产品；具有历史性，包括思想，规律

（patterns）和价值观念；具有选择功能，通过学习的过程而传延；建立于符号的基础之上，是从行为和行为的结果中抽象出来的。在列举文化的这些特征时，克罗伯和克拉克洪已经注意到文化作为一个概念的包容性和文化作为被研究现象对主体的依赖性。这两点在英国著名社会学家吉登斯那里得到了更充分的体现。吉登斯认为，文化是"由社会团体的成员所持有的价值观念，他们所遵循的规范，和他们所创造的物质产品组成。……文化指的是一个社会成员们的生活方式的总和"。

　　但是，吉登斯的定义也有严重的问题，如果文化"是一个社会成员们生活方式的总和"，那么它就包罗万象，成为一个实证研究无法处理的概念。美国人类学家莱斯利·怀特（Leslie·A. White）的定义能够帮助我们避免这样的问题。怀特问道，我们从哪儿去观察文化？他的回答是，虽然文化是一个复杂的抽象概念，但是，构成文化的事物和事件具有空间和时间上的存在，文化存在于（1）作为机体的个人身上，即概念、信念、感情、态度等；（2）个人之间的社会交往过程之中；（3）物质产品之中，而这种物质产品是前两个因素的体现（embodyment）。

　　根据这样的定义，研究文化就不仅意味着研究王羲之的书法，张大千的中国画，故宫的建设，秦始皇墓中的兵马俑，也不仅是研究这些文化物品（cultural artifacts）所包含的专家们认为"存在"其中的当时当地的概念、信念、感情、态度和审美取向，等等。这些自然是文化的一部分，但是作为以人为主体，以人的活动为研究对象的社会科学和人文学者来说，文化即是人的活动以及人与人之间的社会交往。这种交往是符号的，即牵涉到符号的运用和创造；这种交往还是有序的，即参与交往的人对交往这种仪式的规则有元认识（meta-cognition，即认识到别人也认识到这些规则，并且认识到别人认识到自己认识到了这一点），而且，这种秩序和对此的认识与元认识通过各种仪式而不断再生、更新；这种交往还具有时间和空间上的实在性，这不仅是指交往发生于自然的空间和时间，因此具有本体论上的（ontological）存在，而且（恐怕是更主要的）指的是符号上的实在性，只有承认这种实在性，我们才可能逻辑地推导出人的社会性的命题。

　　3. 媒介是社会交往仪式和文化的生存与再生的场所

　　这些有关传播和文化的观点在美国传播学界文化学派的著名代表人

物詹姆斯·凯利的论述中得到了比较充分的表现。凯利提出第三种有关传播和文化的理论模式。他认为，传播活动是人们交往的一种仪式，其作用在于通过符号的处理和创作，定义一个人们活动的空间和人们在这一空间扮演的角色，使得人们参与这一符号的活动，并在此活动中确认社会的关系和秩序，确认与其他人共享的观念和信念。与这一有关传播的观念相关联的词或概念是"共同性"（commonness），"社区"（community or commune），"相关"（association），"伙伴交情"（fellowship）和"参与"（participation）。凯利宣称，传播的最高表现并不在于信息在自然空间内的传送，而是通过符号的处理和创造，参与传播的人们构筑和维持有序的、有意义的、成为人的活动的制约和空间的文化世界。从这一模式出发，传播就是文化，或者说文化就是人的传播活动，因为文化的基本构成因素是符号系统和由此组成的社会现实（social reality），没有符号的处理、创造和交流，就没有文化的生存和变化。因此，对于文化学派的学者来说，研究人的传播活动的原因并不在于它有巨大的影响或潜在影响，而在于人们的符号—表述活动本身就是文化，研究人的传播活动就是研究文化。

　　这一理论模式有几个主题（themes）。首先，符号表述（symbolic representation）是现实的基础，正如凯利所说，现实不是先于人而被给予，或者说脱离人而具有社会意义的客观存在。恰恰相反，现实之存在是人的创造，是人通过符号的形式予以构筑、理解和应用的。对于我们熟悉唯物论的人来说，这是典型的唯心主义论调。但是且慢下结论，我们每个人都可以做个简单的实验，想象一下脱离人的理解的"存在"，那是什么？那也许是"自然的""未曾受人的侵污"的"存在"，但是它却与人的存在和社会行为无关，它的"客观性"和"存在性"都是不可知的，它不是人的社会行为发生其中的现实，社会行为发生其中的现实是被"人化"了的，即通过某种社会规范的形式认知了的（cognized）。这不是说自然的世界只存在于人的意念之中，而是说，人们的行为和活动的空间、环境是人们通过符号的形式，根据社会形成的常规所创立的对于自然世界和社会世界的理解，是这种理解成为人的活动的现实基础，而这一现实基础之所以成为可能，正是由于人的传播活动。

　　其次，符号表述（包括语言）不可能被抽象出文化的范围之外而有意义，因此也不可能在这个范围之外来研究。从这个主题出发，我们可以推导出这样的观点：传播媒介的内容是现实的符号表述，这一符号表述是社会的和文化的创造，因此，作为文化学者来说，我们必须重在理解人们对传播内容的社会和文化的理解。这也就是说，我们应当研究传播内容的创作的过程，理解从事这一创作的人所理解的政治的、文化的、历史的和个人经验的现实，从而理解这一内容对这些特定时空内的人的含义；同时，我们还必须理解处于特定时空内的传播媒介的使用者们对这一内容的理解。这是一种基于符号与主体互动这一意义产生模式基础上的认识途径。

譬如说，美国一位传播学者詹姆士·劳尔到北京来了解北京市民怎么看电视。这是在 20 世纪 80 年代中期。他发现电视剧《新星》正风靡北京，他于是就访问在四合院里的北京市民，到人家家去，跟人聊天，看人家怎么收看这部电视片，他发现北京人收看电视多是一种家庭的活动，晚饭时和晚饭后，一家人坐在一起纳凉，父母和孩子表现他们作为父母或孩子的文化角色（cultural characters），并且以这样的角色去体验超出家庭这个空间的当时遍及全国的争论，即改革，而这正是《新星》所表现的内容，北京市民掺杂进自己的经历，即他们对历史的个人化了的理解来评判这部电视片。

另一位美国补会学家，威廉·甘姆森（William Gamson）采取了另一种研究方法。他首先选择了种族关系、核能源应用、美国和以色列的关系、工厂倒闭等在美国一度很有争论的题目，挑选了一些媒介上有关这些方面的报道。然后，他选择了一些普通美国人，要他们选择一天，带三五个朋友到自己家中，在一种模仿"自然"社交的场合下，要这些人先阅读他挑选的媒介上发表的有关这些题目的文章，然后要他们开始讨论，采用他们平日的聊天形式。甘姆森的结果表明，这些人对媒介内容的理解非常不同，其中掺杂了很多个人的经历，尤其是对一些他们有个人体验的题目，如种族歧视，工厂关闭；他们的理解还掺杂了很多美国社会中广为接受的"常识"，如黑人比较懒惰，核能源造成环境污染严重等等。

这种研究途径在美国和以色列的传播学者艾利休·凯茨（Elihu Katz）等的论著中有很好的表述。凯茨等认为，像实况转播的世界杯足球比赛、教皇出访、查尔斯王子和戴安娜公主的婚礼等，都属于所谓的"媒介事件"（media events）。所谓媒介事件就是处于特定时空内的传播媒介所"实况"表现的传统的集体活动。电视这一声像并茂的当代传播媒介取代了这类活动所依赖的传统的"演出舞台"，打破了传统的"舞台"辐射范围所限定的"社区"空间和它所规范的社会关系，创造出了新的社会交往的空间和新的社会现实的定义方法。

"媒介事件"通过电视这样的声像俱全的媒介的符号表述而获得现实的意义，它为所有通过卫星和电视联结的地区的人民提供了共同的趋向点（point of joint orientation），将收视电视转播变为喜庆或哀悼的具有宗教色彩的仪式。而且，这些"媒介事件"都是根据电视媒介的信息传递特征而预先策划并"彩排"的，它再生（reproduce）某种中心（譬如教皇出访与在全球范围内再生梵蒂冈的符号意义），指定世界性的"节目"（如查尔斯王子和戴安娜公主的婚礼日），扮演"民事宗教"（civil religion）的角色。这一切都是通过检验"媒介事件"所引发或包含的社会关系和符号意义而得出的对这些"媒介事件"的说明（interpretation），表明了当历史地和文化地理解媒介符号系统的"文本"（text）时，我们提出不同的问题，获得不同的理解。

最后，符号表述的现实具有不受自然的时间与空间限制的特征，这一点是社会现实与自然现实（如果有这么个东西的话）不同的地方。我在美国的一个学生作了这么一个研究：婚礼相集（wedding album）的文化含义是什么？要回答这个问题，她便去观察这些相集是怎么被使用的。她发现，婚礼相集是社会记忆的仓库，也是刺激重新构筑记忆的活动的工具。夫妇往往在特定的社交场合把相集拿出来与亲友共享，这种共享本身也包含了仪式的成分。譬如朋友应邀相聚，通常是妻子对客人说，"愿意看看我们的婚礼相集吗？"客人一般总是感兴趣的。当相集拿出来之后，主、宾便坐下来翻看，主人提供讲解。更重要的是，这时的相集会刺激起回忆，夫妇两人穿插着描述某张照片记载的婚礼的某一场面，并时时就"事实"发生争执，究竟当时谁站在了左边，谁说了句什么笑话，谁喝了几大杯葡萄酒，等等。婚礼这么一个两人共同经历的过去事件就在这样的仪式中不断地被再创造，由婚礼这一仪式所固定下来的夫妇关系和感情在这个过程中不断再生和更新，婚礼的符号现实也不断在新的自然时间和空间内得到体验。

这一研究具有很大的启示意义。我们可以利用"社会记忆"（或"集体记忆"，即 collective memory）这样的理论概念，来研究过去的岁月在现时媒介中的符号表现，从而进一步理解 20 世纪 90 年代中期的社会关系，及其历史的沉淀和文化的含义。譬如，我们可以利用这样的概念和方法来阐释"《东方红》摇滚"，"西北风"，悬挂毛泽东和周恩来画像等文化现象；同样，我们也可以此来研究自鸦片战争以来时不时出现关于中、西文化之关系的争论以及这些学术的、政治的和意识形态的争论在传播媒介所播散的公众话语（public discourse）中的表现；我们同样也可以利用这样的概念和方法来研究民间习俗和仪式的"失而复得"，"复得"之后的形式与文化含义的变化。这些研究课题的确立都是建立在对符号表述自己所特有的时空演变的认识基础之上的，对这些课题的研究能够帮助我们加深对我国当代人的心态的社会的和历史的理解。

（二）存在的问题

传播媒介和文化及其变迁是一个急待研究的重要课题，传播媒介"反映"文化及其变迁，传播媒介"影响"文化及其变迁，以及传播媒介容纳文化及其变迁，各自从不同的角度审视传播与文化及其变迁的关系，提出各自的研究问题。这些问题对于我们理解传播与文化的关系都是重要的。目前对传播媒介和传播媒介和文化及其变迁的研究有三个方面的问题：

1. 重"影响论"，而缺乏对这种理论模式的批判性检验

学者、政策制定者、传媒职业人员和普通受众都对传播媒介的影响颇为关注，表现了传播媒介在我国社会的渗透力量，也反映了学者们的社会参与感。这种关注大到传播媒介的符号表现对我国传统文化的影响，或如何在市场条件下有效地宣传党的方针、政策，小到接触电视媒介太多会影响到小学生的视力，等等。这种关注是合理而且是必需的。但是，由于缺乏对"影响论"（即"传送模式"）的理论局限性的探讨，我们在探讨传播和文化之关系及其变迁方面缺乏理论上的进展，缺乏将传播内容和活动作为动态的文化现象来研究，缺乏将文化落实到文化主体的符号创造和交往活动的"文化社会学"的研究。

2. 重规范型理论（normative theory）的探讨，而缺乏实证型的研究

与重"影响论"相呼应并反映我国社会科学"意识形态化"的特点，

有关"媒介应该如何做"的讨论大大超过对"媒介实际如何做"的描述。由于传播媒介的巨大社会力量和文化力量，任何一个社会都必须对传播媒介"应当"如何运作以及围绕传播媒介的各项活动"应当"如何展开有明确的规范，而且要对这样的规范作出理论上的论证。但是，这只是社会科学和人文学的一个任务，并且是社会科学理论的应用方面的任务，这部分的任务具有"实用主义"的背景。而社会科学和人文学的核心任务应当是对所研究的现象作出描述和解释，以给人提供对这些现象的理解。要做到这一点，对于关注文化及其变迁的社会科学和人文学者来说，必须重实证研究，重理论（实证理论）的构筑。在这方面，我们还有很长的路要走。

3. 对传播和文化的研究尚缺乏成型的研究社区（research community）

这方面的文章很多，但是散布在不同的报刊，其作者应都属于这方面的研究人员，也分布在各个不同的部门和地区。由于缺乏使研究社区成型的刊物、学会、研讨会和研究中心，这些散布于各处的研究或写作形不成一个整合的知识积累，因此也很难对这方面的文献作出整理和分析。传播与文化及其变迁是一个涉及多种学科的领域，需要社会科学界和人文学界的参与，需要采取各种以不同的认识论为基础的研究方法，而且需要有一个与政策制定保持距离的研究社区或团体，以避免实用型的文化研究，避免增添对文化变迁的干预。就目前来看，形成这样的社区的社会和思想条件均不具备。

我们面临一个重要的历史关头，这不是从政治和社会发展的角度来讲的，而是从社会学和人文学研究的角度来讲的。这个重要性在于，我们现在所经历的是人类历史上最伟大的转折之一。从全球的角度来说，这个转折的标志是信息传播技术的更新；从我国的角度来说，这个转折是在全球媒介市场（global media market）的条件下的社会体制转轨。这为我们提供了研究我国传播媒介和文化变迁的历史性的机遇。同时，由于传播媒介成为社会和文化变革过程中如此重要的一支力量，在我国，传播媒介的内容又充满了各种意识形态及其符号表现的冲突，还有传播媒介符号表述中的"后工业社会"的议题，如信息高速公路和媒介所赖以生存的社会环境中小农生产方式共存，因此，传播媒介和文化的变迁之关系更是刻不容缓而且极有理论价值的研究课题。这些历史的因素使得传播媒介和文化变迁成为既急需研究又极有希望出成果的研究领域。

三　体育生态学

生态学理念被广泛应用到各个领域，体育学者将生态学理念应用到体育学中，探讨体育自身的发展规律。

（一）体育生态学的概念

许传宝认为，体育生态系统（Sports Ecosystem）是指一定地域或空间内，体育与环境相互作用与协调的具有能量转换、物质循环代谢和信息传递功能的统一体①。杨利勇认为，体育生态系统是在一定时间和空间内，人类开展的所有体育运动与其环境组成的一个整体，各要素间借助能量流动、物质流动、信息传递和价值流动相互联系、相互制约，形成具有自我调节功能的人工复合体②。这些概念为我们把握体育生态系统的本质，建立与发展我国体育生态学提供参考。

体育生态系统是与体育相关的人和体育环境相互作用形成的一个网络结构，是一个具有多层次、多目标、多子系统、不可分割的有机整体③④⑤。

广义上，体育生态系统是通过人与自然环境、社会环境、规范环境等诸多因素的有机结合，以体育及其结构层次为主体，以教练员、运动员、体育锻炼者和体育教师、体育服务者、体育管理者三大功能团为纽带，以出人才、出成果为中心而构成的多维复合网络结构。狭义上，体育生态系统是指人们从事体育运动以及与直接或间接影响人们参加体育活动的一切物质、能量、自然、社会现象诸因素之间构成的系统。由此可见，无论是国家体育、区域体育这样的大生态系统，还是学校运动会等这样的小生态系统，都是由人、体育和环境共同组成，通过物质流、

---

① 许传宝：《体育生态学——绿色体育的理论基础》，《沈阳体育学院学报》2001年第4期。

② 杨利勇：《论体育生态系统的特征》，《山东体育科技》2008年第4期。

③ 高洁：《从控制论的角度试述体育生态系统的控制与发展》，《华章》2011年第31期。

④ 陈光华：《体育生态学构建的初步研究》，硕士学位论文，安徽师范大学，2006年，第1页。

⑤ 陈光华、吕利平、刘亚钰：《对体育生态系统几个子系统结构的初步探讨》，《河北体育学院学报》2010年第5期。

能量流和信息流，促进体育由低级向高级、由简单向专深发展①。体育生态系统中的所有事物都是互相联系、相互作用的；与此同时，事物的多样性、丰富性和共生性对生态系统的稳定起着重要作用，这两点是体育生态系统得以存在和构建的科学依据。

（二）文化生态学

万义通过田野调查，以文化生态学为理论支撑，采用质的研究范式，分析由传统走向现代进程中村落传统体育的文化生态结构（理念变量）、文化生态变迁、生态传承方式、生态发展困境及生态修复机制等问题，探寻村落少数民族传统体育发展的生态模式。研究结果表明：村落少数民族传统体育是一种民俗事象，村落少数民族传统体育发展问题不仅仅是体育自身的问题，要具备与社会主义市场经济相一致的生态结构，形成与社会文化高度发展相协调的运行环境，建立适应现代化社会需求的生态修复机制，营造以少数民族传统体育发展为核心的文化生态村，才是实现传统体育可持续发展的有效途径②。

我国少数民族传统体育在特定的区域与社会结构下，传承了一种以促进人、自然、社会和谐发展为基本宗旨的生态文化伦理，折射出生态化开发的政策逻辑，以此为参照，结合国家生态文明建设的实际进行政策制定，必将进一步促进民族生态文化创造和少数民族传统体育的健康发展。

第七节　"文化空间"理论

一　"文化空间"理论的历史渊源及内涵

"文化空间"理论的渊源可以追溯到地理学、人类学中有关"空间"的理论。在 20 世纪法国的都市理论研究专家亨利·列斐伏尔（ Henri Lefebvre）等人就提出了以"（社会）空间是（社会）生产"为核心的

---

① 谢雪峰、曹秀玲：《体育生态的敏感因素与体育系统的良性循环》，《体育科学》2005 年第 12 期。

② 万义：《村落少数民族传统体育发展的文化生态学研究——"土家族第一村"双凤村的田野调查报告》，《体育科学》2011 年第 9 期。

"空间"理论，列斐伏尔在其著作 *The Production of Space* 中提出了空间的类型包括"文化空间"的论断①。"文化空间"（cultural spaces）这一术语在人类学、非物质文化遗产学中也得以运用和发展，如美国人类学家 C. 拉克洪和 W. H. 凯利认为，"文化空间是一种渊源于历史的生活结构的体系，包括语言、传统、习惯、制度，以及有促动作用的思想、信仰和价值"②。

1998 年联合国教科文组织明确提出，非物质文化遗产包含"文化表现形式"和"文化空间"（cultural spaces）两大类型，认为"文化空间""是指某个民间或传统文化活动集中的地区，或某种特定的、定期的文化事件所选的时间"③。2005 年我国又把"文化空间"定义为"定期举行传统文化活动或集中展现传统文化表现形式的场所，兼具空间性和时间性"④。人类学中的"文化空间"既是文化所在的一个自然场，又是一个有人类建造文化的文化场。有人在"场"的"文化空间"才是人类学领域的非物质文化遗产"文化空间"。乌丙安先生认为，凡是按照民间约定俗成的古老习惯确定的时间和固定场所举行传统的大型综合性民族民间文化活动，就是非物质文化遗产的"文化空间"形式。

近年来，"文化空间"在非遗研究中被广为探讨，其概念和意义被升华和拓展。如认为"文化空间"是文化存在和传播的载体、分布空间、群体或延续时间⑤；"文化空间"由与文化遗产相关的场所、场景、景观、意义符号、价值载体等共同构成⑥；"文化空间"为非物质文化遗产的生存、发展与延续提供文化土壤、环境和载体，非物质文化遗产脱离了

---

① 黄涛：《论民族传统体育文化的变迁、转型与未来走向》，《体育文化导刊》2006 年第 12 期。

② 刘远航、任作良：《民族传统体育文化的现代化价值》，《武汉体育学院学报》2006 年第 4 期。

③ 刘大铎、刘相飞：《我国民族传统体育文化发展策略》，《人民论坛》2011 年第 23 期。

④ 姜广义：《试论中国民族传统体育文化输出的新路径——孔子学院策略》，《山东体育学院学报》2011 年第 11 期。

⑤ 刘小学：《中国民族传统体育文化在北欧传播的受众特征分析》，《西安体育学院学报》2012 年第 1 期。

⑥ 张祝平：《从文化自觉的视域审视太极文化的勃兴》，《首都体育学院学报》2012 年第 1 期。

"文化空间"就如无水之鱼，加强文化空间的保护，是促进非物质文化传承和保护的重要方式与方法①。总体而言，"文化空间"在现代非物质文化遗产研究领域中具有广泛的时空性概念和意义，并在人们的发展运用中形成一种理论和方法体系。

二　少数民族传统体育"文化空间"的内涵及类型

"文化空间"（cultural spaces）是指文化赖以生存与发展的生态环境，少数民族传统体育"文化空间"是指某个集中展示少数民族传统体育文化活动或少数民族传统体育文化元素的地点，或确定在某一周期举办与少数民族传统体育文化有关活动的一段时间②。可以看出，少数民族传统体育"文化空间"具有空间和时间双重属性，以地点或时间因素的影响程度的大小为依据，可将少数民族传统体育"文化空间"分为地点主导型和时间主导型两类，两者之间具有一定兼容性和交叉性。

（一）地点主导型少数民族传统体育"文化空间"

地点主导型少数民族传统体育"文化空间"是指集中体现少数民族传统体育文化或活动的村落、社区、学校等场域，对活动地点要求较高，场所的改变极易导致该类"文化空间"的变化。根据地理场所的变化情况，地点主导型少数民族传统体育"文化空间"可分为固定场所类和无固定场所类两种。

1. 固定场所类少数民族传统体育"文化空间"

固定场所类少数民族传统体育"文化空间"指能长期或较长时间存在的少数民族传统体育文化展示场所，如村落、社区、学校、寺庙和家庭等，往往以共同经济、共同心理、共同语言和共同信仰为基础，强调文化的认同性，此类少数民族传统体育的参与者多为周边村落或集中居住区的居民。在当今社会，作为非物质文化遗产的少数民族传统体育项目已经很好地在农村、城乡镇以及现代城市等广阔地区发展起来，这是我国开始高度重视文化保护和建设的结果。在我国广阔的西部农村，随

---

① 卢伟芬、邢志杰：《文化认同语境下民族传统体育文化的传承与超越》，《体育与科学》2012 年第 3 期。

② 于志华：《我国少数民族传统体育"文化空间"探析》，《青少年体育》2014 年第 9 期。

着经济的发展和对体育文化建设的日益重视，人们重拾曾被遗忘或停滞不前的传统体育文化项目，如社火、秧歌、傩戏、高跷等，以此展现出独具魅力的文化多样性。这些非物质文化遗产项目不仅成为农村节日和喜庆活动的核心项目，而且也开始以娱乐和表演形式进入城市文化活动；为城市文化加入更多传统的气息和节奏开始复苏和繁荣发展。

（1）村落少数民族传统体育是一种民俗事项。中国土家族第一村——双凤村留有的土家族摆手舞和毛古斯舞被列入第一批国家级非物质文化遗产名录，每年农历正月初三至十七，一村一寨的男女老少齐集摆手堂或土王祠，跳起轻松、欢快的摆手舞和毛古斯舞，各村户之间还经常举行竞赛；平时每当迎亲、进新居、庆丰收以及三月三等喜庆节日，亦用于自娱。

（2）基层社区是各种民族民间文化艺术得以产生、传承和发展的沃土。有了这一方沃土，民族民间文化艺术之树才能枝繁叶茂、开花结果。武汉目前拥有国家及省级非物质文化遗产项目 46 项，汉阳阳江欣苑社区以国家级非物质文化遗产项目"汉阳高龙"而闻名，但多数养在深闺人未识。2012 年 2 月 16 日，"非遗聚集地"落户该社区，欲在社区中心街建设"非遗一条街"，游客可在这里看武汉花灯、玩汉阳高龙这些平日难得一见的非遗项目，项目传承人可在此进行表演性质的手工生产、培训授徒[1]。2012 年 2 月 18 日，中国武当武术协会武汉市分会在武昌揭牌成立，武当纯阳拳传承人汪兆辉在武昌江滩亲自教市民练习武当纯阳拳。武当山特区政府决定将武汉打造成武当武术的第二故乡，下一步将以分会为中心，在青山、汉阳等 5 个中心城区筹建基地，招收千名弟子，广泛吸纳热爱武当武术的人士，学习基本拳法[2]。传承人定期或周期性地组织以少数民族传统体育活动为内容的家庭或社团活动，推广一些娱乐性强且操作简单易行或是有本区域特色的少数民族传统体育项目，使其成为群众喜爱的健身休闲方式和满足群众文化基本权益的体育文化精品。不少民族体育项目在"拳打卧牛之地"即可开赛，作为休闲健身运动的

---

① 《汉阳欲打造"非遗一条街"》，《楚天都市报》2012 年 2 月 17 日第 12 版。

② 刘利鹏、肖潇、刘晶晶、管郑濮：《武当纯阳拳传承人来汉招收千名弟子》，《楚天都市报》2012 年 2 月 19 日封二要闻。

普及潜力巨大。名列第一批国家级非物质文化遗产名录的藏族锅庄舞风靡全国，成了群众重要的早晚群体健身项目；西北回族最具群众基础的棋类运动方棋，至今依然是茶余饭后最为普及的体育运动。回族传统武术踏脚则入选了宁夏回族自治区非遗名录之后，被纳入政府系统保护工程，政府通过经济补助手段加大支持力度，解决了该项目传承人李光辉有心传承、无力授徒的问题①。

竞技类、表演类和养生类少数民族传统体育项目均适宜于不同的群体，其有趣、简便、易学、易开展的特点对丰富农村与社区的文化生活、提高农村与社区居民的健身意识、增强农村与社区的凝聚力有较大地促进作用②。

（3）民族体育进校园，是当前培养民族传统体育生力军最直接、最有效的方式之一，这预示着多元文化在学校教育中的实现，使校园成为滋养民族传统体育的又一方土壤。从课程的开设、运动队的组建与训练以及相关科研活动的开展，既丰富了学校体育教学内容，又继承了民族传统体育文化，为学生的终身体育打下良好基础，有利于实现教育部提出的"通过5年时间提升中国青少年体质"的目标。《全民健身计划纲要》中指出，"积极发展民族传统体育，在民族地区广泛开展以少数民族传统体育项目为主的课程"。因此要使少数民族体育内容能真正融入学校体育中来充实学校体育的教学内容，具有举足轻重的作用。根据学生的性别、年龄层次和教学条件等选择少数民族传统体育项目进入课堂，如简化太极拳等、珍珠球、踩高跷等。这些少数民族传统体育项目是非物质文化遗产的组成部分，与学校体育的融合，标志着古老的原始体育形态已成为学校体育的素材。

2. 无固定场所类少数民族传统体育"文化空间"

无固定场所类少数民族传统体育"文化空间"是指数次或短期地利用一定介体举行少数民族传统体育文化活动的场所，如影视、舞台剧和

---

① 《全国少数民族传统体育运动会：非遗激活"活化石"》，2011年9月14日，新华网（http://sports. sina. com. cn.）。

② 刘昀、刘闯、杨元英：《少数民族传统体育增强农村社区凝聚力研究》，《体育文化导刊》2011年第7期。

网络等，具有较强的易变性、可塑性，且文化影响力较大。

（1）影视作品

影视、舞台剧和网络等是现代人生命中不可或缺的文化精神食粮，也是普及少数民族传统体育项目常识，引导人们了解民族传统体育文化内涵、价值与作用的重要途径。我国家喻户晓的电影《五朵金花》通过一对白族青年男女曲折的爱情故事，反映了新中国边疆地区少数民族的幸福、欢乐的生活。这部具有抒情色彩和民族特色的生活喜剧片在让广大观众欣赏了云南大理白族原生态的山歌《蝴蝶泉边找金花》和民族传统舞蹈外，也欣赏了第二批非物质文化遗产之一的赛马会，其中丰富的文化内涵令几代观众百看不厌。首届北京民族电影节 2010 年在京举行，集中展示了我国各民族优秀文化与独特的民族风情，总共 300 部少数民族电影让观众享受到一场多元的文化盛宴。

（2）舞台剧

舞台剧是传承传统文化的重要途径之一。2012 年 7 月，以贵州古老傩文化、侗族音乐等原生态艺术为素材创作的大型民族舞剧《天蝉地傩》获第四届全国少数民族文艺会演剧目金奖。该剧首次把人类非物质文化遗产——"戏剧活化石"傩文化和天籁之音"侗族大歌"同时搬上舞台，开创了我国舞剧创作史上的先河。全剧融合了"傩"戏、中国传统戏曲、杂技、现代舞、中国古典舞和民族民间舞等多种舞蹈语汇，吸收了贵州"傩"艺术、侗族大歌、西洋管弦乐等音乐元素，赋予"傩"文化新的生命，讲述了大山深处美丽的爱情故事，这种新的表现形式得到观众的接受和喜爱。

（3）网络

当今社会，网络、电视变得相当普及，利用这些现代传媒传播少数民族传统体育文化将会收获意想不到的效果。网络作为现代非常重要的一种交流平台，在各种文化和信息的交流上起着日益重要的作用。第九届少数民族传统体育运动会官方网站等一批少数民族研究中心网站，图文并茂地介绍了少数民族传统体育项目的历史、规则、特点和比赛规程等，使网络成为人们快速了解体育类非物质文化遗产的绿色通道。

（二）时间主导型少数民族传统体育"文化空间"

时间主导型少数民族传统体育"文化空间"是指集中展示少数民族

传统体育活动或文化的节庆、比赛、博览会、庆典、健康大会、集会等特定活动，以地域性、血缘关系或社会、经济结构为基础，表现出时间的节律性，是传承少数民族传统体育文化的重要平台。

1. 节庆活动

节庆活动是在固定或不固定的日期内，以特定主题活动方式，约定俗成、世代相传的一种社会活动。我国节庆种类很多，从节庆时代性可分为传统节庆和现代节庆。作为文化符号的传统节庆是民族体育延续的重要载体。民族节庆是中华各民族优秀文化的集中展现，凝聚并体现了民族精神中最核心的部分。传统节日体育活动富含表演性、娱乐性和参与性，它的庆典和仪式大都充满了快乐和敬畏，给人们精神上以愉快享受，激发人们对传统节日的认同与喜爱。作为世界非物质文化遗产之一，每年五月初五的端午节是我国重要的传统节庆之一，全国各地竞相组织龙舟竞赛，内容丰富、生动活泼、情趣盎然的端午节习俗活动，使端午节成为弘扬中华优秀传统文化的重要载体。广西云南大理白族最盛大的传统节日三月街已有千年历史，既是各民族物资文化交流的盛会，又是传承赛马、赛龙舟等非物质文化遗产的平台。再如傣族最隆重的节日泼水节上，赛龙舟、孔雀舞、象脚鼓舞、打陀螺、丢包、放高升等少数民族传统体育活动既加深了对民族传统文化的认识，增强了民族意识，又给农村社区居民提供了一个情感交流、展示才智的平台。

现代节庆主要指改革开放以来各地的节庆活动，包括文化艺术节庆、商贸节庆、会展、体育节庆活动等。这些现代节庆活动已成为传承少数民族传统体育文化的"助推器"。

2. 少数民族传统运动会

少数民族传统运动会为少数民族传统体育文化在交流中达到和谐共生提供了平台，运动会的竞赛和表演中有不少国家级"非遗"项目，如维吾尔族的达瓦孜、蒙古族的搏克、朝鲜族的秋千……第九届全国少数民族传统体育运动会开幕式上，奥运拳击冠军邹市明"爬刀梯"的点火方式令人叫绝，其创意源自流行于西南地区少数民族传统的体育活动"上刀山，下火海"，是第一批国家级非物质文化遗产中"刀杆节"里最神秘莫测、惊心动魄的表演绝技。非遗的头衔不仅让这些民族体育"活化石"走出深山村寨、为世人所知，而且开启了市场开发的诱人前景。

3. 博览会、庆典

博览会、庆典是少数民族传统体育"文化空间"的新兴表现形式，体育博览会浓缩体育文化精华，展示优秀体育文化成果和体育文化产品，交流体育文化信息，许多国内外著名体育俱乐部及知名体育传媒加入，更是助推少数民族传统体育文化建设。

有研究发现，以当地政府为主导，现代媒介为推手，当地百姓为主体，突出地域传统文化元素为特色，以健身娱乐为理念，以学校为普及，以旅游经济为拓展，在这样的整体宏观调控下，巴山舞的地域活化可谓有声有色、卓有成效；巴山舞地域活化不仅给当地民众带来实实在在的好处，而且还为社会带来无形利益①。但是，随着全球化、城镇化的逐步推进，武陵山区少数民族传统体育赖以生存与发展的"文化空间"面临被边缘化的危境，文化重塑成为民族地区社会工作最为紧迫的着力点之一②。

三　"文化空间"理论与体育文化传播

根据"文化空间"理论，民族传统体育文化事象与相关依存物形成具有一定关联性和共存性的"文化空间"，而这个"文化空间"是文化事象存续发展的环境、土壤和载体，保护民族传统体育文化事象必须保护其自身的"文化空间"，保护住了"文化空间"就保护住了文化事象。有研究者指出："文化空间是非物质文化遗产得以孕育的'母体'和存活的'命脉'与'根基'，文化空间存在的核心价值和理论依据就在于它完整、综合、真实、生态、生活地呈现非物质文化遗产"③；"非物质文化遗产如果失去了它们的文化空间，就会因此而失去赖以存传的土壤和影响本身

---

① 汤立许：《传统体育地域活化的路径研究——以长阳巴山舞为例》，《山东体育学院学报》2014 年第 3 期。

② 刘辉武：《民族地区社会治理与社会工作的着力点》，《光明日报》2015 年 9 月 2 日第 13 版。

③ 崔乐泉：《21 世纪的中国体育文化与中国民族传统体育文化研究》，《山东体育学院学报》2001 年第 4 期。

的存在"①；"文化空间保护在理念上强调'对自然环境、人文环境、有
形遗产、无形遗产进行整体保护、原地保护、发展中保护和居民自己保
护'"②。而回眸和审视我国有关民族传统体育研究现状，运用"文化空
间"理论来对此进行探讨还既是一个创新性课题，也是一个很有现实意
义和学术意义的课题。虽然"文化空间"理论还是一个发展型理论，但
或许正是这样，"文化空间"理论既在为世界非遗保护发挥着重要理论指
导的同时，又为人们对不同类非遗研究留下了广为发展的空间。

吉灿忠对武术"生境"（人类学词语，即"文化空间"）进行了较系
统全面的研究，从时、空两方面进行了界定，对武术"文化空间"的特
征、历史渊源、面临的问题与挑战进行了分析，并提出相应建议③。黄莉
等人的研究发现，摆手舞同其他民族传统体育文化事象一样，其存续发
展与自然环境、民族心理、居民行为、地域文化等具有紧密的依存
关系④。

（一）民族传统体育"文化空间"的构成要素

张世威在调研的基础上，遵循有关概念理论，通过归类、演绎，将
民族传统体育"文化空间"的变量要素聚类为 3 个：核心层要素——
理念要素，中间层要素——组织要素和外显层要素——物态要素（图
2—4）。

1. 核心层要素——理念要素

主要指民族传统体育所蕴含的如民族精神、行为准则、伦理规约、
人文内涵等文化理念。

价值理念是民族传统体育文化事象及"文化空间"的精髓和核心，
是"文化空间"中族群共同体的价值观念、伦理道德、思维方式、行为
准则，承载着对文化事象的记忆维持和身份认同。同时，是民族传统体
育存续发展及"文化空间"存在的价值意义、根本前提和核心原则，维

---

① 毛泽东：《毛泽东选集》（第二卷）（第二版），人民出版社 1991 年版，第 663—664 页。
② 吴健、梁建平、李学君：《重庆市少数民族传统体育文化资源的调查研究》，《体育文化
导刊》2007 年第 4 期。
③ 吉灿忠：《武术"文化空间"论绎》，博士学位论文，上海体育学院，2011 年，第 1 页。
④ 黄莉、雷波、陈春新：《从北京奥运会文化冲突的视角探究中西文化交流的对策》，《体
育科学》2012 年第 5 期。

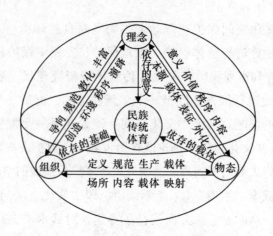

图2—4　民族传统体育"文化空间"模型

系和支撑着"文化空间"的稳态和意义的存在。另外，它又是历史产物的长期积累，是支撑"文化空间"存在和运转的基础及动力，决定着整个"文化空间"的发展、走向和稳定①。民族传统体育"文化空间"因其人文精神、价值理念的存在而具有存在性、意义性、活力性和价值性，这是民族传统体育最核心的依存要素②。

2. 中间层要素——组织要素

主要包括组织主体（组织者和组织行为，组织者包括传承人、族群等，组织行为主要指人们对文化事象的叙事方式、叙事场域等）和组织制度（人们的生产方式、生活习惯，以及风俗、信仰、礼仪、节庆等）。

组织变量是民族传统体育"文化空间"得以存在的主体基础和制度基础。（1）组织主体是民族传统体育"文化空间"存在的根本，没有"人"这一主体的思想及行为，民族传统体育及其"文化空间"将是无意义和僵死的。白晋湘就曾指出，"从根本意义上说，无形文化遗产的保护，首先应该是对创造、享有和传承者的保护，同时也特别依赖创造、享有和传承这一遗产的群体对这一遗产的切实有效的保护"③。这里的

---

①　黄韫宏：《文化层次结构模型比较研究》，《贵阳学院学报》（社会科学版）2013年第2期。

②　王晓：《非物质文化遗产视野下民族传统体育保护的若干思考》，《上海体育学院学报》2007年第1期。

③　白晋湘：《非物质文化遗产与我国传统体育文化保护》，《体育科学》2008年第1期。

"人"主要指传承人和族群。传承人在民族传统体育保护中充当创造者、载体者、传承者和"活字典",主导着民族传统体育的整体运动和发展,以及"生命线"的长短。而族群关系到文化的竞争力、传播力、生产力和生存力,族群人数越多,文化生存的根基就越稳固,文化传播的势能就越大,文化发展的动力就越强,文化就发展得越好。(2)如民族风俗、信仰、礼仪、节庆以及人们的生产方式、生活习惯等制度文化与民族传统体育的存续发展互为依存。组织主体要融入这个"文化空间",必须通过一定制度程序的规范才能够实现。即通过制度规范,强化所有成员在"文化空间"中的归属感、认同感和规范感,并形成一种普遍的行为心理和价值取向,进而促使人们自然地构成一定的族群关系,并在这种族群关系的根本意义上从事着其中的身体活动。

组织要素需以组织理论为基础,组织理论是管理理论的核心内容,是研究组织结构、职能和运转以及组织中管理主体的行为,并揭示其规律性的逻辑知识体系,自泰罗19世纪末20世纪初开辟了组织理论以来,系统的组织理论经历了古典组织理论、行为科学组织理论到现代组织理论的发展进程①。在研究方法方面,行为科学组织理论将重心放在研究人和组织之间相互活动的过程方面。随着社会的快速发展,体育文化研究方法也日益丰富,组织理论有助于体育文化研究方法的优化②。一般来讲,组织理论包含的具体内容有:组织目标、组织结构和组织系统;正式组织和非正式组织的内涵及其联系;群体行为与个体行为及其关系;组织与环境之间的平衡等等。宏观来讲,组织理论研究目标主要是组织的产生、生存、适应和发展。总之,组织理论有助于体育文化研究思想的创新。在体育领域,早在20世纪80年代即有学者将组织理论应用于体育制度文化的研究③,之后虽然"组织理论"一词出现的频率极少,一些

---

① 周颖洁、张长立:《西方组织理论演变的历史逻辑》,《现代管理科学》2007年第5期。
② 周明星、王惠敏、郁庆定:《组织理论在体育文化研究中的地位及局限性》,《吉林体育学院学报》2012年第2期。
③ 孙汉超:《从组织理论看体育学院教研室下系问题》,《武汉体育学院学报》1986年第4期。

著名的组织理论观点也时常应用于体育研究领域①②，但是当前关于体育文化研究的成果当中，应用组织理论并有一定创新的研究为数不多，组织理论在体育文化研究领域尚有很大的发展空间。

3. 外显层要素——物态要素

主要包括自然环境物（如地形地貌、山、河等）、物质媒介（如古村落、古建筑、遗址、器物饰品等和各种图文声像资料）和动作表象（内容）。在此基础上构建了民族传统体育"文化空间"结构模型③。

物态变量是民族传统体育"文化空间"依存的载体和物质基础。首先，自然山水物是民族传统体育"文化空间"中的重要地标物、承载物和标识物。地理环境决定论就认为，诸如地形地貌、气候水文、日照土壤等自然环境因素对文化的基因、素质、结构、样式、特点和传承具有决定性影响，文化离开这些地域环境要素，将失去赖以生存的土壤。我国现代历史学家、国学大师钱穆曾在他的《中国文化导论》中也说过："各地文化精神的不同，追溯其产生的根源，最先还是由于自然环境的区别，影响其生活方式，再由生活方式影响到文化精神。"也有研究者指出，群体的文化身份在很大程度上产生于自然环境，以及人与特定的如山脉、河流、平原、谷地、城市、广场、学校和庙宇等自然和人文地点的有机结合④。马克思的空间理论也强调，空间必须以土地为根基所形成的自然空间为存在的基础，而自然空间是人类社会空间存在的基础，当然也是"文化空间"存在的基础⑤。

从一定意义上说，传统体育活动是人与自然的互动，任何传统体育活动的存续发展都离不开对地文、水文、气候、生物、地理区域等自然资源的依恋⑥，不同的环境孕育出不同的传统体育。

---

① 孙汉超、秦椿林：《体育管理学》，人民体育出版社 1999 年版，第 1 页。
② 秦椿林、张瑞林：《体育管理学》，高等教育出版社 2002 年版，第 1 页。
③ 张世威：《基于文化空间理论的民族传统体育保护研究——来自土家摆手舞的田野释义与演证》，《北京体育大学学报》2015 年第 8 期。
④ 阮炜：《地缘文明》，生活·读书·新知三联书店 2006 年版，第 1 页。
⑤ 孙江：《马克思的空间生产理论及其当代意义》，博士学位论文，苏州大学，2007 年，第 1 页。
⑥ 邱世海：《从要素禀赋论视角讨论民族传统体育发展策略》，《体育与科学》2011 年第 3 期。

其次，建筑、饰物、道具、文本资料等是"文化空间"关于物的体现，是民族传统体育得以呈现和借以实现的载体，使"文化空间"能够以"物"的形式和载体来表达其文化内涵，折射其文化轮廓和样态。同时，这些物态要素使民族传统体育转化成一种可感的实体，聚焦人们的眼光，进而让人们以"物"为对象进行解读，去发现传统体育中的元素，促进人们对传统体育的认知和认同。

（二）民族传统体育"文化空间"各变量之间的关系

民族传统体育"文化空间"中，各变量要素彼此依存，相互促进。

1. 理念变量与组织变量密不可分

（1）理念文化必须通过组织变量中"人"这一主体进行创造和生产，并通过主体行为、心理活动的演绎而得以呈现并实现其价值。同时，这种理念文化的呈现和价值意义的发挥受组织文化的影响：一是受"人"这一主体的认知水平、思维方式和价值取向的影响，二是受制度文化的影响。理念必须借助一定的组织主体、活动载体、活动形式等来生产并实现与外界的对话，反映了民族传统体育对组织主体的依存性。同时需要一定的宗教信仰、风俗习惯等组织制度形成一种具有内部约束或软控制的秩序力，保障理念的充分实现，也反映了组织主体基于理念需求而对体育活动的选择。换言之，组织制度文化是理念变量的外在表现形式，如人们通过自己的体育行为活动达到了解和升华体育理念文化的层次①；而这些理念文化又都必须依靠民族群体的体育行为，将其外显与内隐层面联通起来并整合成独特的体育文化形态和身体活动形式。

（2）组织主体的行动需要在理念文化的激励、支配和导向下才能够形成一种具体的实践和具有价值意义。族群们的行动需要相应的理念作为秩序来进行教化、感化和规范，使其有所为有所不为，以此促进和提升少数民族传统体育"文化空间"所需要的文化力、文明力、秩序力。另外，组织主体所需要的制度文化也需要丰富和发展，而少数民族传统体育的理念文化会对人们所生活的制度文化产生增值效应，这使得少数民族传统体育"文化空间"原有的制度文化空间得以拓展和丰富，也进

---

① 吴玉宝：《文化层次视角下的民族村寨旅游开发：以凤凰民族村寨为例》，《遵义师范学院学报》2013 年第 2 期。

一步稳定了少数民族传统体育"文化空间"的组织变量。

2. 理念变量与物态变量融为一体

（1）在很大程度上为民族传统体育理念文化的产生提供本源，成为民族传统体育理念依存的物质载体。同时，自然环境也是人类表达情感理念的地方。另外，由于理念隐藏在人们的内心深处，很难让外人读懂，所以又必须得借助道具、建筑、村落、音乐、图像、服饰等外化而折射和反映出来，从而为人所感、所知，达到对心灵、情趣、情感等的宣泄、表露和共鸣。同时这些器物要素在很大程度上还丰富、映射了民族传统体育的理念文化。如通过自然山水、村寨建筑、民居生产、生活工艺、服饰用具等外显层次的物质文化，可以解读到当地居民的生产生活、游戏休闲、丧葬婚嫁等制度文化，进而了解当地人的内心世界、价值观念等。更为重要的是，民族传统体育的理念文化必须通过和借助"人"这一活动主体的一定肢体动作内容得以展示，通过一种身体动作符号得以直观、现实地呈现和表象出来，也通过人们的身体活动体验达到对理念的运用、升华和强化。

（2）物态变量需要附上理念属性才会有意义，才会体现其依存的价值，发挥其依存的作用。同时，这些物态所蕴含的理念意义必须鲜活地被人们所传颂并转化为一种自觉行动，这种物态才会得到人们的保护，并成为"文化空间"中的有益变量。物态的存在需要理念要素作为一种秩序来进行规范。民族传统体育"文化空间"物态变量的构建，需要民族传统体育所蕴含的理念变量为内容线索，这一点主要反映在动作内容的呈现上。只有通过动作内容对理念的完整、真实呈现，才是对理念要素及民族传统体育的完整性、真实性传承和保护。

3. 组织变量与物态变量相互联系

（1）人们对民族传统体育活动的参与、传承与保护，需要借助一定的物质条件或要素（如场所、道具、文本、文字、图像等）来保障其运行。同时，人们需要借助这些物态要素所提供的信息来对摆手舞进行认知，人们参与的心理需要通过如道具、服饰、图像、动作内容等来折射和反映出来。另外，摆手舞所依附的制度文化需要如古建筑、古遗址、古村落、民居等为依托物和载体。

（2）物态变量从不同层面反映出民族传统体育"文化空间"中的组

织变量，同时受组织变量的影响。如摆手舞"文化空间"的物态变量需要组织变量中的"人"这一主体对如自然山水、古村落、建筑、文字文本、音乐道具等进行认知、定义、使用、创造、生产和对话，并借助这些物质载体通过身体活动进行演绎，才能呈现物态要素的依存意义，物态要素才能够活态地呈现在"文化空间"中。而物态变量的有序存在需要组织制度文化的规范和约束。如对摆手舞相关的古村落、古寨、古建筑的保护与修复，对音乐、道具、动作等的选编和创编等，都必须符合这些实物原本所具有的制度情感和文化内涵①。

张世维的"文化空间"理论虽然把少数民族传统体育及其相关文化事象进行了归纳与理论建构，却忽略了少数民族传统体育文化生存与发展的政治、经济、教育等社会环境。

综上所述，关于民族传统体育文化的已有研究主要包括定义研究、特征研究、发展研究、产业研究、对民族传统体育文化遗产的保护与传承研究、民族传统体育文化创新途径研究、北京奥运会的筹办和举办对民族传统体育文化的影响研究等等。一个在理论上没有科学阐释，在文化上无鲜明民族特征，又无现代体育文化理念的民族传统体育文化是不可能被世界承认和接纳的。由此，民族性和世界性的理论、技术和方法体系的构建是我国民族传统体育文化发展的必要途径。

如何构建这些理论体系并用来指导实践，是未来研究要解决的关键问题。首先，必须结合体育学、文化学、传播学、人类学、历史学、地理学、民族学、美学和经济学等多学科的理论、方法和手段，进行全面的理论建构；其次，要加强技术整合，加强传播手段的研究，提高文化传播能力。最后，理论创新与我国国情相结合，提出发展我国民族传统体育文化的干预措施等等。任何一个民族的体育文化都是一个动态变化的过程，在坚守自己文化品格的同时，进行文化更新，从而实现向先进文化转化，从更深层次、更多角度提升我国文化软实力，以符合国家发展需要。

有研究发现，以当地政府为主导，现代媒介为推手，当地百姓为主

---

① 吴本连、徐少波、汪似俊：《我国民族传统体育文化理论研究综述》，《体育科学研究》2014年第3期。

体，突出地域传统文化元素为特色，以健身娱乐为理念，以学校为普及，以旅游经济为拓展，在这样的整体宏观调控下，巴山舞的地域活化可谓有声有色、卓有成效；巴山舞地域活化不仅给当地民众带来实实在在好处，而且还为社会带来无形利益。但是，随着全球化、城镇化的逐步推进，武陵山区少数民族传统体育赖以生存与发展的"文化空间"面临被边缘化的危境，文化重塑成为民族地区社会工作最为紧迫的着力点之一①。

---

① 刘辉武：《民族地区社会治理与社会工作的着力点》，《光明日报》2015 年 9 月 2 日第13 版。

第 三 章

武陵山区少数民族传统体育概况

第一节 武陵山区少数民族传统体育特点

一 传承性

武陵山区的苗族每年四月初八的耍狮子等活动是纪念古代英雄"亚努"。至今每逢农历四月初八,身穿节日盛装的苗族人民都会聚在一起,吹笙奏笛、对歌传情、耍狮子等。少数民族传统体育就这样继承、发展至今。

二 地域性

武陵山区苗族、土家族的高脚马,以前是为了采摘较高树枝上的野果,在腿上绑两根木棍增加身高,闲暇时就成为一种嬉戏活动。为适应武陵山区亚热带向暖温带过渡的气候,苗族、土家族人将高脚马变成在地面积水的雨季代步、涉水过浅河的工具,而后发展为高脚竞速。在第七届全国少数民族体育运动会上,高脚竞速首次被列为正式的比赛项目。

三 多样性

在漫长的历史发展过程中,各族人民创造了丰富多彩的体育文化,武陵山区各民族"大杂居、小聚居"现象促成了民族传统体育的复杂多样性,不仅体现为内容丰富、种类众多、形式多样,还体现在每一项传统体育活动都反映了每个民族政治、经济、文化以及民族价值取向。

四　健身性、娱乐性、竞技性

少数民族传统体育源于生活，既是一项强身健体的身体活动，也是少数民族同胞们生活方式的一个缩影，在愉悦身心的提示，增进了沟通交流，促进了社会适应。

实现中国梦需要文化软实力的崛起，少数民族传统体育文化以其特有的育民、惠民和富民功能成为学术界研究的热点。武陵山区是我国亟待开发的集中连片特困区，是西部大开发和实现"中部崛起"的重要区域，土家族、苗族等少数民族聚居于此，异彩纷呈的民族传统体育文化在经济社会发展中起着重要作用。土家族总人口为 8353912 人，主要分布在我国湘、鄂、渝、黔交界地带的武陵山区，自称"毕兹卡"，意为"土生土长的人"。土家族是以古代巴人的两支——廪君蛮和板楯蛮为主源，融合武陵地区土著和进入该地区的濮人、楚人、乌蛮、汉人等族群，大约自唐末五代以后，逐渐形成为单一的民族。在长期的历史发展中，土家族人民创造了独特、灿烂的民族文化。

湖北长阳土家族自治县地处武陵山区清江中下游，超过一半人口的土家族酝酿出醇香的传统体育文化。

第二节　武陵山区少数民族传统体育功能

一　政治功能

少数民族传统体育活动来源于生活，服务于社会。例如，每 4 年举办 1 次的全国少数民族传统体育运动会将全国各少数民族欢聚在一起，相互学习、相互帮助，既增强了民族自豪感和自信心，又有利于民族团结、国家稳定。

二　经济功能

武陵山区集革命老区、民族地区和贫困地区于一体，是跨省交界面大、少数民族聚集多、贫困人口分布广的连片特困地区、经济协作区。武陵山区淳朴的民风以及特有的少数民族传统体育无论是对于体育产业还是旅游产业来说，都是其重要的一项资源。有效开发利用少数民族传统体育活动、发展民族传统体育文化旅游以及举办大型民族传统体育节庆活动，是带动武陵山区少数民族脱贫致富的有效手段。国开办发〔2011〕95 号文件中指出，"努力把武陵山片区建设成为扶贫攻坚示范区、跨省协作创新区、民族团结模范区、国际知名生态文化旅游区"；国家旅游局、国务院扶贫办共同发布若干意见，在"十三五"期间，全国乡村旅游持续健康发展和旅游扶贫①。结合武陵山区作为一个经济发展水平相对落后的少数民族聚集地的实际情况，对武陵山区少数民族传统体育进行旅游资源整合与开发，不仅促进当地旅游业的发展、改善产业结构、带动少数民族同胞脱贫致富，而且能够使武陵山区各少数民族的非物质文化遗产得到充分的挖掘、整理与保护。

三　文化功能

少数民族传统体育其实更多的是对民族文化的一种传承，少数民族每一项传统体育都蕴含着一定的民族文化，少数民族的情感智慧、生活习俗、宗教信仰以及民族心理都潜移默化地嵌入在民族传统体育之中。文化作为民族的血脉、人民的精神家园，其灵魂是思想，即民族价值观和民族智慧的结晶。任何文化都是先有观念、信仰等，然后有实现这些观念、信仰的行为活动，才会产生与之有关的物质或物化的文化。

（一）土家族"撒叶儿嗬"的文化功能

而观念、信仰本身是看不见摸不着的，它通过一定的行为动作、物质形态来表现。"撒叶儿嗬"也称"跳丧"，又叫"打丧鼓"，相传源于土家人的先民——巴人古代的战舞和祭祀仪式，最早源流在清江流域巴东境内的清太坪、金果坪、水布垭、野三关等地，是民间流传"跳丧"舞的故乡，其动作模仿山中飞禽走兽和一些农事活动。"跳丧"舞这一行为的背后，凝聚着土家族民众浓重的图腾崇拜、祖先崇拜、自然崇拜等宗教意识。"跳丧"舞中出现大量"虎"的动作，昭示出土家族对"虎"的信仰和崇拜。土家人对"虎"的崇拜源于史前时期，险峻多山的环境

---

① 《国务院扶贫办　国家发展改革委关于印发武陵山片区区域发展与扶贫攻坚规划的通知》，《国务院扶贫开发领导小组办公室国家发展和改革委员会》，2013 年 4 月，http://www.ndrc.gov.cn/zcfb/zcfbqt/201304/t20130425_538575.html。

使虎大量生成，先民们希望狩猎时不被凶猛的虎伤害，于是就献祭于它，把它当作崇拜物。随后便有模仿老虎的祭祀仪式出现，幻想着通过模仿老虎而获得它非凡的力量，虎因而成为土家先民的图腾物。

土家族地区流传着很多"人亡化虎"的故事，在千百年的生活中，白虎图腾崇拜已植入了巴人及其后裔的心灵深处，成为群体共同意识。如今的长阳县白虎垴的土家族人民还流传着"白胡子老儿化白虎"的传说，这些传说都传达出土家族民人死即化身为图腾，而由"亡人"到"图腾"需要仪式来沟通，便有了"跳丧"，用这种仪式来达到娱神、娱人的目的，从而使亡人灵魂顺利化身为图腾①。

另外，长阳土家族信奉道教，认为人回归自然就能够获得永恒。在土家先民心中，人死灵魂还在，"未亡人"生活在此岸世界中，生命结束后，灵魂由此岸转入彼岸，在彼岸世界继续活着。"跳丧"就是协助亡灵由此岸渡到彼岸的一种形式。正因如此，土家族民众"视死如归"，把寿终正寝看成"顺头路""白喜事"。于是在"跳丧"中，土家族民众化悲容为笑颜，弃忧惧现洒脱。由此可见，土家"跳丧"在精神层面上由最初的图腾崇拜、以保护生命不死，演变为庆祝死后灵魂升华的仪式，其精神旨归始终如一的关注原点——生命，这也构成了其动态流变的精神内核。

"撒叶儿嗬"作为武陵山区清江流域土家族民间一种歌舞性很强的、隆重的民俗祭祀表演活动，表现出土家人对生命价值的肯定，人们用欢歌与鼓乐致哀，为死者家人驱散忧愁，成为一种礼赞生命、祝福新生的仪式，是土家族歌颂祖先、礼赞生命的一种民间歌舞，是国家级非物质文化遗产。出现在青歌赛舞台上的"撒叶儿嗬组合"也因此得名，他们可以说是非物质文化遗产保护和传承的典型产物。

"撒叶儿嗬"的演唱形式是一人执鼓领唱，众和。执鼓者，是有声望的长者，也是能歌善舞的能手，他以鼓点指挥舞蹈和变换曲牌。"撒叶儿嗬"的鼓点及舞蹈动作因地域不同而稍有差异，特点是手脚同边，舞姿豪放，动作平稳、舒缓；唱词以歌颂死者生平事迹，歌唱其对子女的抚

---

① 裴亮：《鄂西土家族"跳丧舞"的文化解读》，《中南民族大学学报》（人文社会科学版）2003 年第 5 期。

育以及死者生产劳动方面的内容为主。按跳丧格局大致可分"四大步""么连嗬""摇丧""打丧""哭丧"等 20 多个类型。按模仿形象动作分，有"凤凰展翅""犀牛望月""猛虎下山""虎抱头""猴子爬岩""狗撒尿""狗连裆""燕儿含泥""乡姑筛箩"等。

撒叶儿嗬是歌、舞、乐浑然一体的艺术。它的声腔以男嗓高八度运腔，歌调是一种古老的特性三度，仅存于清江迤北长江三峡北岸的兴山一带，在其他歌种中已成绝响；其曲体结构与楚辞体式多有相似，从中尚能找到古代巴楚之地祭神乐歌的影子；撒叶儿嗬舞步舞姿，刚劲有力，粗犷豪放。歌舞中显示出难能可贵的积极人生态度，贯穿着豁达通脱的生命观念。撒叶儿嗬为清江土家所独有，具有一定的艺术价值和学术研究价值。

（二）土家族巴山舞的文化功能

在长阳，土家族自治县的设立，使人民生活有了翻天覆地的变化。民族自治政府的成立和少数民族干部的上任给许多土家族群众真正做主人的感觉。政府开始大力发展经济，引导和提倡恢复民族特有的文化习俗，其中就有对"跳丧"的重新认识。

巴山舞是对土家传统文化继承与发展的产物，是土家族传统体育文化的瑰宝。巴山舞的产生是对土家传统文化精华的恪守，也是土家文化对现代文化发展的适应。20 世纪 70 年代以来，土家族人民的物质生活得到了很大的提高，人们对精神文化生活产生了新的要求。为此，湖北舞蹈家协会副主席覃发池开始思考创编出一套既包含自己民族风味，又能满足现代大众需求、具有现代文化和现代体育要素的舞蹈，来丰富人民群众的文化生活。文化的继承与发展具有批判性和选择性，在创编巴山舞过程中，覃发池始终恪守着保留土家族传统文化风味这一原则，克服了土家传统文化局限，在土家传统跳丧舞"撒叶儿嗬"中融进了土家族流传的另一种喜庆歌"花鼓子"的基本动作，渗透现代文化和人文关怀，选取长阳山歌和土家民歌作为舞曲，创作了具有强烈时代特征和地方特色的民族舞蹈。土家是巴人后裔，长阳县是"巴人的发祥地"，因此取名为"巴山舞"，凸显土家民族风情，使土家族有了属于自己的体育娱乐项目，这正是巴人遗风的继承和发展，是一种崇高民族自尊心和民族文化自信的体现。1997 年巴山舞赴香港演出，"欢乐的毕兹卡"引起港人浓厚兴趣；多次参加湖北省民运会和全国广场舞大赛，2000年获得全国广场舞比赛中群星奖金奖，从鄂西土家族聚居区逐渐推向全国，被誉为"东方迪斯科"。

　　巴山舞具有较高的历史价值、文化价值、审美价值和健身健心价值，舞姿优美明快、热情欢畅，易学易记，深受群众喜爱。在"文化强省""文化立县"的大背景下，长阳土家族自治县各级文化工作单位在政府主导下，建立了湖北省巴山舞培训基地、湖北省文化产业示范基地，主要通过口传心授的公益性培训，使巴山舞深入课间操、工间操等，在社区全民健身和中小学校园文化建设方面非常成熟。

图3—1　长阳万人巴山舞盛况

　　巴山舞是土家文化的表达。

1. 器物文化层

　　在器物文化层，服饰是巴山舞中最直观的民族形象表征。巴山舞者所着的民族特色服饰是土家族地区生活服饰的艺术再现，从服装的款式、色彩搭配、纹样装饰乃至整体风格上反映了土家族的地域色彩和风尚习俗。具有浓郁土家族特色的服饰与巴山舞始终是一个整体。土家服饰多为短衣大裤、高领阔袖，便于身体活动，具有崇尚俭朴、喜爱宽松等特点。巴山舞中的许多动作就是土家人民田间劳动、山间行走的动作模仿，因此，巴山舞具有以腰胯为动力，用头、肩、手、腰的扭、甩、转、端等构成大开大合的动作特点。巴山舞服饰常以青、蓝、白三色为主色调，表达一种质朴浑厚的自然之美。巴山舞反映的是农耕文化主题，因此服饰上常会染上"喜鹊闹梅""双凤朝阳"等富有喜色的图案，表达人们期待风调雨顺、五谷丰登的美好愿望。2013 年改编后的第二套巴山舞由形象生动、意境优美的"绿水荡舟""青龙摆尾""喜鹊闹梅""渔歌唱晚"组成，柔和中带有强劲，潇洒中带有浑厚，欢快奔放，在 2015 年的第十届全国少数民族传统体育运动会上获得表演项目三等奖。

乐器是巴山舞中显著的民族物件代表。民族舞蹈必须根据音乐节奏和音色变化表达相应内容。巴山舞的音乐选用的是长阳山歌、南曲、花鼓子等几十种浓郁的土家民族特色的音乐，它去掉了跳丧舞的悲伤风格，只保留了其有特色的鼓点，并将单一击鼓加以弦乐伴奏，增添了舞蹈过程中的情趣。巴山舞音乐的乐器主要有堂鼓、咚咚奎、撒啦儿（唢呐）、胡琴儿（二胡）、中胡、笛等，使得舞蹈和音乐具有浓郁的民族特色。"巴山舞曲一响，脚板就滋滋痒"，独特的土家民族乐器及其演奏的巴山舞音乐所承载的文化符码，成为土家人民认同民族文化的又一显著标识。

2. 制度文化层

在制度文化层方面，巴山舞的编排蕴含着土家族的文化规范。巴山舞创作者通过对土家民族社会生活素材进行选择、提炼、加工后作为舞蹈内容的材料，动作编排中融入了土家民族的社会规范内容。巴山舞用形象的肢体动作传达土家族自己的文化内涵，在成套的舞蹈动作编排中蕴含了本民族的社会规范。巴山舞在帮助土家族人民认识本民族历史与社会、传承本民族文化上发挥了积极作用。

巴山舞蕴含着土家族的文化习俗。土家族节日不是单一的民俗表征，它有着极为丰富的人文内涵。土家民族的各种舞蹈是土家族节日民俗的重要内容和主要文化样式。

3. 价值文化层

在价值文化层方面，巴山舞承载着土家族族群至上的伦理观。巴山舞虽然在音乐和舞蹈动作上消除了"撒尔嗬"的"丧"的痕迹，但传统的观念价值却得以保留。"撒尔嗬"强化血缘意识，凸显宗族的集体生存方式。巴山舞则是通过对"撒尔嗬"的继承、创新、推广来宣传土家传统伦理价值。在土家人民共同演练巴山舞中同享本民族的情感，强化土家的民族意识，以维护土家民族的生存与发展。

巴山舞承载着土家民族积极求实的人生观。巴山舞把具有土家风味的"撒尔嗬"从亡人、棺材中解放出来，赋予它新的内涵，让它成为健康的、优美的、有民族特色的集体健身舞，更好地服务于土家人民。土家人民在演练自己民族的舞蹈中强身健体，愉悦心情，充分展现了土家人民积极乐观的人生态度，和对美好生活的向往与追求。

巴山舞是土家人民对土家文化的整合而成的运动项目和舞蹈艺术，它通过对土家族本体力量的展示，不断地传递着土家族民族的原始文化基因，潜化和孕育着土家民族的心理机制，培养着这个民族的气质与性格。

巴山舞是土家人民对民族文化认同的方式。土家族民众通过开展巴山舞活动来唤醒本民族的文化记忆，增进民族成员之间的感情，促进土家民族文化的认同。在长阳县城，大部分人都会跳巴山舞，并将其作为闲暇生活中运动、健身的常练项目，不少土家族人对巴山舞的认知已经上升至文化的高度①。

土家儿女为巴山舞感到骄傲，通过各种方式以积极的态度主动地宣传巴山舞。这是民族自信心和文化认同感的一种外显的行为表达。巴山舞是长阳民俗文化村的重要文化品牌，在宣传形式上，民俗文化村的工作人员不断创新，组织一支由 20 位地道的农家子弟组成的巴山舞表演队，既有常年驻村演出，又有外出演出宣传活动，还开发出各种关于巴山舞的文化产品供旅客欣赏留念。许多土家族青年满怀民族自豪感，视巴山舞为土家儿女自己的民族舞蹈，自发地利用网络平台来宣传它。

长阳巴山舞经过几十年的传播，已成为一种新型的民间舞蹈，在三峡地区广为流传。在清江、神农溪和三峡一些景区内，可以欣赏到巴山舞表演。同时在一些地方，巴山舞已经成为群众文化活动的重要内容。2008 年，国家体育总局已把巴山舞作为一种全民健身舞蹈向全国推广。长阳举行过万人巴山舞，其场面十分壮观。特别是近年来，随着全民健

---

① 王鼎、廖萍：《巴山舞与土家民族的文化认同》，《军事体育进修学院学报》2012 年第 4 期。

身运动的广泛开展和广场舞的兴起，巴山舞更加深受当地民众的喜爱，经常看见许多人满脸微笑跳着富有地域和民族特色的巴山舞。现在，巴山舞在全国已有"北有秧歌，南有巴山"的美誉，这个从土家山寨走出来的民间舞蹈，带着它浓郁的民族特色和鲜明的地方风格，被外界所接受。它成了土家文化的使者，成为全国各族人民的共同舞蹈，显示出土家文化强大的生命力以及我国各民族文化交流融合的良好氛围。

第 四 章

传统媒体视域下武陵山区少数民族
传统体育"文化空间"的保护

　　纵向的文化传承离不开横向的文化传播。传媒是舆论的先导,大众传媒为民族体育文化的传播提供了良好的舆论环境。对于现实中的一些功利性的体育发展思想以及对于民族体育的偏见,大众传媒能有效地进行理性引导。随着科技的发展,巴山舞的传播经历了传统媒体→新媒体→媒体融合的过程。

第一节　传统媒体的内涵与特征

　　传统媒体主要是通过机械装置定期为社会的受众群体进行某一领域和特定区域的信息播放。传统媒体传播信息的主要载体形式包括报纸、杂志、广播、电视等媒体平台,是通过单一形式的完成来进行信息和文化的传播,是传统的大众传播方式①。

　　传统媒体因其先天的专业性以及宣传管理部门的规约,具有天然的公信力和权威性。传统媒体有一套制度安排和系统设置,对信息进行把关,保障所传播信息的真实性,以一个单位的形象和声誉为担保,塑造自身的公信力。传统媒体霸占着有限的信息传播渠道,拥有绝对的权威,占据着话语权的制高点,使传的渠道资源变成了稀缺性资源。电视台黄金时段的广告价位节节攀升,报纸的黄金版面也成了奇货可居,显得

---

　　①　杨晨晨:《论传统媒体与新媒体的融合发展》,《新闻研究导刊》2016 年第 7 期。

弥足珍贵。法国哲学家米歇尔·福柯（Michael Foucault）在《话语的秩序》一书中提出了"话语即权力"的思想，话语运作始终存在着权力支配的问题。葛兰西（Antonio Gramsci）提出"霸权"（hegemony）的概念，它是指一个阶层化的社会秩序，其中从属者遵从统治者，通过内化统治者的价值来接受这种统治关系的自然性①。印刷文化的发展促进了自上而下的中央集权文化的繁荣，受到社会政治和经济因素的影响，传统媒体成为统治阶级的传话筒，向受众传达统治阶级的理念和价值观。受众只能被动地接受信息，根本无法实现对信息的反馈和自我表达的话语权力。

传统媒体是传播民族传统体育文化的重要载体。例如，2017 年年底央视电影频道展映的《伊犁河谷》融入了哈萨克族传统体育项目《姑娘追》《叼羊》的介绍，而红极一时的《少林寺》传播少林功夫，一度引发学习武术的热潮。

第二节　传统媒体面临的挑战

传统媒体长期积累起来的社会影响力，凭借自身过硬的内容平台，其对受众的强大吸引力，即使在自媒体时代，仍然有着旺盛的生命力。但是，随着数字化技术的发展，传统媒体受到来自新媒体的冲击，面临严峻挑战。

一　传统媒体的话语霸权逐渐瓦解

新媒体的发展拓宽了新闻传播的渠道，智能终端成为内容生产的工具，智能手机取代发行，每个用户都可以参与评论，社交网络成为人类生活的一部分，促进了信息来源的多元化。新媒体改变了传统媒体流向受众的单向传播格局，传媒技术的进步改写了媒介生态和话语权力结构的版图，传统媒体的话语霸权开始动摇。互联网用户变成了信息的生产者和整合者，自由使用社交媒体在各种应用平台上生产信息、整合信息、

---

① ［美］康拉德·菲利普·科塔克：《文化人类学》，周云水译，中国人民大学出版社 2012 年版，第 1 页。

传播信息，开始拥有传播新闻信息和表达自我意见的权力。传统媒体的信息整合功能和话语权逐渐丧失，并逐步被边缘化①。国家机关或权威机构失去了受众的信任，不再是话语权的主体。传统媒体话语权的大小由受众来决定，全体受众都有自由发言的机会。公民个人的话语权力在公共空间的表达得到极大的提高，受众长期以来被压抑的利益诉求和民主诉求终于得到了彰显的机会，打破了传统媒体对信息的绝对主宰，传统媒体的话语霸权逐渐瓦解。

二　传统媒体传播结构的等级体系逐渐解体

传统媒体的传播结构是一套完整的自上而下的等级体系，由中央电视台和各地方卫视组成的电视体系，由党报、晚报、晨报、商报、都市报等构成的报纸体系，由中央人民广播电台和众多的地方电台组成的广播体系，由官方门户网站和各地方门户网站构成的互联网体系，形成金字塔式的等级体系。数字网络不断加速媒体的流动性，媒体的传播结构从电视、广播的一对多为主体的等级体系，向以互联网的多对多的网络体系转变。互联网已经发展成为开放的关系网络，传播变成了以消费者为中心的网状传播模式，这是一种自下而上的去中心化。传统媒体的传播结构等级体系被打破、被重构②，这势必影响巴山舞的传播。

三　传统媒体的受众规模出现了萎缩现象

目前，传统媒体的受众规模出现了萎缩现象，产能分布与受众需求之间的错配突出，传统媒体边缘化已经成为不争的事实，尤其是伴随着互联网成长起来的年轻一代，与传统媒体渐行渐远。有关调查表明，在用户获取新闻资讯的途径中，手机占到了40%，电脑占31%，电视和广播占14%，报纸、杂志等纸媒只占12%，而且传统媒体的受众以50岁以上的人群为主。究其原因，主要有以下几个方面：

---

① 周劲：《剑指云天报业转型风口之战》，人民日报出版社2016年版，第1页。
② 程明、战令琦：《传统媒体的"解构"与新媒体的"解读"》，《今传媒》2017年第2期。

1. 替代产品的出现

互联网以图文并茂、音频和视频等方式的传播效果更好，也更便捷、及时和快速，使传统媒体的入口价值丧失。

2. 传统媒体的传播范式落后

在自媒体日益发达的新时代，一方面新闻传播呈现出人人传播、多向传播、海量传播的特征；另一方面受众需求越来越多样化，参与意识越来越强，思想观念越来越多元。而传统媒体的生产流程、话语体系、表达方式、技术手段、效果反馈等方面都不能及时跟上时代发展的节拍，远远逊色于新媒体，导致竞争优势下降。

3. 传统媒体缺乏技术支撑

缺乏以大数据、云计算、机器学习、个性化推荐等互联网技术为驱动的项目，发展后劲不足。

4. 传统媒体的体制机制僵化

传统媒体的组织架构、用人机制、管理体制和分配制度固化，市场意识、竞争意识、创新意识、用户意识严重不足，在一定程度上束缚和扼杀了内部生产要素活力和能量的发挥，妨碍了传统媒体的转型升级[1]。

第三节　传统媒体视域下武陵山区少数民族传统体育"文化空间"的现状

众多民间传统文化事象在现代化的传播媒体还没有发明时，多采用"口传心授"的接力式传承，即甲传乙、乙传丙、丙传丁的传承模式。在传承过程中，甲、乙、丙根据自己的需要、习惯和兴趣，凭自己的记忆，都各自对传承对象进行了主观改造，或删或添，或改或变，当传到丁时，传承对象可能和最初的面貌已大相径庭，这样"线形"传承其效果较为模糊。而土家"跳丧"仪式既唱丧歌，也跳丧舞。众多观众亲临现场聆听和观看，然后或由舞师挑选，或自己兴趣所至，有的自学成才，有的拜师学艺，传承人便从中诞生。其丧歌内容前面偶有提及，

---

① 李述永：《当前媒体融合发展的实践与思考》，《中国记者》2016 年第 5 期。

多为歌颂死者生前事迹，这些根据死者具体情况可即兴编唱入调，跳丧中所唱其他内容如怀胎歌、情歌，由于演唱场景的自由而更被广泛地传唱。在长阳，老人死亡视为"顺头路"，老人过世后，若不举行跳丧仪式会被看成不孝或不道德之事，因而跳丧在长阳是较为常见的。众多土家族民有意无意地受着这种歌舞的渲染和熏陶，可以说，长阳"跳丧"的传承是一个以"面性"传承方式为主的较透明的过程，传承人有很多机会耳濡目染传承对象。尤其是"跳丧"舞，多为模仿自然界中的动物，虽然在传承过程中，融入了传承人的主观感情色彩，但其舞姿依然是"万变不离其宗"，纵然原始状态已模糊，也可以在自然中找到模子。

同时，其稳定的传承还得益于广大的传承受众和顽强的土家跳丧传承人。和众多非物质文化遗产一样，土家"跳丧"在历史长河中也曾遭受打击。大约20世纪50年代，"跳丧"被打上"封建陋俗"和"迷信活动"的标签而被严厉禁止，这种状态一直持续到"文化大革命"结束。但是，"跳丧"这种约定俗成的习惯和源远流长的民间信仰已深入人心，是无法根除的，它依然潜伏在民间。听长阳当地人讲述过一些这一时段的情况：有一位老人在临终时特意叮嘱儿子，"我只有一个要求，要看着你给我打场'丧鼓'"。儿子只好一个人在老人床前跳起丧来，老人就在儿子的丧鼓声中安详地闭上了眼睛。那时人们在劳动生产时，为了解除劳累苦闷，在田间地头也会偷着来段"跳丧"。垂暮老人通过"跳丧"来达到灵魂升华，生者通过"跳丧"来抚慰心灵，联络情感，土家"跳丧"因此而获得了广大的传承受众和传承人。在如此艰难的时期，"跳丧"没有消失，也没有出现大多民俗的断层现象。随着时代的发展与社会的变迁，"跳丧"舞得到创新传承，发展为巴山舞，成为当前人们喜闻乐见的广场健身舞。

本研究以土家族巴山舞为个案，探讨传统媒体对武陵山区少数民族传统体育的传播，以期达到窥一斑而知全豹的效果。

一 出版物

出版物主要以书籍、报纸、杂志、学术期刊等传统纸媒为主。

（一）书籍与杂志

1. 书籍

　　书籍以中小学教辅、中老年人健身舞教材和地方志为主。长阳中小学校坚持把以"山歌、南曲、巴山舞"为主题的巴土文化编入教材，引进课堂，让学生了解和认识本民族的文化和传统，使学生从小沐浴土家巴山舞文化的芳香。武陵山区各高校都已施行不同形式的民族传统体育校本课程，但开发意识不强、力度不够。1991年，湖北省委宣传部资助出版了《长阳巴山舞》一书；2013年，湖北省社会体育管理中心出版发行的《长阳巴山舞教程》仅有44页，仅以文字介绍了巴山舞的历史以及第一套和第二套动作，没有图片和光盘，且发行量不大①。《长阳移民志》以静态的图片介绍了巴山舞②。长阳博物馆和文化馆保存的有关巴山舞的内容以纸质的报告、静态的图片和录像为主。

图4—1　《长阳巴山舞教程》封面

---

① 《长阳巴山舞教程》，湖北省社会体育管理中心2013年版，第26—27页。
② 向大法：《长阳移民志》，湖北人民出版社2007年版，第1页。

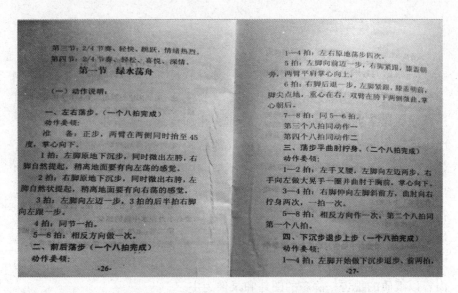

图4—2　《长阳巴山舞教程》中的内容

2. 杂志

来凤县文化馆提供的画刊——《画说来凤》和《龙凤示范区民族团结掠影》以静态的图画形式对"湖北省第八届少数民族传统体育运动会暨第二届来凤·中国土家摆手舞文化旅游节"（以下简称"一会一节"）进行综合性的简介，但大幅版面是图片，文字内容非常少。

图4—3　画刊《画说来凤》封面及其对摆手舞的简介

图4—4 画刊《龙凤示范区民族团结掠影》封面及其对"一会一节"的介绍

（二）报纸

1987 年的《人民日报》刊登了《长阳盛行巴山舞》的专题报道，1990 年的《光明日报》载文称长阳巴山舞为"土家山寨迪斯科"，但富含浓郁特色的地方性报纸鲜见，报纸的受众流失，且呈老龄化趋势。

（三）专业学术期刊

《中南民族大学学报》《中央民族大学学报》等刊发土家族巴山舞的健身健心功能及其运用与开发的研究成果，极大促进了巴山舞的传播。滋养了一代又一代青少年的小人书、邮票、年画、挂历和台历等纸质媒体几乎消失得无影无踪，纸媒的没落主要是因其时效性差、成本高，但阅读方便，带给人愉悦和舒适感，适合长时间、大篇幅的深度阅读，这些特点注定纸媒在当今依然有存在的必要。

二 电视、电影

电视传播通常是指对于电视节目（信息或内容）的传播，它是一个"传播者（电视节目）——信息——接收者（观众）"的传播过程。随着生活水平的不断提高，电视进入千家万户，成为巴山舞传播的重要载体。1995 年，中央电视台一套的"东方之子"栏目和四套的人物专题片《老覃和他的巴山舞》，让更多人了解了土家族的传统体育文化，但传播巴山舞的影视作品不多，广播电台的作用尚需增强。

　　《美丽中国乡村行》是央视唯一一档纯粹的乡村旅游类节目，它以美丽中国的秀美乡村为着眼点，以"乡村旅游、生态文明"为主题，通过外景主持人和美丽乡村体验员的深度体验，展示生态美景，品味健康美食，体验休闲农业，推介最有特色的乡村旅游资源，提供全面丰富的旅游资讯，全景式描绘中国乡村旅游画卷，让观众足不出户领略中国乡村的自然之美、人文之美，倡导新型生态旅游模式。2017 年的 8 月 16 日，《美丽中国乡村行》栏目组来到湖北省来凤县酉水河的漫水乡东山坪水

图 4—5　《美丽中国乡村行》中的摆手舞表演

图 4—6　《美丽中国乡村行》中的三棒骨表演

段，这里风景秀丽，被当地人称为神奇小三峡。外景主持人在综合介绍当地的人文风土人情中，展示了土家族摆手舞和三棒鼓。如今，来凤县政府大力打造乡村旅游，这无疑成为推动民族传统体育发展的利好东风①。

三　舞台

从1985年湖北电影制片厂摄制了纪录片《锦绣长阳》之后，长阳巴山舞开始开始走出山寨，登上了更广阔的舞台。1991年清江河畔魅力的西湾，电影《哭嫁女》（又名《五个女人和一根绳子》）最后的高潮，五个女子用一根绳子结束生命的时候，覃发池与两百名舞者舞动红绸齐跳丧，舞姿铿锵，高亢悠扬，此片后来获得日本东京国际电影节青年导演银奖等一系列国际大奖。2005年二十集电视剧《村官》中主角母亲去世，响器（土家语，指打击乐器）响起，动作夸张，古朴粗犷的动作令观众十分震撼……

在把古老的土家跳丧仪式改编成能够舞台呈现的艺术作品之后，随之而来的歌舞作品越来越多，其中以全面展示土家婚丧仪式的歌舞剧《土里巴人》最为著名，它曾经在1995年的春节联欢晚会上亮相，也因为编剧陈洪1998年7月诉宜昌市文化局、宜昌市歌舞团等侵权案而闻名。上述的影视作品仅仅是把跳丧仪式作为影视剧作品中的一个元素来呈现，借以表现剧中人事的悲切与严肃感。而《土里巴人》是一个全方位以土家民俗仪式为主体来表现的歌舞剧作品，在此民俗仪式不是简单的辅助手段，而是作品的本身，倾注了陈洪毕生的艺术心血，荣获"文华大奖"和"五个一工程奖"②。

四　户外媒体

户外媒体是营造文化环境的主力军。长阳广场是土家族巴山舞在现

---

① 《〈美丽中国乡村行〉来凤寻鲜》，2017年8月16日，央视网（http://tv.cntv.cn/video-o/C16632/a70a6fa074924dd2ac8119f29902aeeb.）。

② 黎力：《否定之否定：长阳土家族"跳丧"仪式的研究》，博士学位论文，上海戏剧学院，2008年，第1页。

代城市社区传承的重要场所，广场上的浮雕墙向人们诉说着巴人始祖与撒叶儿嗬等长阳的悠久历史和灿烂文化，广场巨大的 LED 显示屏带给人们很强的视觉冲击力，但在早、晚人们健身时间没有播放巴山舞等内容。由四根桥墩支撑着的大操场（又称吊脚楼）矗立在清江河中，曾是鄂西民居标志的土家吊脚楼早已被高楼大厦代替，景区吊脚楼俨然已成"活化石"，文化的自我断根让人痛心。

图4—7　长阳广场浮雕墙上的撒叶儿嗬

"八百里清江美如画，三百里长阳是画廊"。一边是青山绿水，另一边是清江文化长廊，人们徜徉清江边，跳起欢快的巴山舞，大自然的灵秀和古老民族的精、气、神滋养生命，天人合一，幸福的长阳人和游客感到大道无边，生命畅达，宛如置身仙境。游客还可在清江画廊旅游景区、长阳民俗文化村观看原生态土家民俗歌舞，通过主持人的解说来了解巴山舞。

民俗文化村和博物馆等文化部门是民族传统体育文化的重要栖息地。长阳民俗文化村的工作人员不断创新，除了组织一支由 20 名地道的农家子弟组成的巴山舞表演队常年外出演出宣传外，还开发出各种关于巴山舞文化的产品供旅客欣赏留念。许多土家族青年视巴山舞为土家儿女自

图4—8　长阳清江文化长廊

己的民族舞蹈，自发地利用网络平台来宣传它。动静结合的展出方式是博物馆今后发展的大趋势，但在长阳土家族自治县的博物馆和民族民间文化抢救保护中心，以图片展览为主，土家文化纪录片中，没有提供巴山舞视频。

第四节　传统媒体视域下武陵山区少数民族传统体育文化传播存在的问题

由上述研究可以看出，传统媒体对武陵山区少数民族传统体育文化遭遇瓶颈。

一　传统媒体受众出现流失和断层

传统媒体陷入困境的根源是什么？简言之，主要包括互联网的冲击、文化精品少、群体认同下降等。

（一）互联网的冲击

就是因互联网冲击而带来的用户连接失效。新媒体的媒介技术快速更新，不断改变着新闻传播格局与媒介生态环境，传播的信息和选择呈现爆炸式增长①。据统计，我国网民规模达 7 亿，手机网民达 6.2 亿，年轻用户大多转移到了互联网尤其是移动互联网上。在这种背景下，互联网业已成为现代传播能力建设的主阵地。回溯人类传播史的四次革命，从文字的发明、古登堡印刷术的诞生，到电力的广泛应用、互联网技术的出现，技术一直是传媒业重大变革的催化剂。正如传播学者丹尼斯·麦奎尔所言："真正的传播革命，其最直接的驱动力，一如既往，是技术。"

（二）文化精品少

广播、电视、电影以及户外媒体等则因没有足够多而好的作品，无法对巴山舞进行有效的传播。传统媒体在空间和时间上受到其自身特质的限制，传统媒体传播信息的方式会有一定的局限性，在武陵山区一些比较贫困的地区，没有信息接收装置，或者说受到技术条件的限制，有些信息不能及时地传播到位。如书籍、杂志等出版物因其成本高和携带不方便等特点，受到电子书的冲击，使其使用者大大减少，但是并不是信息受众群体不需要传统媒体的信息传播形式，处于各种因素的影响，社会受众群体并不排斥传统媒体的传播形式②。总之，传统媒体的报道内容和方式不适应社会主流人群的需求和兴趣，急需搭上新媒体的快车③。

（三）群体认同下降

我国民族传统体育文化普遍面临群体认同困境：群体年龄结构断裂，民族文化认同出现危机。随着现代化、全球化进程的不断推进，我国大量的族群发生变化，族群年龄结构发生断层或者发生族群群体解散。在武陵山区农村，这种群体解散与人口城镇方向流动的现象非常普遍，而土家族传统体育文化由于族群群体解散，致使土家族传统体育项目出现传承上的文化断层。处在文化断层时代的当代土家人对本民族传统体育文化的概念往往比较模糊，尤其是青年们逐渐远离这些文化传统，更多地沉浸在现代化浪潮所带来的西方文明，造成民族文化的认同危机，同

---

① 程明、战令琦：《传统媒体的"解构"与新媒体的"解读"》，《今传媒》2017 年第 2 期。

② 李锦云、张玉田：《中国媒介发展概论》，北京大学出版社 2014 年版，第 1 页。

③ 郑先常：《中华民族传统体育的发展路径构建——以"流动的现代性"为视角》，《河北体育学院学报》2015 年第 3 期。

时土家族传统体育人才培养也陷入困境。在传统与现代、乡村与城镇的文化冲突中，土家族传统体育项目已经逐渐淡出人们的视野。在这样的背景下，土家族传统体育项目失去传承人或者失去传承的文化氛围。族群自身的当代困境——城镇化分散流动与族群的年龄结构断层，致使民族传统体育文化传承与保护步履维艰。全球化进程既让人们感觉到私人空间及精神家园的缺失，又对私人空间与精神家园的需求日益迫切，这也很好地解释了人们对本民族文化认同关注度逐渐增加的原因①。正是这个原因，人们逐渐正视民族文化认同危机的普遍存在。

二　传统媒体的发展空间受新媒体挤压

民族传统体育的地域活化政策使巴山舞成为大山深处的奇葩，但传统媒体的时效性差、传播方式单一，以村落、社区、旅游景点、学校、博物馆等为主的空间主导型"文化空间"囿于民族聚居区，而在武汉最繁华的光谷广场，德意志风情街、意大利风情街、西班牙风情街尽显异域文化和现代文化，中华民族文化元素鲜见踪影。传统媒体的传播有时空局限性，发展空间受到新媒体的挤压。

三　传播内容少

传统媒体对网球、篮球、足球等赛事的商业运作已非常成熟，武林大会等节目对优势传统体育项目也进行了大量报道，但巴山舞等少数民族传统体育品牌赛事的报道、传播就冷清很多②。

四　传播渠道单一

媒体科学技术的发展不断迭代演化，媒介的生存形态发生了巨大改变。从报纸到广播、电视的兴盛，再到互联网及移动终端的普及，媒体的发展演变过程也是新技术与新内容结合的过程。以互联网和移动终端

---

① 汪全先、商汝松、李乃琼：《中华民族传统体育文化发展中存在的问题分析》，《体育学刊》2013 年第 3 期。

② 柳皓严、于志华、余诚：《新媒体视域下武陵山区少数民族传统体育文化空间的重构》，《河北体育学院学报》2016 年第 5 期。

为代表的新媒体迅速崛起，对传统媒体的主导地位造成极大的威胁。报纸销量的缩减、杂志订阅量的锐减，广播听众的流失以及电视开机率的降低，传统媒体面临着重重危局。近年来，传统纸质媒体经营惨淡，难以为继。刚刚过完 16 岁生日的湖北《楚天金报》经过多轮改革，未能实现盈利。根据中央供给侧结构性改革的要求，集团党委根据《楚天金报》的实际经营情况，于 2017 年 11 月 14 日作出决议，《楚天金报》从 2017 年 12 月 1 日起正式休刊。寒冬来临之前，又一家老牌报纸要永远休眠了。有业内人士感叹，一家在地方曾经创造过辉煌的报纸，甚至都不能再撑一个月，到年底再停刊，可见纸媒的困境有多大。这两年，每到岁末年初，均接连传出纸媒休刊的消息，甚至包括曾经非常有影响力的。在多重不利因素的叠加下，纸媒的确是遭遇到了空前的寒冬。根据公开资料，据不完全统计，从 2009—2017 年，已有 40 多家报纸宣布停休刊①。

① 《楚天金报下月休刊，还有哪些纸媒熬不过这场寒冬（附名单）》，2017 年 11 月 21 日，蓝媒汇（http://wemedia.ifeng.com/37868578/wemedia.shtml.）。

第五章

新媒体视域下武陵山区少数民族
传统体育"文化空间"的保护

新媒体（New media）在 1967 年美国哥伦比亚广播电视网（CBS）技术研究所发表开发电视录像（EVR）商品的计划时第一次提出。所谓新媒体，是相对于电视、广播、报纸、杂志等传统媒体而言，伴随新技术、新信息、新网络发展起来的媒体形式，如电脑、智能手机、数字电视等①。加拿大的马歇尔·麦克卢汉认为，新媒体是从传统媒体演化而来的，其内容也来源于传统媒体。换句话说，新媒体与传统媒体是相对而言的，当今的传统媒体曾经是历史上辉煌一时的新兴媒体。当下的新媒体经过不断发展，也会变成将来的传统媒体。

媒介生态学理论认为，媒介不仅仅具有一种物质性的进化意义，而且成为一种划分文化时代的标志。新媒体的出现丰富了文化传播载体形式。新媒体时代，借助网络这一利器，少数民族传统体育文化传播轻松地实现了跨越时空的传播，并能充分利用文字、声音、动画等各种视觉和听觉符号，使得传播更加人性化、个性化和生动化，具有即时性、互动性和大众性等特点。这打破了以往口耳相传传播的种种约束，为人们正确地认识少数民族传统体育文化以及少数民族传统体育文化在新时期的发展创造了良好的环境。

---

① 杨晨晨：《论传统媒体与新媒体的融合发展》，《新闻研究导刊》2016 年第 7 期。

第一节 中国新媒体发展的历程

中国接入国际互联网已有 20 多年，在此期间，新媒体迅速崛起，经历了观察与思考的起步阶段、全面推进的探索阶段、构建新理论的升级阶段，相关研究有了很大发展①。

一 起步阶段：观察与思考

1969 年美国 ARPANET（阿帕网）建成，标志着互联网的诞生。1993 年 12 月 6 日，《杭州日报·下午版》通过该市的联机服务网络——展望咨询网进行传输，从而开启了中国报业电子化的序幕。1994 年，中国全面接入国际互联网，从此中国的新媒体应运而生。真正的新媒体研究应该在 1994 年我国接入国际互联网之后。1996 年，中国传播学研究学者闵大洪发表的《电子报刊——报刊业一道新的风景线》被认为是我国新媒体研究最早的文章，介绍和分析了电子报刊（数字报纸）的发展。同年，北京大学胡泳教授翻译出版了美国计算机科学家尼葛洛庞帝的《数字化生存》，此书被评为改革开放 20 年来最有影响的 20 本书之一②。此后，胡泳还翻译出版了《未来是湿的：无组织的组织力量》等多部译著，介绍国外互联网发展现状和研究成果。1997 年元旦，由《人民日报》主办的人民网正式上线，这是中国开通的第一家中央及重点新闻宣传网站。

此后新闻网站如雨后春笋般涌现，相关研究也相伴而来。1997 年，全国首次电子报刊研讨会在北京举行，30 余家新闻出版领导机构、管理机构从务实层面探讨了新媒体研究。2000 年，全国新闻媒体网络传播研讨会在上海举行，之后，研究内容不断增加，研究领域也不断扩展。2003 年，博客在中国兴起并掀起新的研究热潮。与此同时，关于新媒体的研究开始从虚拟社区转向对博客等自媒体的研究，向横向延伸，与不

---

① 谭天、夏厦、刘睿迪：《中国新媒体研究发展回顾及展望》，《新闻爱好者》2017 年第 9 期。

② ［美］尼古拉·尼葛洛庞帝：《数字化生存》，胡泳、范海燕译，海南出版社 1996 年版，第 1 页。

同学科相结合，从不同角度切入研究；向纵向深入，深入理论研究，从现象挖掘本质。2004 年，清华大学教授彭兰的博士论文《花环与荆棘——中国网络媒体的第一个十年》被评为百优博士论文并出版，对中国网络媒体发展的第一个十年进行了全面梳理和理论分析。同年，由南京大学新闻传播学院和中国江苏网主办的首届"中国网络传播学年会"在南京举行（后更名为中国新媒体传播学年会），并逐渐成为国内一年一度的新媒体传播研究重要学术会议。2005 年，与新媒体有关的文献数量首次破百篇，此时，互联网进入 Web 2.0 时代，我国新媒体发展也掀起了一个小高潮。互联网研究远胜于新媒体研究，每年关于互联网的论文有上千篇。这一时期，我国新媒体研究的整体水平还比较低，主要研究工作还是观察、描述、整理和思考，处于新媒体研究的起步阶段。

　　尽管只是新媒体研究的起步阶段，但外部条件和基础工作正在逐步形成。自改革开放以来，我国新闻传播学科快速发展，传播学为新媒体研究创造了良好的学术条件；同时，互联网信息的统计工作也为新媒体研究奠定了基础。

二　探索阶段：全方位推进

　　2006—2015 年新媒体论文不断增加，新媒体研究进入高速发展时期。2006—2010 年新媒体研究首先在新闻学领域展开，中国人民大学教授蔡雯率先把美国的"融合新闻"探索介绍进来并开展研究，北京师范大学教授喻国明从传媒经济学视角对新媒体展开了探讨，中国人民大学教授高钢、清华大学教授彭兰则从媒介融合的视角展开研究，中国人民大学教授匡文波则主要研究手机媒体。

　　与此同时，新媒体也开始利用传播学理论展开深入研究，新媒体研究向纵深发展。华中科技大学教授陈先红提出了"新媒介即关系"的新观点①，浙江大学韦路和张明新讨论了互联网的知识鸿沟②，暨南大学教

---

① 陈先红：《论新媒介即关系》，《现代传播》（中国传媒大学学报）2006 年第 3 期。
② 韦路、张明新：《第三道数字鸿沟：互联网上的知识沟》，《新闻与传播研究》2006 年第 4 期。

授谭天提出了新媒体生态下的传播裂变理论①，中国传媒大学教授黄升民提出了"三网融合"的新构想②。从 2010 年起，我国新媒体研究群体已逐步形成并不断壮大，谭天等教授从不同视角对不同时期的新媒体研究进行了梳理，从对网络媒体、手机媒体、新媒体等新概念的界定和辨析，到 Web2.0、3G、微内容等新技术新形态的分析，从对全媒体、三网融合等新业务新业态的现实观照，到对关系、平台等热词的关注，再到对移动互联网和物联网的前瞻性探讨，这一阶段，新媒体研究既有相对集中的领域，也有不断扩展的新视域。

　　面对迅速发展的新媒体，学者们即关注新媒体对传媒业带来的急剧变化，也探讨新媒体的社会意义和网络社会。彭兰认为，"Web2.0 所强调的，不是人与内容的关系，而是人与人的关系。它为个体提供了一种新的社会界面、社会纽带"③。更多学者讨论互联网给新媒体带来的新问题，有从新闻学、舆论学视角研究的，如复旦大学李良荣、张源认为新老媒体结合将造就舆论新格局④，中国人民大学教授陈力丹则讨论"人肉搜索"等问题⑤。新媒体研究还扩展到社会学、政治学、伦理学、管理学等其他学科，既有文化批判，也有应用研究。如杜骏飞谈到网络社会管理的困境与突破，北京大学教授胡泳分析了互联网创造的公共领域等。但也有学者开始从更宏观的视野进行研究，中国人民大学教授高钢对互联网未来发展与社会变革进行了前瞻性研究。此时，传播学及其他学科的进入以及社会网络分析法等新的研究方法的引入促进了到新媒体研究。但整体而言，虽然每年的研究论文剧增，这一阶段的新媒体研究主要集中在不断出现的新媒体形态，多数文章还是实务方面的现象分析和案例研究，大多还停留在经验性描述的层次，仍处于重复性的低水平。

---

① 谭天、郑爽：《新媒介生态下的电视传播模式——以〈百家讲坛〉为例》，《国际新闻界》2009 年第 7 期。

② 刘珊、黄升民：《解读中国式媒体融合》，《现代传播》（中国传媒大学学报）2015 年第 7 期。

③ 彭兰：《WEB 2.0 在中国的发展及其社会意义》，《国际新闻界》2007 年第 10 期。

④ 李良荣、张媛：《新老媒体结合造就舆论新格局》，《国际新闻界》2008 年第 7 期。

⑤ 陈力丹：《理性认识"人肉搜索"问题》，《信息网络安全》2008 年第 10 期。

2008 年，网络媒体开始跻身主流媒体。2009 年 8 月，门户网站新浪推出"新浪微博"内测版，成为第一家提供微博服务的门户网站，微博随之蓬勃发展，不仅各种网络热词迅速走红网络，而且微博也逐渐显示出强大的传播力。2010 年被称为媒介融合年，我国"三网融合"起步。三网融合是指电信网、广播电视网、互联网在向宽带通信网、数字电视网、下一代互联网演进过程中，三大网络通过技术改造，其技术功能趋于一致，业务范围趋于相同，网络互联互通、资源共享，能够相互渗透、互相兼容、并逐步整合成为全世界统一的信息通信网络，能为用户提供语音、数据和图像等综合多媒体的通信服务①。三网融合并不意味着三大网络的物理合一，而主要是指高层业务应用的融合，广泛应用于智能交通、环境保护、政府工作、公共安全、平安家居等多个领域。手机可以看电视、上网，电视可以打电话、上网，电脑也可以打电话、看电视。三网融合，在概念上从不同角度和层次上分析，可以涉及技术融合、业务融合、行业融合、终端融合及网络融合。三者之间相互交叉，形成你中有我、我中有你的格局。

如果说微博在改变传播形态，那么"三网融合"则在改变传媒业态。2010 年，中国社会科学院新闻与传播研究所发布了国内第一部全面关注中国新媒体发展状况的年度报告——新媒体蓝皮书，它不仅及时全面反映了我国新媒体发展现状和趋势，而且较好地整合了国内十分零散的新媒体研究力量，意义重大。同年，清华大学教授崔保国主编出版的《中国传媒产业发展报告》（蓝皮书）也开始对新媒体研究积累资料。

三　升级阶段：建构新理论

在 2011—2015 年这一阶段，新闻传播学领域的新媒体研究主要集中在以下十个方面：（1）本体论：网络与新媒体的基础理论研究，如媒介平台理论、大数据理论等。（2）新媒体传播，包括新的传播模式、新媒介特性等。（3）新媒体产业，包括商业模式、产业链、数字营销等。（4）新媒体新闻，包括网络新闻的生产、集成、分发、运营等。（5）新媒体技术，包括数据挖掘、无人机拍摄、机器人新闻等。（6）新媒体管

---

① 雷震洲：《什么是三网融合》，《科技术语研究》1999 年第 6 期。

理，包括网络监管、传媒规制、伦理道德等。（7）新媒体文化，包括互联网文本特征、互联网文化价值、网络社会特征等。（8）媒体融合，主要是传统媒体与新兴媒体的融合发展，新型媒体的构建。（9）新媒体影响，包括新媒体在社会、经济、政治、文化等方面的影响与作用。（10）新媒体教育，从学科建设的角度出发研究如何培养新媒体专业人才。

研究对象也在不断发生变化，不仅包括以微博、微信、APP 为代表的自媒体和社交媒体，也包括云计算、大数据、可穿戴设备等新技术，还包括网络舆情、数字新闻、数字营销等新服务，甚至还进入非新闻领域，如网络游戏、电子商务等领域。

此时，"关系"和"平台"是出现频率最高的两个热词，有些学者从媒介的社会学角度提出关系问题，有些学者则从媒介经济学视阈提出平台概念。在新的传播形态和媒介生态下，研究者开始把目光投向基础研究和新兴媒体，并聚焦到新媒体的组织形态。黄升民和暨南大学教授谷虹提出信息平台理论①，谭天提出媒介平台理论②。长期以来，学界一直把新媒介和新媒体混为一谈，更未能把新兴媒体和新型媒体区分开来，这也给新媒体研究带来了不少困扰和阻碍。但随着人们对媒介平台的深入认识，研究也从媒介融合向媒体融合推进。

2011 年 1 月，腾讯推出了微信，这个智能移动终端的即时通信应用软件很快就发展成为服务最为广泛、功能最为强大的社交平台，迅速进入中国社会各个方面，并产生了广泛的影响。学者们纷纷开始应用社会学理论来研究社会化媒体和网络社会空间，研究也更加学术化。

随着新兴媒体的强势崛起和传统媒体的转型需求，新闻业和传统媒体面临着更大的挑战，不少学者都将目光移向新传播、新媒体、新问题、新对策。随着互联网的发展，网络舆情与网络治理日显重要，各新闻院校和科研单位纷纷建立舆情研究机构，开展舆论场、网络治理等研究，尤其是网络群体性事件及对策研究。2014 年是中国正式接入国际互联网20 周年，中国社会科学院教授黄楚新从融合与转型的角度，回顾了中国

① 谷虹：《信息平台论：三网融合背景下信息平台的构建、运营、竞争与规制研究》，清华大学出版社 2012 年版，第 1 页。

② 谭天：《基于关系视角的媒介平台》，《国际新闻界》2011 年第 9 期。

互联网发展的媒体变革进程；复旦大学教授李良荣和复旦大学博士方师师从互联网与国家治理方面，对中国互联网 20 年发展进行再思考。2014年 3 月 18 日，在暨南大学举办了首届中国新媒体研究高端论坛，彭兰、谭天、祝建华三位学者就"新媒体本体认知、研究对象和范畴、研究路径选择、学科取向以及目前国内新媒体研究和教学亟待解决的问题与国外的经验展开了深入的对话和观点的碰撞"①。

随着智能手机的普及、4G 网络的推出，移动互联网发展速度加快。中国新媒体进入移动社交时代，学者们对移动互联网、场景、"互联网 +"等新问题新概念展开了研究。此时，新闻传播学与其他学科学者的共同参与，使研究队伍迅速壮大，但总体来看，新媒体研究的跨学科协同创新尚未形成。

互联网迅速发展的同时，也出现了许多弊端和乱象，如网络谣言、色情暴力、虚假信息、病毒诈骗、侵犯个人隐私、泄露国家机密等，如何加强监管和治理整顿，既是政府面临的问题，也是学界研究的课题。

四 未来前景：问题与挑战

新媒体的出现促使互联互通的新时代来临，互联网发展进入了"下半场"。北京师范大学新闻与传播学院执行院长喻国明认为，过去（即互联网发展的"上半场"）倚重"人口红利"，发现一个"风口"便一拥而上、野蛮生长，而互联网发展的"下半场"将是专业化程度更高、智力输入更加密集、范式创新更为关键的新的发展阶段。当前，新媒体的主要研究领域有：（1）新媒体传播，包括微博微信、网络视频、网络舆情、网络文化等。（2）媒体融合与转型，包括报刊出版、广播电视、广告经营、媒体融合、发展战略等。（3）互联网治理，包括网络生态、网络治理、网络安全、政策法规等。（4）其他方面的研究，包括新媒体语境下政治、民族、国际传播等面临的新问题。

总体而言，已有多为对策性研究和应用研究，基础研究极少。中国

---

① 刘方远、谭天：《对话新媒体研究范畴、路径与问题——首届中国新媒体研究高端论坛综述》，《现代传播》2014 年第 5 期。

人民大学、暨南大学、北京大学、中国社会科学院等纷纷成立了新媒体研究机构，不断加强与政府、传媒和企业的合作，举办各种类型层次的新媒体学术会议；开办网络与新媒体专业，但由于新媒体基础研究严重滞后，致使众多新媒体专业五花八门，新媒体教育人才捉襟见肘。

这是一个需要重新定义的时代，新兴媒体不断崛起，新型媒体正在构建中，媒介融合会形成各种新的媒介形态。这是一个需要重新出发的年代，"小新闻，大传播，新业态"的新格局已经形成，重组、重建、重构正在成为新常态。互联网正在重构人类社会的方方面面，新媒体正在推动新闻传播学科的重建，文化传播的学术版图和研究格局也需要重组。

如今，我国新闻传播学界已经迅速建立起一支庞大的研究队伍，各大高校和科研院所纷纷组建了新媒体研究机构，对新媒体的各个领域开展研究，取得了不少研究成果。但总体而言，力量比较分散，形势不容乐观。影响和制约我国新媒体研究进程的既有外部环境，也有内在因素：一方面是互联网和新媒体发展速度过于迅猛，致使研究滞后于现实发展；另一方面在于新闻传播学难以提供有效的理论和方法。近年来，学界开始对新闻传播学研究和学科建设进行反思，一些学者提出学科重建和转型的构想。复旦大学教授黄旦认为，"在当前新传播技术革命的背景下，新闻传播学科的建设再不能是在原有框架中的修修补补，而是需要整体转型。这包括三方面内容：研究方式向经验性研究转向；在教学上要改变原有以媒介种类划分专业的做法，转向以传播内容为类别，并与新媒体实验室互相勾连；在思维方式上，要引入网络化关系，以重新理解和思考传播、媒介及其与人和社会的关系"。谭天认为，新媒体研究不仅要走进传播学，还要"走出传播学"。

以互联网思维大力推进未来的新媒体研究，需要整合国内外学界、业界、政界和商界的学术资源和研究力量，构建一个强大的新媒体研究矩阵，从跨学科、平台化和国际化三个维度推进我国的新媒体研究。随着移动互联网、物联网、人工智能的发展，对新媒体的研究也要从平台推向生态，从媒体推向社会，从务实研究提升到理论建构。采用多种合作形式，建立起连接各种学术资源和各方研究力量的新平台，大力推动新媒体理论研究、成果转化和人才培养，充分发挥跨学科跨部门的集群优势，立足学术，面向社会，服务决策，努力打造国际知名、国内领先的研究基地和智库。

第二节　新媒体的内涵与特征

一　新媒体的内涵

新媒体是新型电子智能技术的综合体，是利用数字技术、网络技术，通过互联网、宽带局域网、无线通信网、卫星等渠道，以及电脑、手机、数字电视机等终端，向用户提供信息和娱乐服务的传播形态[①]。新媒体是新的技术支撑体系下出现的媒体形态，如数字杂志、数字报纸、数字广播、手机短信、移动电视、网络、桌面视窗、数字电视、数字电影、触摸媒体等。

新媒体与自媒体是学术界和传媒业界当今广泛使用的媒体术语，但出现了二者或含混使用或互相替代使用的局面。自媒体并不是新媒体之后出现的又一种新的媒体类型，二者不是接续关系；二者也不是可以互相替代的等同关系。自媒体成长在新媒体大树的主干之上，离开了新媒体技术背景的支撑，自媒体是无法单独成立和存在的。自媒体是新媒体的衍生物或新媒体的子概念[②]。

二　新媒体的特征

新媒体具有即时性、跨时空性和互动性等特征，这些特征有助于破解民族传统体育文化的传播困境。

（一）新媒体的即时性与便捷性

新媒体的传播速度迅捷，具有即时性。新媒体便捷实用，信息的传递速度快，信息的安全性能高，触屏时代，微信扫一扫、分享到您的朋友圈，弹指一挥间完成了传播，穿越时空限制，传播时效性强。新媒体更新信息的速度非常之快，实现了以小时或分支为单位的信息更新，人

---

① 周海英：《新媒体探析》，《怀化学院学报》2009 年第 7 期。

② 吴潮：《新媒体与自媒体的定义梳理及二者关系辨析》，《浙江传媒学院学报》2014 年第 5 期。

们可以快速了解世界各地发生的大事或趣事逸闻，真正实现了"足不出户便知天下事"①。

（二）新媒体的跨时空性

20世纪60年代，马歇尔·麦克卢汉提出的"地球村"概念如今正在朝着"地球屋"的趋势发展。新媒体突破了传统媒体传播信息对时空的依赖，可以在瞬间将信息传播到世界的各个角落，实现了信息传播的零距离。局限，具有全球性，网络传播无国界，传播空间在理论上无国家和地区的区别，相隔千里的用户通过使用即时通信工具，能够实现面对面交流、达到"天涯若比邻"的效果。通过视频聊天，人们可以看到、听到远在天边的朋友的音容笑貌，空间的距离感消失。新媒体时代的人们可以随时、随地接收资讯，生活完全被分散的信息包围着。正如麦克卢汉所言，在电子时代，我们虚构而完整地生活着。通过信息通路，网络空间将各种节点、维度、关系彼此相连，而不再被物理空间上相邻的事物所局限。人与人之间的距离就像仅隔着一扇由新媒体构筑的传送门，只需轻轻推开这扇门——媒介，就能走进对方生活的空间。

（三）新媒体信息的分散性

生活节奏的加快和工作压力的加大，使得现代社会的人们无法预留出整段时间在固定场所接收信息，人们的注意力持续时间缩短，致使信息呈现碎片化趋势。使传播的内容更加吻合受众的需求，可以实现信息的断点持续接收。电子邮件可以在任意时间、在多台电脑或手机发送与查收，信息以分散的形态达到受众。

（四）新媒体的整合功能

新媒体的整合功能强大。从数据层面来看，大数据将各类数据聚集在一起，形成数据大平台，网络追踪可以获取关于消费者饮食、健康、出行轨迹、购物习惯等的各种数据。从媒体层面来看，新媒体的出现打破了传统媒体的垄断，聚合了传统媒体的大部分功能，具有多媒体性。使传播的渠道变得扁平化，受众之间的壁垒逐渐消失，可以实时进行互动、交流、分享和传播。消费者从弱小的、分散的、个体的、孤立

---

① 刘春柏：《新媒体的界定与特征》，《新闻传播》2015年第9期。

的群体聚集，从而形成聚合的、整体的、强大的、相互连接的消费者群体①。

（五）新媒体的海量性

新媒体具有海量性，大数据成为核心资源。在 Web2.0 时代，人们通过 QQ、微博、微信或 Facebook 等社交媒体发布信息，铺天盖地的信息大潮全天候、不间断地向人们袭来。

（六）新媒体的互动性

新媒体不仅具备了即时性、数字化、交互性等特征，最重要也是最本质的特征是其互动性。新媒体的信息传播使整个世界互联互通，人们在虚拟世界中重新构建了人类社会的关系图谱。新媒体既是信息更是连接，具有交互性、主动性和个性化的特征，在现实中表现为多向性。新媒体为人们提供了维系人际关系的工具，人们在互联网上与他人建立信任关系是他们现实生活的延伸，每个人的亲缘关系和地缘关系借助互联网的力量变成无数的同心圆。圈层是人际关系的扩展，人际交往形成无限扩大的圈层结构。微信的关系网络是现实关系的投射，分享对于其社交关系的密切程度影响很大，这种分享行为是人们潜意识里完成自我标签化的需求，这种社交网络所呈现的社会关系是私密的、互信的，也更接近于真实的人际关系。

美国《连线》杂志曾言，新媒体是所有人对所有人的传播。人与人的关系不再紧密，而是维持许多松散的关系，逐渐形成了虚拟社区。虚拟社区的人际交往从圈层结构向链式结构转变，在豆瓣等社交平台使用标签功能或者好友功能，用这些纽带编织出复杂的成员关系网络。这种网络体系是动态的、多变的，可以不断扩展的②。社群是社会关系的再凝聚，移动互联网和人工智能技术的发展，打破了人与人、人与物、物与物之间的障碍，实现了实时在场与异地连接，提升了社会连接的复杂程度，拓展了社会的关系网络，既可实现大众传播，又可实现小众化、分

---

① 项建标、蔡华、柳荣军：《互联网思维到底是什么——移动浪潮下的新商业逻辑》，电子工业出版社 2004 年版，第 1 页。

② 彭兰：《从社区到社会网络———一种互联网研究视野与方法的拓展》，《国际新闻界》2009 年第 5 期。

众化传播。

连接是关系网络形成的基本条件，是互联网的起点和终点。新媒体实现了信息的连接、情感的连接和消费的连接。新媒体让工作不再受到时间和地点的限制，也有助于人与人之间情感的连接。20 世纪末，光纤电缆通信网、都市型双向传播有线电视网、电子计算机通信网、通信卫星等催生了个性化很强的新兴媒介——自媒体，这一概念是于 2002 年由英文单词"We Media"意译而来的，从字面意思来看，也可以将其翻译为"我们的媒体"，而这里所说的"我们"，指的就是公众，所以自媒体实际上又被称为"公民媒体"。自媒体是指为个体提供信息生产、积累、共享、传播的独立空间，可以从事面向多数人的、内容兼具私密性和公开性的信息传播方式，包括但不限于个人微博、个人日志、个人主页等，其中最有代表性的托管平台是美国的 Facebook 和 Twitter，中国的 Qzone 和 Weibo（微博），具有私人化、平民化、普泛化、自主化、现代化、电子化特点，我国新闻传播学者喻国明教授将这种特征概括为"全民 DIY（Do It Yourself，自己动手），没有专业资质的限制，想做就做，每个人都可以利用 DIY 做出一份表达自我的'产品'来"①。因此，自媒体又称"个人媒体"，拥有了更大的话语空间与自主权，使用者可以自由地构建自己的社交网络等，成了草根平民大众张扬个性、展示自我的平台。自媒体丰富了信息传播的渠道，人人都是爆料王，获得信息接受者与传播者双重身份。无论是博客、BBS 论坛，还是电子邮件、QQ、MSN，都可能成为民族传统体育文化的消息源，在新闻发布和新闻搜集方面形成一种非主流媒体的传播形态。

新媒体的出现，带来的绝不仅仅是技术的提升、内容的多元与平台的多样，还应看到新媒体同时赋予了受众参与互动的权力，受众因此而变得积极主动。消费者个性化的多元需求变化使内容重新定位更具必要性，因为交互性与内容和消费者的变化密切相关②。

---

① 喻国明：《解读当前中国传媒发展关键词》，《新闻与协作》2006 年第 9 期。

② K·D·R，M.，& K·NCZEY，Z，"The Content Management of Media Convergence"，*Journal of Media Research*，Vol. 7，No. 3，2014，pp. 725 – 732.

第三节 新媒体视域下武陵山区少数民族 传统体育文化的传播路径

新媒体时代的到来，使中国民族传统体育文化的传承面临各个方面的机遇与挑战。现代通信技术的进步，微网络工具的发展与普及，使现代生活方式改变为"微博、微信、微小说、微电影"等微内容开启的网络"微时代"。"微时代"建立在数字信息技术、数字通信技术和移动互联网技术及相应的硬件设备制造技术基础上，运用图文、影像等多种方式，通过移动智能终端，进行快速、广泛、实时、互动、免费等传播活动，"微时代"的到来给巴山舞的传承与发展带来新的发展契机。

一　网站的传播

以互联网为代表的第四媒体呈现出传播主体大众化、内容多元化以及传播速度快、范围广、成本低的特点，由于网络图文并茂、视听兼顾、交互性强、信息量大、灵活性强，能满足人们获取信息的需求、满足缓解焦虑、情感交流、自我实现、利用工具、参与慎议的需求，迅速成为大众特别是年轻人生活中不可或缺的一部分。

图5—1　中国宜昌、长阳等官方网站主页

武陵山地区信息技术的发展，使得民族传统体育得到了大力的宣传，建立了武陵网、三峡夷陵教育研训网、长江三峡宜昌网、中国长阳、中国·宜昌等网站纷纷建立，并且还与微信、微博链接，以图片、视频、音频的方式展现民族传统体育的魅力。

图5—2　中国宜昌网与微博的融合

但上述这些主流媒体网站与微信公众号《恩施映像》侧重的是新闻、政务、服务等功能，只有中国长阳官网的"走进长阳"—"民族文化"专栏，采用静态图片与动态视频相链接的形式，报道了2014年中央电视台一套《人口》栏目对长阳巴山舞创始人覃发池的事迹，以"古稀舞者的快乐人生"为题，记录了覃老师为实现自己的梦想和追求，致力于长阳民间舞蹈的研究和传承，虽经多次波折和阻力，最终得到家庭理解和支持，在事业上取得成功的故事。酷6视频、央视网等对巴山舞进行传播，部分学校网络以及湖北省部分官方网站对传承巴山舞的新闻报道多是静态图片。

图5—3　巴山舞之父——覃发池

二　微博传播

以手机为代表的第五媒体或自媒体也迅速受到重视。现代信息技术与人们的生活息息相关，各种智能手机、数字化音频播放器以及电脑随处可见。民族传统体育可以借助这些高科技的媒介得以广泛传播。

作为一种分享和交流平台，微博具有极强的时效性和大众性，并使得网站式的单线式传播转变为双向交流体系，且每个个体都可以成为传播主体。但微博传播巴山舞的影响力不大。

三　微信传播

作为当下最流行、应用范围最广的移动社交软件，微信可以说是"微"时代最大的"互联网＋"平台，微信在巴山舞传播方面也当仁不让。当前，与建网站、开微博同步，利用好微信媒体订阅号和自媒体账号功能等点对面的大众传播条件，是扩大巴山舞辐射范围和影响力、拓展其传播广度的要求。2015年的第十届全国少数民族传统体育运动会官方微博、微信的上线，使人们纵享民族传统体育文化的饕餮盛宴；同年7月，长阳自媒体运营及发展研讨会在清江古城"挨到些"清吧举办，长阳各乡镇及职能部门、企事业组织积极运作双微平台建设，研究联合优化创作独具长阳特色和地域的内容，深化影响、增强互动，旨在更好地服务长阳土家族自治县的社会经济及生活。恩施州主流传媒有限公司主要开展宣传纪录片摄制、媒体宣传、CI 导入、编导艺术类培训等服务项目，作为本土的影视传媒公司，恩施州主流传媒有限公司宣传恩施我们责无旁贷，"主流传媒，核心价值"。《恩施映像》既尊重大自然鬼斧神工的历史原貌，又力求富有时代的人文气息，呈现唯美动人的人文自然画卷。但该主流媒体与恩施大峡谷景区、恩施网友圈等微信公众号对巴山舞的宣传不多，缺少精品力作①。

第四节　新媒体视域下武陵山区少数民族传统体育文化传播存在的问题

虽然新媒体具有传统媒体无可比拟的传播优势，但综合来看，土家族巴山舞的新媒体传播效果微弱，表现如下：

一　对巴山舞传播的重视程度不够

新媒体是一把"双刃剑"，虽极大地推动了巴山舞的传播，但在体育文化传播过程中，受经济全球化和西方体育文化价值观的冲击，我国体育新媒体大多集中报道竞技性强、商业性价值较高的重大体育赛事，如奥运会、NBA、CBA、英超等，而巴山舞却如被主流新兴媒体忽视和遗忘的一棵小草，只在旅游文化宣传、少数民族重要节日才会引起媒体大众的短暂关注，获得向大众展示风采的机会②。2015 年长阳巴山舞荣获全国少数民族传统体育表演节目综合类三等奖，中国长阳官网却未做重点报道。

二　对巴山舞的传播内涵挖掘不足

新媒体传播内容主要集中于武术、太极等民族体育运动项目，不仅

---

① 《恩施映像》第一期《春来了!》，2016 年 3 月 3 日，优酷网（http://v.youku.com/v_show/id_ XMTQ4ODYwOTQ5Mg = =.html.）。

② 鲁鹏：《新媒体时代我国少数民族传统体育文化的发展研究》，《新闻战线》2014 年第7 期。

对巴山舞关注较少，且媒体传播内容单一肤浅，多数仍局限于文字、图片的介绍和视频展示，数字化传播水平较低，未能深刻挖掘和充分表现出其整体文化内涵，影响其传承、传播效果，甚至危及自身的存在，使其传播范围和影响力度更加有限。

三　网站管理不完善

网站传播内容未能体现即时性。长阳土家族自治县民宗局网对巴山舞的简介只有寥寥 226 个字，且是 2005 年的内容，没有视频链接。2015年长阳巴山舞荣获全国少数民族传统体育表演节目综合类三等奖，这本是提高民族文化自信和民族文化认同的好事，但在中国长阳网未做重点报道。糖豆网、爱奇艺、腾讯等网站都有长阳巴山舞教学视频，但第一套视频缺少文字，且表述和示范有出入；第二套视频的动作教学详细，但缺少文字，部分播放不流畅。

第 六 章

媒体融合的历史发展、内涵、动因及路径

传统媒体话语霸权的瓦解和传播等级体系的解体来阐述传统媒体的解构，从聚合信息、分散信息和即时信息三个方面对新媒体的信息传播进行解读，新媒体发展的关键在于连接并逐步形成网络体系的传播结构。近年来，传播技术的快速进步，推动了传统媒体和新兴媒体融合发展的大势。朝着智能媒体的方向迈进。要进行媒体融合的实践研究，首先要了解媒体融合的发展过程、什么是媒体融合、媒体融合产生的原因。

第一节　国内外媒体融合发展情况

一　国外媒体融合的发展历程

20 世纪 70 年代末，美国麻省理工学院的尼古拉·巧葛洛庞蒂（Nicholas Negroponte）首次提出"媒体融合"的概念，他认为，"各种媒介呈现出一体化多功能的发展趋势。从本质上讲，融合是不同技术的结合，是两种或更多技术融合后形成的某种新传播技术，由融合产生的新传播技术和新媒介的功能大于原先各部分的总和"①。随着实践的发展，其内涵不断丰富，外延不断扩展。目前大体上有广义与狭义之分，广义上包含一切与之相关的要素，如技术、内容、文化、体制等；狭义上指不同的媒体形态融为一体，从而诞生出一种全新的媒体。媒体融合最早

---

① 黄建友：《论媒介融合的内涵及其演进路径》，《当代传播》2009 年第 5 期。

发端于美国，逐渐波及欧洲和新兴市场国家。

国外媒体融合发展大体上经历了三个阶段。第一阶段是媒体互动阶段，即传统媒体与新兴媒体之间进行内容和营销领域的互动和合作。早在1987年，美国《圣何塞信使报》出版了世界上第一份报纸电子版。到1999年，美国有网络版的报纸、杂志、广播电台、电视台就达近千家。第二阶段是媒体整合阶段，即媒体组织结构上的融合，各种不同类型的媒体通过并购等方式，从各自独立经营转向联合运作，在新闻信息采集发布上联合行动。1993年，美国《芝加哥论坛报》最早进行这一实验。2000年，美国媒体综合集团成立"坦帕新闻中心"，主要做法是在报纸、网站、电视台实行资源共享，互相配合采写、共享新闻。第三阶段是媒体深度融合阶段。媒体开始依靠大数据、云计算等信息技术深层挖掘信息内容，将不同媒介形态集中到一个多媒体数字平台上，实现报纸、广播、电视、电脑、手机等信息终端的功能一体化，比较典型的是《赫芬顿邮报》。

二　国内媒体融合的发展历程

自2005年始，我国学术界对"媒体融合"的研究也日益增多，以蔡雯教授发表正式介绍西方"媒体融合"理论的文章为起始点，"媒体融合"在中国的传媒学术界逐渐成为一个非常广阔的热门研究领域，经历了传统媒体办电子版、报（台）网互动、推出多媒体（官方微博、微信、移动客户端等）三个发展阶段。在这个过程中，中央媒体发挥了引领作用。新华社成立新媒体中心，以"集成服务"为理念，打造国内最大的党政客户端集群；《人民日报》创新传播形态，推出带二维码的多媒体报道；中央电视台以"央视新闻"为试点，在新闻中心建立网络编辑部，新媒体人员直接介入新闻生产环节；《光明日报》携手微软共建媒体云，推出云端读报、光明云媒等。各省主要媒体也做了大胆探索，为推进媒体融合发展探路，奠定了思想基础和实践基础。

党的十八大以来，以习近平同志为总书记的党中央高度重视媒体融合发展，在全国宣传思想工作会议、党的十八届三中全会和全面深化改革领导小组第四次会议上，习近平总书记发表重要讲话，体现了我党对新闻传播规律和新兴媒体发展规律的深刻把握，表明了我党主动适应媒体发展趋势和应对时代挑战的高度自觉，规划了媒体融合的发展方向和战略目标。中央出台的《关于推动传统媒体和新兴媒体融合发展的指导意见》，进一步明确了媒体融合的原则要求和具体路径。中宣部召开媒体融合发展座谈会，对这项工作作出全面部署，刘奇葆同志发表《加快推动传统媒体和新兴媒体融合发展》，为媒体融合发展提供了重要指导。

2014 年 8 月 18 日，中央全面深化改革领导小组第四次会议审议通过了《关于推动传统媒体和新兴媒体融合发展的指导意见》，强调要"着力打造一批形态多样、手段先进、具有竞争力的新型主流媒体，建成几家拥有强大实力和传播力、公信力、影响力的新型媒体集团，形成立体多样、融合发展的现代传播体系"，2014 年因而被称为中国的"媒体融合元年[①]"。

综观国内外媒体融合发展的历程和现状，当前媒体融合呈现出以下几个突出特点。一是技术引领。以美国为首的西方国家牢牢掌控移动互联网、大数据的核心技术，引领新媒体技术潮流。美国《纽约时报》、《赫芬顿邮报》、英国《卫报》等已经把数据分析置于其增长策略的核心地位。在国内，人民网、央视网等重点新闻网站也在着力打造融合多种媒介形态的新型技术平台。二是一体化运作。BBC、《今日美国》《纽约时报》《华盛顿邮报》等专门建立全媒体融合编辑部，打造跨平台的多媒体新闻中心，实行所有记者统一管理、全媒体运作，实现一套人马、一个平台生产多样化的传播产品。在国内，成都日报报业集团整合资源组成全媒体中心，以新闻采编流程再造为突破口，推进报网融合，一次采集、多次发布、整合传播；南方报业传媒集团打通报网采编业务，成立跨《南方日报》和南方网的编辑委员会，构建党报、党网互相促进、融合共赢的一体化发展模式。三是注重用户需求。《赫芬顿邮报》结合大数据算法获取热门关键词，在第一时间掌握受众的兴趣点，并及时进行内容制作和发布；同时改变传统报业信息生成模式，内容来源不再依靠专业的采编制作团队，而是让普通公民变身博客写手，在平台上传播新闻并进行评论，专业团队则为内容提供补充和架构支撑。我国前海国际新

---

① 李雪昆、超新乐：《〈关于推动传统媒体和新兴媒体融合发展的指导意见〉审议通过引业界关注——媒体深度融合热潮将至》，《中国新闻出版报》2014 年 8 月 20 日第 1 版。

传媒有限公司也借鉴这一内容生产模式，鼓励人人供稿、人人都是记者，让公众生产内容，为不同用户提供个性化服务。四是加大投入。许多媒体集团不惜加大对融合发展项目的投入。上海报业集团投资推出了"上海观察""澎湃""界面"等新媒体项目。浙江日报报业集团通过资本运作借壳上市，出资 32 亿元重金收购游戏平台杭州边锋和上海浩方 100% 的股权，丰富了业务类型，提升了传播能力，壮大了企业规模。五是创新盈利模式。除依靠传统的广告盈利外，西方媒体探索出付费阅读、增值服务等多元化的盈利模式。美国新闻行业 2013 年度的营收总额为略高于 600 亿美元，其中广告收入所占比例为 2/3，来自新闻受众的营收为 1/4，来自主办活动或咨询等的营收约占 7%。

调研表明，在以数字技术和网络技术为核心的信息传播技术的推动下，媒体格局和舆论生态发生了深刻变化，面对新形势，各地各媒体在融合发展上做了大量工作，取得了一定成效。但总体上看，我国媒体融合发展仍处于探索阶段，大多数是媒介内容的平台转移，而非真正意义上的融合发展，开发的产品大多是人有我有的同质化竞争，是量的扩张，而非质的提升。

互联网领域未知大于已知，媒体融合是一个不断探索的动态过程。当前，互联网传播已出现移动化、社交化、视频化、互动化趋势，未来将是万物互联的世界，互联网将成为社会生产生活的基础平台，各种信息传播介质的边界更加模糊，传播内容更加海量化、碎片化，传播形态更加多样化、立体化，传统媒体与新兴媒体融合发展已成为媒体自身发展的必然选择①。

第二节　媒体融合的内涵

"媒体融合"（Media Convergence，又称媒介融合）这一概念最早由美国马萨诸塞州理工大学的伊契尔·索勒·蒲尔（Itheiel De Sola Pool）教授于 1983 年提出，他认为媒体融合就是指各种媒介呈现出多功能一体化的发展趋势。"媒体融合"已成为当前新闻传播学中最重要、但同时也

---

① 杨万贵：《传统媒体与新兴媒体融合发展调研报告》，《传媒》2014 年第 12 期。

是最富于歧义的概念——在不同的传播语境中往往被赋予不同的含义。美国新闻学会媒介研究中心主任安德鲁·纳齐森（Andrew Nachison）将"融合媒体"定义为"印刷的、音频的、视频的、互动性数字媒体组织之间的战略的、操作的、文化的联盟"①。从此，对于这个全新的学术问题，西方学者呈现出了多样性的研究视角：技术融合的角度、媒体所有权融合的角度、媒体组织融合的角度、内容采编技能融合的角度②，等等。一些学者在研究过程中提出相对全面的、概括性的定义：媒体融合是大众传播业的一项正常的项目或者说是一个渐进的发展过程，它整合和利用处于单一所有权或混合所有权下的报社、广播电子媒体，以增加新闻和信息平台的数量，并使稀缺的媒体资源得到最优配置。在规模经济和范围经济的作用下，这些融合的媒体形式以及被重新包装的媒体内容，将提供给受众更大的信息量，从而实现领先竞争对手、获得利益、提供优质新闻的目的，并最终在数字时代的媒体竞争中保持优势地位③。虽然科技手段在不断地发展，传播媒体手段也不断更新，但这一说法仍然具有探索性的意义。

　　学术界曾普遍使用"全媒体"一词来展示传媒业态的融合性趋势以及融合的现状。1998年，国家广电总局广科院的杨红心首次提到"全媒体"这个概念④，其中"全媒体"被翻译为"All-Media"。随后，"全媒体"讨论出现一波又一波的高潮。"全媒体"或有以下的两种理解：（1）完备、全面：指尽可能多的单一形式媒介载体的综合体，是包括众多媒体形式的"个体"概念。（2）整体：是一个集体概念，是随着信息技术和通信技术的发展、应用和普及从以前的"跨媒体"逐步衍生而成的，体现了不同形式巧功能的媒体互相融合、互动的趋势。目前，不同语境下的"全媒体"可以理解为：（1）综合运用各种表现形式，如文、图、

　　① 许日华、郭嘉：《密苏里大学新闻学院副院长人民大学谈媒体融合》，2006年4月11日，人大新闻网站（http：//news1. ruc. edu. cn/102392/49491. html. ）。

　　② 蒋为民：《"颠覆电视"：媒介融合背景下 SMG 全媒体战略及实践的研究（2001—2011）》，博士学位论文，复旦大学，2012年，第1页。

　　③ 章于炎：《媒介融合：从优质新闻业务、规模经济到竞争优势的发展轨迹》，《中国传媒报》2007年3月9日第3版。

　　④ 杨红心：《彩电科技新趋势——从多媒体到全媒体，从模拟数字到全数字》，《广播与电视技术》1998年第8期。

声、光、电，来全方位、立体地展示传播内容；（2）通过文字、声像、网络、通信等传播手段来传输的一种新的传播形态；（3）同时兼具表现形式和传播手段的传播特征①。

当媒体融合理念传入我国之后，部分传播学者结合国内的实际情况，提出了自己的看法。蔡雯曾经指出，媒介融合包含三个必不可少的核心内容：媒介内容的融合、传播渠道的融合、媒介终端的融合②，并提出，"媒介融合是指在以数字技术、网络技术和电子通信技术为核心的科学技术的推动下，组成大媒体业的各产业组织在经济利益和性会需求的驱动下通过合作、并购和整合等手段，实现不同媒介形态的内容融合、传播渠道融合和媒介终端融合的过程"③。

国内对于媒体融合的定义有狭义和广义之分。狭义上是指不同形态的媒体融为一体，会随之产生"质变"，形成一种新的媒体形态，如电子杂志、博客新闻等等。而广义上则是说各种相关要素融为一体，不仅包括媒体形态的融合，还包括媒介功能、传播手段、所有权、组织结构等要素的融合。

如约翰·齐曼所言，"技术创新的综合模型必须涵盖文化变易的几乎所有方面"。对于"技术"的认识，技术创新理论更加赞成卡尔·米切姆（Carl Mitcham）提出的广义技术框架论，即：技术是物品、是知识、是活动、是意志④。以此反观作为技术存在的媒介，如媒介组织、媒介产品、媒介产业等每一种具体表现，都可以看作是技术在传播领域的外在形式。依此思想，我们自然可以将"媒体融合"理解为物品融合、知识融合、活动融合、意志融合四个层面，即以下的四维体系。

一　工具维度：物质技术的融合

从最直观的感受上，媒介是同物质性的产品紧密相连的。媒体融合

---

① 翟玉珠：《全媒体化进程中跨媒体作业平台的发展现状与趋势研究》，硕士学位论文，重庆大学，2014年，第1页。

② 蔡雯、王学文：《角度·视野·轨迹——试析有关"媒介融合"的研究》，《国际新闻界》2009年第11期。

③ 刘颖悟、汪丽：《媒介融合的概念界定与内涵解析》，《传媒》2012年第1期。

④ ［美］卡尔·米切姆：《通过技术思考——工程与哲学之间的道路》，陈凡等译，辽宁人民出版社2008年版，第139页。

最直观的表现形式之一，就是媒介物品（或媒介物质性的技术）的融合。正是媒介物品的"结构"与"功能"的融合，促进人们对于浅层次媒体融合的理解。譬如，电视可视作是广播与书籍的融合，手机报则可认为是手机与报纸的融合等。工具维度上物品融合是媒体融合最基本的层次，它既是其他维度上融合的基础，也是其他维度发展的终点。

二　知识维度：智力成果的融合

技术既包括了物质方面的成分，如仪器、机器和设备等物质性的产品；又包括了精神方面的成分，如知识、程序和配方等。同样，媒介不仅仅包括物质方面的产品，也包括与创造、使用这些产品所需要的精神方面的知识体系。因此，从概念范畴上看，媒体融合包含媒介知识的融合应是毫无疑义的。作为知识的媒介，具体内容可表现为媒介的技能、媒介的规则以及媒介的理论等。以媒介技能为例，可以有两种体现：一是原有技能中依然能够发挥效应的部分与新出现的媒介技能间的融合；二是新发展的媒介技能正是原有的其他两种或多种媒介技能的融合。

知识维度的融合与工具维度的融合相辅相成，工具维度上的融合必然促进知识维度上的融合，而只有知识维度上的融合才能真正发挥工具融合的效应。

三　过程维度：活动方式的融合

这里所说的活动主要是指媒介被使用的过程，即使用者利用媒介进行传播活动的过程。过程维度的活动融合集中表现为媒介使用者行为活动的综合性与多元性。例如，从印刷媒介到电子媒介，媒介使用者接收信息的方式由视觉接收向综合的视听觉接收转变；从电子媒介到数字媒介，媒介使用者的行为由以被动接收为主的单一方式向融被动接收、主动传播和主动创造为一体的多元方式转变。过程维度的融合以工具维度与知识维度为基础，同时又是对这两个维度上融合的检验，促进两者的进一步完善。

四　意志维度：主体形态的融合

技术被作为人的存在，意志可视为主体的表达。意志维度的媒体融合在现实中更多表现为媒介主体的融合。在媒体融合的实践中，客体是媒介，主体是相对于媒介而存在的"人"。马克思主义哲学的实践论认为，作为主体的"人"的存在形态有四种：个体主体、群体主体、社会主体和人类主体①。理论上，"人"的这四种形态都可以成为融合的媒介主体。然而，在客观事实中，主体因形态相异，表现出的融合状态也不尽相同。就个人主体而言，媒体融合体现在个体对于媒介知识、技能等各方面的融会贯通；就群体主体而言，媒体融合则体现为群体间的整合，即不同的媒介集团之间的整合；就社会主体而言，媒体融合则体现在跨文化层面，随着时代的发展，不同社会文化在彼此冲突与相互渗透的过程中走向融合，麦克卢汉"地球村"的预言或许是最好的说明；就人类主体而言，真正意义上的人类主体正在形成之中，因而我们也很难从这一层次去做出合理的、有意义的分析。意志维度的融合应是其他维度融合最终的目标，即促进"人"这一主体不断向前发展。

在媒体融合的框架中，工具、知识、过程和意志四者之间既相互区别，又相互依存。首先，四者分别指向媒体的不同存在形式：工具指向媒体的物质技术，知识指向媒体的智力成果，过程指向媒体的获得方式，意志指向媒体的主体形态。其次，四者又是相互依存的。整体而言，一方面，过程维度与意志维度要以工具维度与知识维度为基础；另一方面，工具维度与知识维度又以过程维度与意志维度为前提。

由于研究视角及研究语境、层次的不同，对于媒体融合的确切定义和论述尚难以得出统一结论。多数学者的观点可以分为两类，即"媒体融合"的概念应该包括狭义和广义两种。所谓狭义上的媒体融合概念，主要是指形态各异且属性不同的媒体融合在一起，产生"质变"，形成一种相对崭新的媒体形态，如电子杂志、博客新闻等。所谓广义上的媒体融合概念，主要是指互不相同的媒体及其相关要素的融合，不仅包括媒体形态的融合，还包括媒介功能、传播手段、所有权、组织结构等要素的融合。也就是说，"媒体融合"是信息传输通道的多元化下的新作业模式，是把报纸、电视台、电台等传统媒体与互联网、手机、手持智能终

---

① 查庆、田方林：《构建主客体关系在马克思主义哲学中的作用和意义》，《四川大学学报》（哲学社会科学版）2001 年第 1 期。

端等新兴媒体传播通道有效结合起来，资源共享，集中处理，衍生出不同形式的信息产品，然后通过不同的平台传播给受众。媒体融合可分为三个层面上的融合：一是物质层面的融合，即工具层面的融合。媒介作为传播信息和观念的工具，得益于新媒体技术的发展，其功能相交融、被打通。二是操作层面的融合，即业务（包括传播业务和经营业务）层面上的融合。这种融合，基于前一种融合，或者说在相当程度上是由前一种融合决定的。没有物质（工具）层面上的融合，就不会有对工具加操作的新闻业务层面上的融合，也就不会有利用工具进行盈利运作的媒介经营层面上额融合……三是理念层面的融合。即意识层面的融合……以上有关媒介融合的理念，体现出两种融合：中国原有媒介发展理论观点中依然具有生命力的部分与新的媒介发展理论观点的融合，中国媒介理论观点与西方媒介理论观点的融合"①。

第三节　媒体融合的动因

肇始于世纪初学界引进的一个概念，"媒体融合"如今在中国风生水起并且开花结果，成为标志当代中国媒体转型与改革的一个里程碑。这一巨大的媒体变革，不是"西风东渐"的自然结果，而是源于中国社会发展和媒体格局调整的实际需要。

推进传统媒体与新兴媒体融合发展是时代发展和科技发展倒逼的结果，是传媒领域内部自发形成的一场重大而深刻的变革。丁柏铨不仅对媒体融合理念及其内涵层面进行了条分缕析的系统阐释，富有学理性；而且还从政治、经济、文化和技术等方面对促进媒体融合的动因进行了论述。认清媒体融合背后的驱动因素，对于沉着应对未来变局，冷静、理性地看待两者融合发展的趋势，有着重大意义。

一　技术创新是媒体融合的根本动力

科学技术的发展与进步是媒介融合的基础和第一推动力。信息技术和网络技术的进步，一方面使得人类的信息处理和传输能力大大增强；

---

① 丁柏铨：《媒介融合：概念、动因及利弊》，《南京社会科学》2011 年第 11 期。

另一方面使得各种不同业务能够在统一的终端和平台上运行。人们的信息传播与接收方式、思维方式、生活习惯因此发生巨大变化，传统媒体与新媒体之间的关系也随着发生变化，

人工智能成为撬动媒体融合发展的主要力量。人工智能日益引发关注。谷歌宣布从"移动优先"转向"AI优先"，百度也宣布将转向"AI思维"。2017年11月15日，新一代人工智能发展规划暨重大科技项目启动会在京召开。这标志着全新人工智能的生活方式已近在咫尺。人工智能不仅可以带来生产力的提升，更将全盘改造互联网的产业链条和传播链条。正如清华大学彭兰教授指出的，这将进一步消解传媒业原有边界，形成一个极大扩张的传媒业新版图，也将重构新的传媒生态。媒体业正从运算智能的应用，走向感知智能，并最终走向认知智能。随着人工智能在网络传播领域应用的不断深入，人工智能也将成为撬动未来互联网产业发展中的主要力量。

数字时代媒介新技术的推广和应用为新旧媒体在竞争中合作提供了无限可能，同时也促成"全球互动传播网"，提升了受众地位，改变了人们的传播方式和习惯。

（一）数字技术打破了媒介之间的壁垒，使信息共享成为可能

"传播学之父"威尔伯·施拉姆（Wilbur Schramm）认为，媒介是扩大人类交流能力的存在。技术是一切人造物，是人的存在方式。从理论上看，无论媒介本来形式如何，一旦进入"人"的传播活动中，"每一种工具里都嵌入了意识形态偏向，也就是它用一种方式而不是用另一种方式构建世界的倾向，或者说它给一种事物赋予更高价值的倾向"。即便是空气这种自然物，当它成为人类传播媒介后，也被赋予了人的更高价值倾向，这也是一种所谓的"人造化"。因此，从扩大人类交流能力的角度上看，媒介可以被堪称是一种技术，这一观点得到了其他学者的佐证。媒介学家保罗·莱文森（Paul Levinson）说"技术是中介"，在其著作《思想无羁》的通篇论述中都把技术与媒介看作是等同的。德国社会学家马克斯·韦伯（Max Weber）则说："技术就是这样地被包含在每一项活动之中的……。"

在分析媒体融合的缘起时，有学者认为媒体融合"肇始于技术创新，

加速于制度创新，深化于市场创新，最终表现为产品创新"①。这段简洁的论断实际上是把媒体融合的动因理解为"技术创新""制度创新""市场创新"与"产品创新"的整合，如此解读有其客观合理之处，然而，若从技术创新理论层面分析，这种理解又有失偏颇。英国著名科学家、哲学家约翰·齐曼（John Ziman）就指出，"技术创新包括可售人工制品、科学概念、研究实践和商业组织的协同进化"。我国技术哲学专家陈昌曙也认为：技术创新应该包括不可分割的三个方面的内容，即技术本身的过程创新、经济的过程创新、管理的过程创新，三个方面有机结合，形成了技术创新的全部内容：制度创新，包括有些学者所说的组织创新，可以被归为技术创新中"管理的过程创新"，而市场创新则可以纳入"经济的过程创新"，产品创新则是"技术本身的过程创新"。显然，从逻辑上讲，将广义的技术创新被视作媒体融合的主要动因更为合理。

从历史的角度反思和考察，媒介技术的演进是媒介融合的根本动力。迄今为止，人类媒介技术经过五个阶段：口语媒介、文字符号媒介、印刷媒介、电子媒介、网络技术媒介。媒介的变革和发展就这样由各种各样的技术相互融合、不断创新而形成：文字媒介起源于符号技术与材料技术的探索；印刷媒介归功于材料技术与机器技术的革新；电子媒介产生于电磁波的发现与无线电技术的发展，数字媒介更是依赖计算机技术和通信技术而存在。可以说，媒体融合与技术创新一直都是紧密相连的，传播媒介的演变史本身就是一部人类的技术创新史。尽管现在已经进入网络时代，但是这五种媒介并不是代替与被代替的关系，仍然发挥着各自的作用。媒介融合就诞生于第五个技术阶段：网络技术阶段。以数字化为基础的媒介融合扩展的内容传输的渠道，使媒介的内容传输能力空前膨胀，因而对内容的海量需求成为新媒介时代的重要特征之一②。数字技术的开放性、交互性和多媒体性给媒介融合提供了无限可能。

1983 年，美国传播学者伊契尔·索勒·普尔（Ithiel De Sola Pool）在

---

① 朱天、彭泌溢：《试论媒介融合中的"加减之道"——时代华纳与美国在线"世纪婚姻"终结对我国"三网融合"的启示》，《新闻记者》2011 年第 7 期。

② ［美］罗杰·菲德勒：《媒介形态变化：认识新媒介》，明安香译，华夏出版社 2000 年版，第 1 页。

其《自由的科技》（*The Technologies of Freedom*）一书中提出，"数码电子科技的发展是导致历来泾渭分明的传播形态聚合的原因。"传统的媒体都纷纷在数字技术提供的平台之上，把原本独立的技术融为一体。在数字技术基础上，各类前所未有的新媒体技术不断涌现，如手机报、手机电视、数字电视、微博客等等，这些新媒体技术综合调动了人们的眼、耳、口、手等感觉器官，从而真正意义上应验了麦克卢汉的观点——"媒介是人体的延伸"[①]。

（二）数字技术所构筑的全球互动传播网为媒介融合提供条件

媒介融合是数字技术大潮中带来的一支洪流，是人类传播活动发展的必然选择。美国麻省理工学院尼葛洛庞帝教授曾经说过："在广大浩瀚的宇宙中，数字化生存能使每个人变得更容易接近，让弱小孤寂者也能发出他们的心声。"以往物理介质的信息内容生产具有极高的转换成本，数字技术使内容生产有了多种"销路"，信息生产者只需一次生产便能得到可以供不同媒介使用的信息产品。媒介融合的时代下，新的传播技术的出现保障了信息在全球范围内自由流通，作为传播个体的个人在传播能力上具有很强的"单兵作战能力"。从纵深层面看，新的传播系统要求信息的运动方式是网络化，信息在传播过程中没有绝对的起点终点，在不断的传播和被传播过程中被赋予意义，对信息的垄断和控制将会变得更加困难。

数字化、信息化的快速发展使得全球化的公共沟通系统已经形成，整个世界的每个角落都被数字技术联系在一起，仿佛结成一张"全球互动传播网"，而且"多方互动性"和"即时性"成为其最大的特点。在全球互动传播网中，全世界的人们都构成了一种无缝即时的、蜂窝状的传播特点，每个人都能参与到全球的互动传播过程中。

综上所述，从逻辑与历史两个层面上看，将技术创新视作媒体融合的肇始动因是合理的，以技术创新哲学作为理论基础解析媒体融合显然

---

① ［美］托马斯·鲍德温：《大汇流——整合媒介信息和传播》，官希明等译，华夏出版社2002年版，第1页。

也是值得尝试的①。

二　受众的需求成为媒介融合的直接原因

受众需求对媒体的发展进步至关重要，直接关系到媒介的生存与发展，刺激着媒体企业，使它们彼此接近，走向融合。党的十九大报告提出，当前我国社会的主要矛盾发生了历史性新变化，已转化为"人民日益增长的美好生活需要和不平衡不充分的发展之间的矛盾"。消费者对信息的多元化、个性化的消费需求是媒体融合的原生动力，正是供给端的转型命题②。人们在不同的时间观看或者使用着不同的媒体，更可能还会在同一个时间段内用到多种媒体。人们对信息的需求起点不同，对数量、品质等方面的满足程度不同。单一的媒体是不能满足人们对信息获取的满意度的，这也就表明，我们应该建立一个多媒体共同生长的环境。

美国著名传播学者保罗·莱文森认为媒介的演化具有"人性化趋势"，他在其1979年的博士学位论文《人类历程回放：媒介进化理论》中首次提出"人性化趋势"的媒介演化理论，他的这一理论主张受众在媒介演化中具有巨大的作用。传播学中的"使用与满足"理论认为受众对媒介有积极的能动作用，制约着媒介的传播过程，使用何种媒介完全基于受众个人的选择。只有当选择的媒介满足了需要的时候，受众才会在以后的行为中继续此前的选择。

(一) 受众复合式的消费需要成为媒介融合的动力

随着社会不断进步和媒介技术的持续演进，受众的消费需求也发生了巨大的改变。不难理解，受众需求的改变会直接导致市场竞争相应的变化。市场营销学中"4C"理论的提出就把消费者（受众）放到市场营销的中心位置上。该理论在传媒市场中也同样适用，信息消费者的需求成为支撑传媒企业改革的主要动力之一，而媒介融合就是传媒业为应对受众复合式的消费需要而做出的改变。

据中国互联网络信息中心（CNNIC）发布的《第27次中国互联网络

---

① 吴文涛、张舒予：《技术创新视角下"媒体融合"动因、内涵及趋向》，《中国出版》2016年第14期。

② 王朝晖：《以用户需求为起点——信息服务的新范式》，《电信科学》2007年第3期。

发展状况统计报告》显示，截至 2010 年 12 月底，我国网民规模达到 4.57 亿人，较 2009 年年底增加 7330 万人。之所以会有如此大的增加量，原因之一就是受众的复合式信息消费需求促使人们找到网络，并借助网络接入其他形式的媒介，从而寻找更多符合自己需求的信息。中国传媒大学黄升民教授认为，"碎片化的媒体格局在延续了几年之后，从 2007 年开始发生变化：从碎片化走向聚合"①。昔日我们对受众的划分主要通过年龄、职业、性别和收入，但是今天，我们更多的是以生活方式、需求和收入水平等个人特征来划分受众群。如今的消费者不再对以往那种传播同质化信息的传播方式感兴趣，他们的口味发生了很大的改变，这部分人群开始对"分众化、个性化、多样化"的，甚至最好是为他们量身定做的信息表现出极高的兴趣。

同时，随着社会的不断进步，受众对信息消费提出了更高的要求，即省时省力、高品质、图文声像多种信息形式有机组合等，在受众这种复合式的信息需求下，传统媒体纷纷与网络、广电和电信互动、联合，只有融合才能制作更多符合受众需要的信息产品，从而在客观上推动了媒介融合。

（二）受众交互式的互动需要要求媒介走向融合

在数字技术快速发展的今天，受众获取信息的方式发生了转变，他们越来越不满足与以往的仅仅单向获取信息的传播规则，而更加希望参与到信息传播的过程中来，体验制作和传播信息的过程，并取得他人反馈的满足感。比如世界各地"公民记者"的出现，在一些突发事件发生的时候，他们往往会利用手中的手机、笔记本电脑等数码设备，真实地记录事件的发展过程，从而打破了昔日大众传媒的信息垄断地位。

随着市场核心地位的确立，受众地位大大提高，传播的主动权由大众媒介转移到受众手中，受众对信息从以往的被动接受到现在的主动寻求，他们更加注重多向互动的实现。传媒从业者无时无刻不在琢磨受众的特点和需要。由于传统媒体很大程度上存在条块分割、体制不灵的缺点，传播方式无法突破时间和空间的局限，而受众越来越注重仅通过某

---

① 宋昭勋：《新闻传播学中 Convergence 一词溯源及内涵》，《现代传播》2006 年第 1 期。

一个媒介就能获取他想要的任何信息，并且也更加倾向于传受双方的互动。这就促使新旧媒介互相合作，传统媒体利用自己的内容优势，新媒体利用自己的渠道优势，让优质信息通过网络、手机等新媒体渠道传输给受众，受众接收后也能即时反馈或者与他人共享。

受众交互式的互动需要刚好与媒介技术的进步带来的媒介互动性增强相适应。因此，媒介融合正在成为一个显而易见的大趋势①。

三　媒体生态与形态环境变化是媒介融合的内在动因

媒体形态与生态环境变化促使媒介趋向融合。人类发明和技术进步促进了媒介形态及媒介生态环境变化，但"媒介的生存与发展更受到一定的空间、资源与社会环境影响，如传播制度、受众资源、广告资源等等"②。

传媒环境的变革是媒介融合的基础。媒介环境学认为，媒介就像自然环境，不同的媒介和信息构成一个整体，各种媒介构成了人类生存生活的环境，即媒介环境系统。媒体融合是媒介生态（Media Ecology）发展到一定阶段的必然选择，在这个生态系统中，新旧媒介相互渗透、相互转化，逐渐形成了"相互交融，不可分割"的媒体生态环境。媒体融合就诞生于传媒环境的变迁的大背景下，传媒环境的变革为媒体融合提供了机遇。当今快节奏的生活和碎片化阅读的现状，整个社会的浮躁让人们很难读进长篇的、单一的、严肃的文字报道；报纸的不易携带和智能手机的普及让移动端成为一个很好的传播渠道。

大众传媒也有保持平衡的自我调整力。随着数字技术的不断趋于成熟，人与人之间可以通过电子媒介方便的交流，从而打破了以往传统的受众被动接受信息的生态平衡。原有的生存机制不足以应对媒介环境的改变，这时候媒介融合的趋势就很好地解决了这种"不平衡"的问题。传统媒体和新媒体各有利弊，两者融合，构成一个完整的媒体生态，至

---

①　王言浩：《媒介融合的动因与现实路径选择研究》，硕士学位论文，山东师范大学，2011年。

②　郑晓华：《我国媒介融合的内外动因解析》，《北京邮电大学学报》（社会科学版）2011年第3期。

少可以在内容、沟通渠道和受众群体等方面取长补短，实现优势整合、优化配置，有助于传媒资源最大效率的利用，在共存互融中竞争与发展，发挥出强大的协同效应，共同致力于营造理性、平和的舆论环境，促进媒体传播力的提升。

（一）传统媒体和新媒体的权威性与媒体传播的时空特点有异

报刊、广电等传统媒体内容较为权威，但传统媒体相对于新媒体而言，存在着技术上的弊端，外在表现多为文字、图片和声音等相对单一的形态，且受到地域时空的限制。而新媒体则是全媒体展现内容，传播也突破了狭义的时空限制，具备更大的冲击力、感染力，但是内容常常较为肤浅而零碎，也缺乏由规范业务流程所建构起来的可信度、公信力。新媒体不可能完全取代传统媒体的作用和价值，传统媒体要做的就是如何将自身的权威、公信力、专业化的优势和新媒体的快速、灵活、互动结合起来，使自身的报道更加准确、完整、有针对性和时效性，新媒体也尝试通过新技术延展媒体的容量与深度，为受众创造新的体验。

（二）传统媒体和新媒体的受众群体特点不同

报纸、杂志等传统权威媒体的受众多为年龄相对较大的社会主流人士，彼此缺乏互动和反馈，也缺乏由此共同经历的生命历程而建构起来的认同感。新媒体受众群体却相对年轻，甚至不乏一些"社会边缘人士"，其自身的媒介属性及代表的可能性，可以改变媒体与受众之间枯燥乏味的单向联系，借助彼此的沟通，使得双方的认同更畅通、同时增添媒体自身价值。

传统媒体与新媒体既互相渗透，相互补充，运用数字技术，通过文字、声像、网络、通信等传播手段，全方位地呈现传播内容，全面刺激受众感官。

四　政策引领，推动整体引导力上升

中央从政治角度，从党长期执政前途的角度对媒体融合做了高度关注。中华复兴，文化领先，全媒体时代的到来为少数民族传统体育文化的发展带来了机遇和挑战。2010年，中国国家民族事务委员会文化宣传司副司长兰智奇表示，中国要加强互联网等新媒体在少数民族文化传播与传承中的作用，满足各民族需求，促进各民族间文化的交流与理解①。
2014 年 8 月 18 日，中央全面深化改革领导小组第四次会议审议通过了
《关于推动传统媒体和新兴媒体融合发展的指导意见》，提出"推动传统
媒体和新兴媒体融合发展，强化互联网思维，坚持传统媒体和新兴媒体
优势互补、一体发展，推动传统媒体和新兴媒体在内容、渠道、平台、
经营、管理等方面的深度融合"，标志着媒体融合上升为国家战略"，媒
体融合发展正式有了顶层设计。随后的几年来，为推动和支持媒体融合
发展，国家新闻出版广电总局先后启动了全国报刊媒体融合创新专家库
和案例库建设项目，并在"两库"的基础上，建立了"全国报刊媒体融
合信息监测平台"；着手研发"全国报刊业社会效益评价指标体系"，并
在此基础上，对报刊媒体融合发展进行绩效评估，启动了"全国重点综
合类报纸媒体影响力评估"项目；同时，开展报刊融合发展转型示范
工作。

2016 年，新闻报刊司在广泛调研的基础上，组织了"全国报刊媒体
融合创新案例评审工作"，通过发挥示范带动作用，推动报刊行业加快融
合发展。

立足于推动出版融合发展实现转型升级，总局全力抓好《关于推动
传统出版和新兴出版融合发展的指导意见》落实，并为此开展了出版融
合发展重点实验室评审工作。2016 年 12 月，20 家出版融合发展重点实验
室依托单位和共建单位名单出炉，成为总局贯彻落实中央关于推动媒体
融合发展部署和指导意见的重要举措。2017 年 1 月 10 日，中国出版集团
公司出版融合发展重点实验室挂牌成立，标志着实验室正式开始运行，
这也是全国首家挂牌运行的出版融合发展重点实验室。作为出版行业的
"国家队"，近些年来，中国出版集团按照总局数字化转型升级工作的总
体部署，先后建成了易阅通、译云、中国大百科全书数据库、精品工具
书在线、中华经典古籍库等重大数字化项目，取得了良好的社会效益和
经济效益。从 2017 年年初开始，出版融合发展（武汉）重点实验室、出
版融合发展（凤凰集团）重点实验室、出版融合发展（工信集团）重点

---

① 马里：《中国要加强发挥新媒体在传播少数民族文化中的作用》，2010 年 6 月 26 日，国
际在线专稿（http://news.cri.cn/gb/27824/2010/06/26/5005s2899978.htm.）。

实验室等相继揭牌。传统出版和新兴出版内容渠道平台经营管理融合加深，一定程度呈现优势互补、此长彼长的态势。融合发展是传统出版业实现转型升级的根本目标，重点实验室作为出版科研的重要载体，要发挥好创新、转化、交流和人才培养的基本功能。

在广播影视方面，数字化智能化网络化也成为广播影视行业整体发展趋势。在《关于促进主流媒体发展网络广播电视台的意见》《关于进一步加快广播电视媒体与新兴媒体融合发展的意见》等政策文件的指导下，广电网络数字化双向化宽带化进程和下一代广播电视网建设加快，广电网络综合业务承载能力提升、服务升级。目前，全国省级以上广播电视台已实现网络化制播，中央电视台和北京、上海、江苏、浙江、湖南等省级电视台都在积极推进台内融合媒体平台建设。

融合发展，是新闻出版广电业在历经风雨后找到的正确"打开方式"。在这个过程中，除了自我变革，没有其他捷径。

第四节　媒体融合的路径

传统媒体与新媒体的融合，不仅从宏观上关系到制度、技术和产业等多个维度，更从微观上关系到内容、载体和渠道等多个环节的优化组合。媒介融合是分层次、分阶段进行的过程。第一层次是媒介互动，即媒体战术性融合；第二层次是媒介整合，即媒体组织结构性融合；第三层次是媒介大融合，即不同媒介形态集中到一个多媒体数字平台上[①]。媒体融合是一项连续统一的、综合性的系统工程，包括内容融合、渠道融合、平台融合、经营融合、管理融合等多重范畴过程。

一　内容融合

内容融合是指各种内容产品的生产，包括内容生产方式与流程。

（一）内容融合的内涵

内容融合是实现媒介融合的一种途径。内容从物理形态上看，可以

---

① 许颖：《互动·整合·大融合——媒体融合的三个层次》，《国际新闻界》2006 年第7 期。

分为文字、声音、图片、图像等；从媒介载体上看，可以分为报纸、广播、电视、互联网、手机等媒体上的内容。

在数字技术产生以前，传媒产品报纸主要是文字和图片，广播是音频，电视是视频，这些不同的产品形态是不能直接兼容的。数字技术的产生打破这些内容产品在技术上的壁垒，不同介质的内容产品都可以进行数字化处理和传输，内容生产逐渐走向融合，实现"一次生产、多次加工、多功能服务、多载体（渠道）传播"。

1990年，美国维亚康姆（Viacom）公司总裁雷石东（Sumner M. Redstone）在决定公司发展战略——成为全球最重要的内容供应商——时提到："传媒企业的基石必须而且绝对必须是内容，内容就是一切"①，这被认为是"内容为王"（Content is king）的最初起源。

2003年，喻国明教授在中国传媒投资峰会上提出"内容为王"的关键词，并提出传媒业的价值链中有两大经营重点，一为内容生产，一为渠道建设。喻国明认为："无论通道是修在天上还是地上，内容是需求不可离弃的东西，内容的价值保障，也许比渠道建设来得更可靠。"从此，"内容为王"成为中国媒体发展领域的高频词。2009年，凤凰卫视董事局主席兼行政总裁刘长乐在世界媒体峰会举行之际接受新华社记者专访时同样表示："传统媒体在新媒体时代仍需坚守'内容为王'"。

"内容为王"成为媒体发展必守的铁律，其本质是"哪种内容才是真正的重要"，因此，"内容为王"中内容的合理内涵实际上是"原创内容""独家新闻"和"能够满足受众需求的内容"。当前时期，在媒介融合日渐明显的大势之前，原创内容和独家新闻越来越容易被快速复制，媒体很难再靠内容制胜，"内容为王"的内涵也发生了新的变化，不仅要符合媒介融合背景的特点，能满足用户个性化需求，能满足用户碎片化、感性化的媒介使用习惯，更需具有用户体验价值。此时"内容为王"中的内容已不再等同于传统的新闻内容，媒体公司的APP、交互软件、微博微信账号、二维码、数字屏都可以算作是内容，甚至新的用户体验都可以成为内容。从雷石东提出"内容为王"的概念至今，"内容为王"自

---

① 倪洪江、潘祥辉：《"内容为王"与"王的内容"——新媒体环境下纸媒"生死劫"再思考》，《传媒评论》2014年第2期。

身也早已突破了当初的视域，有了新的发展和新的含义。

实际上，媒介融合的大背景给"内容为王"带来了挑战与机遇，为"内容为王"原有的价值发挥创造了更宽广的空间。"内容为王"能够成为支撑媒体行业发展的信条，源自"内容为王"本身的重要性和巨大的价值。尽管"酒香不怕巷子深"，但如果没有"酒"及"酒香"，即使在闹市占据最优平台也是枉然。说到底，传媒行业是信息服务行业，内容既是其安身立命之本，也是传媒业的核心竞争力。同时，媒体经济也是影响力经济，属于注意力经济，而内容正是汇聚注意力资源的关键。构成传媒品牌的要素很多，如采编、广告、发行、形象包装、产品延伸等，但无论怎样，内容都是媒体品牌的核心，是媒体的基石，传媒组织的一切运营策划都围绕这个核心展开。渠道、服务、技术、品牌的建设更是需要建立在优质内容基础之上，缺乏内容的支撑，渠道等便成了无源之水，无本之木。

实践当中，不仅传统媒体在坚持"内容为王"，就连新媒体中的宠儿也纷纷重回"内容为王"，都在努力提升内容制作的能力。2014年6月，大型亲子户外真人秀节目《爸爸去哪儿》第二季热播，爱奇艺拥有该节目独家网络版权及其转授权，开播后部分网络平台无视湖南卫视和爱奇艺拥有的内容版权，不同的媒体在内容市场展开厮杀，为此还引起了法律纠纷。后来，湖南卫视建立了自己的内容播出平台——"芒果TV"，实现了对自己的内容市场的垄断。相比以往粗放式的内容制作，视频网站的内容生产已经迈入了大制作时代，此举旨在通过内容来建立渠道和平台的差异性，这说明"互联网要想发展成为一个成熟的媒体，单靠技术的更新是远远不够的，归根结底还是要靠'内容'，互联网产业的发展规模和发展速度取决于信息内容的质量和数量"①。

在媒体融合背景下，"内容为王"依然是传统媒体和新媒体发展的必由之路，基于"内容为王"自身的内涵发展和媒体自身的发展环境，网络报料传播，传统媒体报道跟进，成为两者结合的新模式。

"内容为王"的提出者和倡导者雷石东在强调内容重要性的同时，也没有完全忽略市场和渠道的作用，后来又用品牌战略对内容为王的思想

---

① 许丹丹：《"内容为王"的传播学解读》，《新闻战线》2005年第11期。

加以完善。

在一种新的媒体技术和平台流行的初期，围绕着技术和平台的竞争会骤然兴起，而"当平台和技术的发展成熟之后，盈利的空间缩小，内容又会重新成为竞争取胜的重要砝码，成为在新的平台上制胜的法宝"①。从媒介发展的实践来看，"内容为王"并不排斥对渠道等因素的利用，渠道和技术加入到"内容"的框架，反而会使内容的内涵变得更加丰富多元。因此，在媒体发展战略之中，无论举起哪支大旗实际上都是对"内容为王"概念的强化和延伸。

媒介融合固然在一定程度上为传媒业带来了新的挑战，冲击了媒体"内容为王"的地位，但同时也为"内容为王"开辟了更广阔的空间，带来了新的机遇。如"三网融合打破了过去广电行业对广播电视节目传播渠道的垄断，渠道稀缺的时代一去不复返，内容逐渐成为整个传媒行业竞争的核心，越来越多的企业将打破行业壁垒参与到内容市场的竞争中"。2013 年，爱奇艺以 3.7 亿美元的价格收购 PPS，这是继 2012 年优酷土豆合并后视频网站行业的第二次大收购。视频网站收购迭起并非偶然，爱奇艺和 PPS 的合并也绝非最后一个，其背后的逻辑是视频网站对内容版权的争夺，折射出对内容资源的重视。

在媒介融合的大背景下，媒体的传播渠道越来越多，受众对内容的多元化需求越来越旺盛，各种平台要想获得长足发展，将不得不依赖内容定制。层出不穷的新技术和新平台在有效地拉动内容需求增长的同时，也为内容提供了更加多样的创收模式和更加广阔的利润空间。可以说，技术越先进，渠道越发达，对内容的需求就越大。网络电台是具备强烈媒体属性的互联网应用，不仅依靠独特的用户体验生存，更重要的是依靠 UGC（User-generated Content，用户生产内容）和 PGC（Professionally-generated Content，专业生产内容）来铺就未来发展之路。2014 年年底刚完成 2000 万元融资的荔枝 FM 的 CEO 赖亦龙 2015 年 1 月 28 日亦公开表示，2000 万元融资将继续用于做好内容。内容既是网络电台的生存之本，也为"内容为王"提供了广阔的发展空间。

---

① 崔光红：《媒体融合下，再说内容为王》，《青年记者》2014 年第 8 期。

（二）内容融合的目的与方法

内容融合的目的是实现内容增值。内容增值的实现有两个阶段，一是在内容的生产环节，借助媒介融合进行通用性生产，降低内容生产的成本，极大地释放内容生产力，使内容生产具有更高的效率；二是在内容的使用环节，同一内容或大致相同的内容在多个不同的终端上使用，内容产品的多层次利用提高内容产品的使用效率。

内容的生产和使用环节也是内容的采集和分配环节，集采集和分配两大功能为一体，需要构建媒体的"内容集成平台"，内容集成平台是内容的增值装置。媒体资产管理系统 MAM（Media Asset Management）和数据库是常见的内容集成平台。在这一平台上记者编辑以多媒体的手段完成新闻信息的采集、加工与发布。

数字技术下的媒介融合所催生出来的内容产业是基于数据库的生产模式。数据库将新闻信息等内容资源进行整合、共享和优化配置，是实现内容增值的平台。以报纸为例，一般报纸网站的制作发布，报纸采编系统和信息增值服务都离不开数据库平台。数据库平台包括检索系统、图片系统、历史报纸资料库、编辑稿库、广告资料库等。

微博使自媒体迅猛发展、新闻即刻传播，微信公众账号则改变了新闻生产方式，成为深度报道的新兴载体。随着 4G 技术的广泛应用，每部手机都可能成为一个移动的电视台，每个手机用户都可能成为一个现场直播的记者[1]。内容的拥有和终端的占有作为传媒产业链上的两个端点，体现了未来传媒竞争的两大战略制高点，而新媒体则早已占领了这个制高点[2]。传统媒体不能再继续墨守成规，抱残守缺，必须创新观念，顺应时代潮流，与时俱进，以全新的姿态拥抱新媒体，发挥自身优势，打造战略品牌。而新媒体也必须转变观念，尤其注重打造网络公信力。

内容融合改变了新闻传播的范式，出现了一种新的新闻传播模式——"融合新闻"（Convergence Journalism）[3]。不同的媒体例如报纸、电台、

---

① 庄严：《以改革创新精神推动传统媒体与新兴媒体融合发展》，《光明日报》2014 年 1 月 25 日第 7 版。

② 姜学斌：《传统媒体和新媒体融合的方式研究》，《西部电视教育》2013 年第 14 期。

③ 蔡雯：《媒介融合发展与新闻资源开发》，《今传媒》2006 年第 11 期。

电视台、网站和手机等，集中在一个信息操作平台上，统一策划，相互协调，取长补短，根据各自媒体和受众特点对信息进行分类加工，发挥各自的传播优势，有针对性地传播给特定受众①。

内容融合绝不只是简单的技术变革，它从根本上改变了以前内容生产上的各自为政，由单一的线性生产变成大规模的内容生产融合、内容形态融合和内容应用融合所构成的数字化生产方式，从而引起了内容生产方式和传媒组织结构的变革，在内容融合中提升传媒内容的加工、生产能力和增值服务能力②。

（三）内容融合的重要性

无论传统媒体还是新媒体，不能忽视内容建设这个根本。2011 年，面对 IPAD 的迅速兴起，美国新闻集团董事长兼 CEO 罗伯特·默多克（Rupert Murdoch）创办了 ipad 电子版报纸《The Daliy》，《The Daliy》的诞生目的是借助新的技术和渠道来取悦年轻读者，但新闻集团却触犯了古老的媒体训条——内容别太枯燥乏味，纵使《The Daliy》在视觉上炫彩夺目，但内容吸引力的缺乏依然导致新闻集团这次昂贵的新渠道尝试以失败告终。《The Daliy》的失败再次说明，"内容是互联网的火车头，是传统媒体的安身立命的本质"，"渠道为王"只是保障了内容被接收，但不能保障被接受，相对于耗资耗时的渠道建设，"内容为王"才是媒体利益的根本保障和媒体发展风险最小的理性选择③。

"内容为王"可满足受众新的信息需求。内容是媒体的核心竞争力，是媒体影响力和公信力构建的根基，并且会随着媒体融合的深入而日益凸显。与此同时，"注意力"仍是融合背景下媒体实现盈利目标的根源。2014 年，"澎湃新闻"的兴起和风靡，再次证明注意力资源仍需要优质的内容来引领和获取，也再次证明了"内容为王"的影响力和价值所在。在传统媒体自身渠道优势日益丧失的情况下，挖掘媒体的核心竞争力——生产优质、独到的内容显得尤为重要。正如美国《纽约时报》发

① 徐晓敏：《融合新闻：新闻传播业的新转型》，《新闻窗》2007 年第 3 期。

② 石磊：《新媒体概论》，中国传媒大学出版社 2009 年版，第 197—198 页。

③ 高贵武、刘娟：《内容依旧为王：融合背景下的媒体发展之道》，《电视研究》2015 年第 4 期。

行人阿瑟·苏兹伯格（Arthur Hays Sulzberger）所说：只要报纸能有自己的读者，以什么形式传递并不重要①。无论传播方式和传播技术怎样变革和更新，受众的最基本需求就是获取有价值的信息。当今社会充满风险，公众需要知道和了解的信息更多，公众能够获取的信息也越来越多，但信息过剩并不代表公众信息处理能力的增强，面对浩如烟海的海量信息，公众往往不知如何选择。在受众需求越来越个性化、多元化的背景下，受众需要媒体从简单的"信息提供者"转型为"知识管理者"，而不管是信息还是知识，其实质指向则都离不开内容。

在发展势头正劲的微信平台上成千上万的公众号，其中只有2%存活较好，其余98%则沦为僵尸账号。据腾讯微信的数据，2%的账号在2014年12月共产出4874万篇文章，用户主要关注的不是新闻，而是情感资讯、生活百科和文化旅游三类，其中生活类的读取率高达81%，资讯类只有19%，这表明新时代的用户需要的不是初级内容，而是经过精心筛选和二次开发的知识内容。这也再次验证：媒体要成为用户的知识管理者，而不仅仅是信息的推送者。

"内容为王"可解决媒体内容同质化的弊病。面对新媒体的不断冲击，传统媒体的发展状况令人担忧，许多传统媒体的从业者失去了生产优质内容的动力和兴趣，媒体逐渐将注意力转移到渠道平台运营、品牌推广、形象设计、广告运营上来。由于内容生产投入不足，媒体内容生产的同质化、媚俗化、娱乐化问题日益严重，远不能满足受众赋予媒体的"知识管理者"角色②。显而易见，在内容尚未做强时就转移注意力，实属舍本逐末之举，既难以撑起媒体整个价值链和下游产业链的开发，也无法有效推进媒体融合的进程。

内容生产在整个传媒产业链和价值链中处于上游位置，中游的平台运营商对内容资源的争夺既已进入白热化状态，具有内容优势地位的媒体如能解决内容的同质化弊病，便可凭借优质内容和跨平台优势，"从产

---

① 辜晓进：《从美国〈基督教科学箴言报〉停出纸质版看——报业寒冬中的"转网"效应》，《新闻实践》2008年第12期。

② 《头条、知乎、微博互抄？内容平台是趋于"相似化"还是"平庸化"？》，2017年8月30日，搜狐网（http://www.sohu.com/a/168677947_351788）。

业链上游向下游扩张，不但增加了内容的附加值、扩大盈利，降低内容推广风险，同时也会在产业链中占据有利的谈判地位，拥有较强的议价能力"。

在媒体融合的背景之下，媒体对内容版权的保护和主张同样可以成为解决媒体内容同质化及信息低层次泛滥的利器①。

从本质上说，在新闻传播的过程中，自媒体所特有的信息包容性与传播广泛性都是传统媒体所不具备的。但是，因为自媒体的发布平台相对来说比较多，所以其不能形成一种比较规范的操作，并且其在进行新闻信息的编辑过程中，也存在着很多的阻碍与困难，使得自媒体新闻往往会存在一种先发布再筛选的模式②。在这样的形势下，依赖自媒体就很难确保信息发布的准确性，所以我们必须充分借助传统媒体的力量，强化传统媒体对自媒体的舆论引导作用，来帮助自媒体进行新闻的筛选与排查工作。这样不仅能够促使自媒体自身所特有的快速传播与大量传播优势得以充分发挥，同时还能促使传统媒体的舆论引导与强大公信力作用得到保障，两者之间相互合作，就能够给读者提供更多真实可靠的新闻信息。

（四）　内容融合的路径

优质内容更是吸引受众的关键，是生存的王道。新媒体之所以能分流传统媒体受众群体，就是因为它了解受众的需求，确定目标受众，创新内容生产，与受众之间保持着一种高度的黏性。新时代的受众更加强调个性化和多方互动性的传播诉求，对新媒体的反应速度更快，更容易接受融合媒体的传播习惯。因此，要从根本上转变以往的媒体经营策略，发现目标受众的需求，根据受众需求的不同来创新内容生产。只有这样，才能在媒体融合时代取得最大的社会效益和经济效益。

1. 差异化和个性化的目标受众

2008 年，李长春同志在《求是》杂志上发表署名文章指出"衡量精

---

①　高贵武、刘娟：《"内容依旧为王"：融合背景下的媒体发展之道》，《电视研究》2015年第 4 期。

②　李璐彤：《试论自媒体与传统媒体新闻传播的互补性》，《西部广播电视》2015 年第 5 期。

神文化产品，最终要看人民满不满意，人民喜欢不喜欢"。传媒竞争力的强弱主要取决于对受众的服务能力的强弱。媒体融合的时代，传媒数量激增，尤其是在来势汹汹的网络、手机等新媒体挤占下，受众原本单一化的媒体选择突然变得丰富起来。整合营销传播学中著名的"4C"理论是由美国营销专家劳朋特教授于 1990 年率先提出，该理论强调了经济活动中受众的主导地位，以消费者需求为导向，重新设定了市场营销组合的四个基本要素：即消费者（Consumer）、成本（Cost）、便利（Convenience）和传播（Communication）。该理论也同样适用于媒体融合背景下的媒体经营管理，大众传媒应对目标市场精确定位，利用新媒体的传播特性，仔细研究受众需求，在此基础上确定媒体产品的生产和传播。

与"4C"理论相对应的是"分众化传播"的概念。该概念最早是由美国著名未来学家阿尔文·托夫勒提出。他于 1970 年就曾预言，传媒未来面临着分众化和小众化趋势。时至今日果然被他言中，在融媒环境下受众群体的确已经开始"碎片化"，人类已经从大众传播时代来到了"分众化时代"。随着媒体技术的不断进步，受众媒体使用习惯也会发展很大的变化，与此同时也对传媒的盈利模式提出挑战。总之，受众细分越来越成为传媒行业关注的焦点，根据不同特点的受众设置差异化的信息产品已成为新的共识。

随着我国经济的持续快速发展，在传媒领域也应加快市场化进程，引入市场竞争机制，针对受众划分市场，针对市场开发媒体产品。传媒行业本质上是文化产业，传媒产品与文化产品一样，具有极高的情感属性。因此，在制作传媒产品的时候，要牢牢抓住受众的不同需求心理，在对受众细分并深入挖掘受众特点的基础上，才能开发出具有竞争力的媒体产品。举例来说，数字电视的广泛应用就把以往收看模拟信号的电视观众解放出来，它所提供的数百个细分化的频道满足了受众全方位的需要，如今，被多种媒体包围的受众的口味变得更加挑剔，数字技术在电视上的运用，就很好地顺应了"融合"的趋势，有助于电视媒体吸引受众，提高节目的收视率。

在 2017 年党的十九大的一系列报道中，可以窥见媒体融合趋势。人民网《56 个民族儿女寄语十九大》微视频这个作品将各族人民迎接十九大的内容与短视频的形式相结合，每个民族的短视频都以一个普通人的自述为引入点，以第一人称的形式呈现在受众面前，给人以亲切感，拉近了与受众的距离，同时也容易引起精神上的共鸣。受众可以挑选自己感兴趣的四五个民族，点开浏览。此外，访谈和民俗文化的展示巧妙融合，也对于文化传播起到了一定的推动作用，较好地体现了创新性与传播正能量。美中不足的是，视频的形式主要是传者向受众传递信息，而受众却很难进行反馈，互动性上有所欠缺。

2. 自治化和平台化的内容生产创新

传统内容生产面临的最大困境是发布渠道日益增多，内容的质量和产量无法满足需求，造成内容稀缺，其中的根本原因是在于传统媒体集团对生产的垄断和规模生产对创意的束缚。因此，在媒体融合时代，应重点创新内容生产机制，以自治化和平台化的内容生产机制迎接融媒时代的挑战。

这里的"自治化和平台化"是指媒体主要由受众创造内容，媒体成为受众创造内容的"自留地"。技术力量的革新导致"全球互动传播网"的形成，在全球互动传播网中，媒体应该成为信息交流的平台，这个平台搭建的内容形式更加丰富多样。同时媒体也不再是内容审查者，媒体角色的转变为更多的内容生产者打开了内容发布的大门。我们从视频网站 Youtube 的发展中可以得到自治化和平台化的很多启示。

Youtube 目前是最大的视频分享网站，它提供免费视频服务，世界各地的用户均可以自由上传、链接、分享自己的视频作品，其成立不到一年的时间便进入 Alexa 排名前十。Youtube 的成功得益于它 Web2.0 时代最时髦的互联网理论：UGC（User Generate Content，用户创造内容）、互动社区、开放平台等等。Youtube 虽然不是第一个提供免费视频服务的网站，但是却是第一个将共建共享的原则加以实践的视频网站，它精准而巧妙地抓住了人们渴望在一个平等、互动、开放的平台上，用自己创作的内容来展示自己、沟通交流的心理。Youtube 作为媒体，其收益不是内容的生产和销售，而主要是广告，它不必去亲自制作内容，而仅仅作为一个发布的平台，这样便可以腾出大量的资金和技术专注于内容发布的管理和传播技术的改进。但是媒介的自治化和平台化不仅仅是指媒介功能的单一化，还包括媒介与上游内容提供者和下游受众之间的关系变化。

自治化和平台化的优势是很明显的，媒介之所以会存在"规模不经济"的原因，主要就是管理成本的上升。媒介平台化以后，既解决了内容稀缺的问题，又把创新内容的主动权交给了受众，由市场来决定哪些内容能够存在。相较于规模经济利用内部分工来提高生产效率，平台化就把这种生产关系转移到了外部，让社会自动分工，把内部管理工作变成外部服务。由于规模较小的自由专业者和小型的公司取得了内容的创新权利，所以内容更好的贴近市场，同时规模较小，创新的阻力就越小。

虽然对版权的冲击和内容审查的困难是媒介向自治化和平台化方向发展的两大软肋，需要在实践中审慎解决，但是平台化的优势是不可替代的，平台化会成为未来媒介内容生产的主要发展方向。对于行业管理部门、运营商、已经参与或者准备参与到内容生产的组织和个人来说，掌握这一趋势非常重要，对于以后的软硬件建设、技术标准选择以及生产模式的建构等具体行为都具有非常高的指导价值，能够少走或者避免走弯路。

3. 内容的本土化策略

本地化策略也是扩大媒体传播效果的有效手段。本地化并不完全等同于本地新闻，也不等同于以本地视角报道新闻（包括全国及国际新闻），而是指满足本地居民的视听需求。本地新闻与社区新闻以其地缘优势与亲民本色，将吸引观众关注、关心。

照搬和移植国外文化项目应谨慎，要考虑消费者的感受，要和当地文化共振。前几年万达集团与弗兰克·德贡娱乐集团合作，在武汉大手笔投资 26 亿元推出了舞台节目"汉秀"，号称打造世界顶级舞台秀。可结果是纵然有绚丽的舞美，也拯救不了内容的空洞，不能打动观众，所谓的"大制作"成为"大包袱"①。

二　渠道融合

渠道融合是指在技术层面，通过现代传播网络和新的终端构建新的渠道。

信息技术的进步始终是一种改变世界的、最具有革命性的力量，数

---

① 张玉玲：《文旅融合：奔向诗和远方》，《光明日报》2018 年 3 月 28 日第 15 版。

字化技术的浪潮将把我们带入人类文明的新世纪。尼葛洛庞帝在《数字化生存》中指出："信息技术的发展将变革人类的学习方式、工作方式、娱乐方式，一句话，人们的生存方式。"在数字化世界中，一个个产业的前途百分之百要看它们的产品或服务能不能转化为数字形式。数字化彻底冲破了传统媒介一向自守的介质壁垒，一种媒体大融合的趋势正在呈现；它极大地改写着现有传媒市场的版图和游戏规则，使旧有的运作架构和赢利模式日渐式微，催生着与这一时代发展相适应的新型产业模式；特别是，数字化传媒在颠覆传统产业的同时，更创造着新的产业和新的商机。

数字化传媒改变了以往大众传播的特点，更加适应受众需求的多样化和受众市场的细分化；数字化传媒改变了以往媒体单向传播的特点，而具有了双向互动的功能，信息接收的主动权越来越多地向受众方面转移；数字化传媒改变了以往受众收听收看广播电视必须同步性的特点，而实现了异步性，即受众在任意选定的时间进行收听收看，如有兴趣，还可以反复收听收看；数字化传媒改变了以往媒体信息受控严格的局面，使信息的传播流通更为自由，尤其是互联网通过其各种强大的功能，形成了海量信息源；数字化传媒改变了以往众多媒体地域性传播的特点，使传播的范围扩大至全球，它是推动全球化的强有力因素，它使任何人在任何地点、任何时间都可以与其他任何人进行任何形态信息的沟通交流。

数字化系统的搭建，要求我国的传统媒体重新考虑内容的丰富扩充与质量提升、资源的共享与合理使用；标准和平台的建立，更是牵涉到各方利益的博弈。一个国家、一个社会的成功，在很大程度上基于这个社会中的不同群体对未来是否都怀有某种期待。群体之间会有争吵、辩论，其中一些团体是出于短期利益，而另一些群体则是为更长远的利益着想。在这中间，我们看到数字化传媒在中国是有极其光明的发展前景的①。

数字化传媒在中国及世界蔓延开来之时，我们面临的机遇与挑战并存。党的十九大报告明确提出，要高度重视传播手段建设和创新，提高

---

① 喻国明：《解读当前中国传媒发展关键词》，《新闻与写作》2006 年第 9 期。

新闻舆论传播力、引导力、影响力、公信力。技术革新，带动媒体传播力增强。媒体融合时代的到来，不仅影响着信息传播的方式，受众的阅读习惯也在悄然发生改变。传统媒体只注重内容的建设是远远不够的，内容的获取是否方便，传播方式是否与受众的阅读习惯和方式相一致，在某种意义上比内容的受重视程度更为重要。

（一）三网融合

三网融合是指电信网、广播电视网、互联网的相互渗透、互相兼容、并逐步整合成为全世界统一的信息通信网络，其中互联网是其核心部分。三大网络通过技术改造，其技术功能趋于一致，业务范围趋于相同，网络互联互通、资源共享，能为用户提供语音、数据和广播电视等多种服务。时任国务院总理温家宝于 2010 年 1 月 13 日主持召开国务院常务会议，决定加快推进电信网、广播电视网和互联网三网融合①。这标志着我国的媒介融合进程在国家意志层面取得突破，必将会在相当长的时期内有力推动我国媒介融合的发展进程。三合并不意味着三大网络的物理合一，而主要是指高层业务应用的融合。

在互联网技术快速发展的当下，融合技术体系需要把握好以下几方面技术：一是云计算技术。该技术主要帮助传统媒体与新媒体记录播放内容，促使广播电视台更快速地筛选出以往传播过的内容。二是大数据技术。它拥有海量的信息资源，一方面可以为传统媒体提供更丰富的资源，另一方面有助于传统媒体与新兴媒体实现资源上的分享与融合，但是该技术需要使用新的处理模式，技术难度相对较高。三是多渠道分发技术，四是多平台展示技术。只有构建良好的融合技术体系，才可以使三网更好地融合，多渠道地为受众呈现内容，促使自身更好地发展②。

新媒体具有信息覆盖广、即时性、便捷性、交互性、传播成本低、方式多样化等优势，不再受时间和空间限制。而传统媒体的传播渠道过于单一，而且受到时空限制，导致传媒产品资源重复浪费，效益低下。传统媒体寻求与新媒体合作建立互联网与数字技术平台，将传统媒体所制作的媒体资源全部放置在新媒体平台，方便用户点击查阅；利用微博、

---

① 张冠文：《大众传媒概论》，山东大学出版社 2004 年版，第 1 页。

② 曾燕：《传统媒体与新兴媒体融合的关键与路径》，《新闻研究导刊》2017 年第 13 期。

微信等新媒体进行内容宣传，不仅可以降低传播成本，扩大传播的受众群体和覆盖范围，提高传统媒体的品牌影响力。建立自己的手机、网络等终端平台，"将传统媒体的内容优势转化为新媒体的市场利润，实现信息一次性采集、多格式生成、多介质发布的局面"。而且利用新媒体宣传能够及时发布信息，了解用户需求，而有针对性地进行内容宣传，与用户进行互动，弥补了传统媒体的即时性与互动性的不足。

人工智能技术正在深入媒体行业，并推动这一行业的变革。在传媒领域，机器人写稿逐渐开始在多个特定领域被应用；在出版领域，在线教育、阅读服务、数字营销等多种类型的产品在不断满足着受众的个性化需求；在广电领域，借助人工智能，已能做到快速编目、新闻类视频的自动化切片，海量视频的高速检索。目前正在进行的语音入口的尝试，也使内容制作、分发的效率和精准度大幅提升。这些产品从内容到渠道、从点到面，几乎涵盖了新闻出版广电业的全产业链，影响了国内外两个市场。

（二）网报融合

十九大报道中，人民网《56个民族儿女寄语十九大》微视频在视觉呈现上，PC端和移动端都有较好的界面交互设计。视频专题以红色为主色调，配色和谐，热情奔放，切合喜迎十九大的主题。PC端采用开幕式进入和上下滑动式切换页面的形式，简洁明了，易于操作。每一个界面中的左侧都放有二维码，方便受众在移动端观看。一两分钟的微视频，也顺应了人们快节奏的生活和利用零散时间接收信息的特点，因此有着较好的传播效果。

人民日报"中央厨房"的"技术体系"不是僵化的内部IT系统，而是数据化、移动化、智能化的融合云。搭建技术系统，旨在让所有的新闻线索、选题策划、传播效果、运营效果都有数据支撑。有了全网抓取的实时数据，全国各地发生的热点事件就能即时地图式呈现；新闻线索不再只是记者报题，也可以通过网络抓取、分析；通过传播效果评估、新媒体运营、新媒体追踪和用户画像，每篇稿件就有了实实在在的效果评估与反馈；通过数据分析，媒体可以深度了解用户阅读习惯和行为特征。

"中央厨房"所有技术产品的所有功能都实现移动化。上述功能既可以在"中央厨房"大厅使用，也可以在电脑、iPad、手机上使用，只要有网络就可以远程办公，通过"人机见面"完成部分工作。

基于人民日报"中央厨房"软件平台的内容分发、舆情监测、用户行为分析、可视化制作等一系列技术工具，前后方采编人员时刻在线连接，各终端渠道一体策划，逐步形成新媒体优先发布、报纸深度挖掘、全媒体覆盖的工作模式。"中央厨房"还可以根据评论信息，对用户进行情感分析，得出用户对新闻的喜好，进行个性化推荐，从而实现精准推送和营销。

媒体的数据化、移动化和智能化，归根结底是为了让技术变得更简单、更方便、更廉价。"中央厨房"的技术解决方案是中国媒体融合云：将十几家跟媒体技术相关、在各自领域领先的公司的能力全部做成技术工具，汇集在融合云上开放给全行业使用。

降低媒体融合门槛，"中央厨房"也做了一些尝试。如打造了全新的直播产品"人民日报直播厅"，只需一段代码，就可以让所有的媒体客户端连接上视频直播工具、具备直播能力，后台系统支持 5 路信号接入，可以使用导播台控制设置时间延迟，从而对内容进行导向把关，避免播出风险。和其他商业直播网站相比，这种机制是独有的。如打造了两套 H5 制作工具，一套基础级供普通编辑记者当模板使用；另一套专业级供设计师使用。哪家单位需要做专业 H5、VR 或视频，直接在融合云上发包，技术体系全面开放，意味着全国的媒体团队都可以使用技术工具"接包"，做完交付产品即可。

三　平台融合

平台融合是指在媒体融合的语境下用户平台的建设。专家认为，需要搭建一个全媒体多渠道的联动推广平台，有线载体（互联网）和无线终端（手机）的结合将构成"杀伤力最强的舆论载体"。

媒体融合的核心问题就在于重建用户连接。以用户为中心，利用互联网和大数据技术打造智能传播平台，无疑是一条可行路径。以"今日头条"为例，其在短短 4 年时间累计下载用户逾 4.5 亿，仅客户端的日活跃用户就超过 4500 万，一些传统媒体在该平台上设立的独立品牌的热点新闻阅读量，也动辄数百万。

（一）微媒体平台

移动媒体时代，人人都是一个自媒体，用户参与内容生产成为媒体融合中不可忽视的一种新闻生产方式。用户生产内容（User-Generated Content，UGC）是 Web2.0 环境下一种新兴的网络信息资源创作与组织模式，是指用户参与内容生产，泛指以任何形式在网络上发表的由用户创作的文字、图片、音频、视频等内容。[①] 当前，用户参与内容生产已经渗透到我们与媒介接触的方方面面，对新闻生产方式产生了极大的变革。用户参与内容生产是伴随着 web2.0 中社会化媒体的出现而产生的，它的发布平台包括微博、博客、视频分享网站、维基、在线问答、SNS 等社会化媒体。在国外，它的主要代表性产品是 Facebook，Youtube，Twitter，Wikipedia；而在国内，web2.0 代表性的产品是博客和社区，主要有新浪博客、腾讯博客、天涯社区等；其后，有微博、社交网站（人人网、QQ 空间）视频网站（优酷等）的兴盛[②]。

（二）主流媒体平台

伴随着媒体融合的深入发展，人民日报、新华社、光明日报等各大主流媒体都推出了自己的融媒体产品，丰富多彩的新闻产品替代了单纯的新闻报道，并且涌现出一批传播广、点击多、口碑好的融媒体作品。人民网着手打造"中央厨房"，对组织架构进行了优化重组，用"一个旗舰+三大平台+一个新平台"的形式代替了传统的部门设置。总编调度中心、采编联动平台、报社总编室、人民网总编室、新媒体中心总编室等分工明确而又能够机动联合。因此称其是"面向受众、面向国际、面向未来的新一代内容生产、传播和运营体系，以内容的生产传播为主线，不仅服务于人民日报旗下的各个媒体，更是为整个媒体行业搭建了一个支撑优质内容生产的公共平台"。

新华网则积极推进"全媒体平台"，推进媒体融合和面向新媒体的战略转型，先后推出了新媒体专线升级版，以全息化、直播态"现场新闻"

---

① 赵宇翔、范哲、朱庆华：《用户生成内容（UGC）概念解析及研究进展》，《中国图书馆学报》2012 年第 38 期。

② 李亚楠：《新媒体时代受众参与内容生产的组织及管理研究》，2016 年 3 月 9 日，人民网（http://media.people.com.cn/n1/2016/0309/c402793-28185771.html）。

为标志的新华社新版客户端构建了集新闻采集与加工、生产与传播、反馈与分析于一体的现代化新媒体运行系统。通过建立全媒体业务格局，新华社着力实现"四个延伸"，即在筑牢国内舆论主导地位的基础上，向世界范围延伸，在筑牢传统媒体领域优势基础上向覆盖全网延伸，在筑牢新闻报道主业基础上向经济信息延伸，在筑牢媒体用户市场基础上向终端受众延伸①。

　　2017 年年底，新华网使用 H5 技术，对十九大进行报道。H5 是指第 5 代 HTML，所谓 HTML 是"超文本标记语言"的英文缩写："超文本"是指页面内可以包含图片、链接甚至音乐、程序等非文字元素，而"标记"指的是这些超文本必须由包含属性的开头与结尾标志来标记。直接使用 HTML5 技术制作 HTML5 页面需要较深的技术背景。HTML5 的最显著的优势在于跨平台性：比如用互动大师搭建的站点与应用可以兼容 PC 端与移动端、Windows 与 Linux、安卓与 IOS。它可以轻易地移植到各种不同的开放平台、应用平台上，打破各自为政的局面。这种强大的兼容性可以显著地降低开发与运营成本，可以让企业特别是创业者获得更多的发展机遇。此外，HTML5 的本地存储特性也给使用者带来了更多便利；基于 H5 开发的轻应用比本地 APP 拥有更短的启动时间，更快的联网速度，而且无须下载占用存储空间，特别适合手机等移动媒体。而互动大师让开发者无须依赖第三方浏览器插件即可创建高级图形、版式、动画以及过渡效果，这也使得用户用较少的流量就可以欣赏到炫酷的视觉听觉效果。新华社《祝贺习近平当选中共中央总书记，我要发贺电！》结合时政内容，以 H5 的形式呈现出来，形式新颖，并且在移动端有较好的体验，趣味性和互动性上更胜一筹。在这个作品中，受众首先需要扫描二维码，点击"我要发贺电"，进行语言选择，点击"确认"生成贺电，最后点击"立即发送"则完成了一次应用，受众可以自主选择是否再发一次。在设计上，有中文、日语、韩语、阿拉伯语、法语、俄语、西班牙语、英语、中文繁体九种语言，考虑了不同语言的因素，为用户量身定做，可以进行个性化选择。最后显示出的"第 x 封贺电"，能够看出数字的增长，利用从众心理，鼓励用户转发朋友圈，使双向互动和传播推广

---

① 文杰：《探析传统媒体与新媒体融合的关键路径》，《新闻研究导刊》2017 年第 11 期。

相结合。新华网的这个 H5 作品，缺点显然是在内容的丰富程度上。整个作品传达给我们的只有"习近平总书记当选中共中央总书记"一条信息，呈现的内容较为单薄。

这些平台融合传播为武陵山区少数民族传统体育的传播提供了有益的经验。

四　经营融合

经营融合是指在媒体融合业态下，媒体新的组织架构、产品推广、用人机制特别是商业模式的构建。

随着经济的发展，当老百姓在解决温饱问题后，开始追求更高层次的精神生活。电视文化节目有着天然的责任感，它承载着文化创新发展的重责，承担着营造健康和谐社会文化氛围的重任。实现中国梦，讲好中国故事，传播中国好声音，也是历史与时代赋予媒体人的使命、我们更希望看到能够有更多的"荧幕清流"，真正将文化自信"流"进每个观众的心里，真正让大众在赓续优秀传统文化的道路上驰而不息。

（一）市场化运作融合

市场化运作融合主要是通过个性化服务来整合资源，实行经营的融合。传统媒体在保持自己权威性、公信力和信息高度化、深度化的优势前提下，与新媒体的信息丰富的宽度、传播的速度以及互动性相结合，进行资源整合。互联网技术的发展使得受众细分化，信息碎片化，传统媒体以往受众一体化的传播方式逐渐被淘汰。新媒体打破了传统媒体的单纯依靠广告的经营战略模式，采用了多元化的经营方式。针对不同的用户，提供个性化的服务，满足用户需求，用户付费来进行盈利。在当下技术已经发展成熟的前提下，占领市场依靠的就是服务。了解受众心理特点和接受习惯，关注受众需求，为受众提供个性化服务，是当下传统媒体市场化经营的理念。传统媒体应当依托新媒体技术，改造和提升传统媒体，立足市场，针对用户需求来做出市场化经营的改变。传统媒体也应该积极进行多元化经营，可以跨媒介、跨行业地发展，通过集团化融合资源，形成规模效应。

1. 引入市场竞争，打破体制束缚

纵观世界各国的传媒改革，放松管制、引入竞争是共同点。当前，

很多国家都意识到，应出台政策法规，放松对传媒的管制，鼓励媒介走市场化的发展之路。打破垄断的优势是显而易见的，市场参与者越多，竞争越活跃，消费者的选择权就越多，竞争压力之下的服务质量就越高。同时，竞争也带来价格的下降，刺激了消费，提高了购买力，继而又会吸引更多的消费者，网络建设的速度也会加快。

在媒介融合的产业发展上，管制放松是大势所趋，是信息革命带来的结果，也是全球化的必然要求，其主要目的在于鼓励竞争，促进市场的活跃和繁荣；管制放松深层次的背景是信息技术扩散导致管制无效化，以及全球化的发展趋势要求媒体部门、电信部门进一步开放，加强合作；管制放松也必然导致市场结构的剧烈变化，这包括产业集中度，进入、退出壁垒，横向和纵向一体化等方面，而这些变化对于厂商的行为，以至市场绩效会产生一系列的间接影响。我国的传媒曾长期处于"一元体制，二元运作"的规制下，其"喉舌地位"的意识形态功能一直被放在首位，但随着社会的进步，尤其是传媒技术的发展，以前的老观念已经不适用于现在。政府对于广电、电信行业的规制也渐渐放松，三网融合成为全球整个信息通信行业的发展方向。在此背景下，中国在未来的媒介融合的实践中，应该顺应国际潮流，开放投资、改革产权，建立一个充满竞争活力的市场。

2. 放宽市场准入，打破垄断局面

从最近的几十年来看，世界上几乎所有媒介融合的成功案例无不与政府的开放型政策密切相关。最为典型的当属美国国会1996年通过的新电信法和英国国会于2003年通过的通讯法，这两大法规的出台促进了民间资本进入传媒产业，在很大程度上提高了本国传媒的市场竞争力。这也是美英两国能够在全球传媒市场长期居于主导地位的重要原因。长期以来，我国的传媒事业完全是在"摸着石头过河"，传媒改革一直处于"微量前进"的阶段，在很大程度上仍未消除计划经济体制思想的影响。

美国是媒体融合出现最早的国家，在其媒体融合的进程中，放松管制、建立媒体综合集团的方式一直受到业界和学界的关注，也是其他国家在媒体融合进程中借鉴较多的实践方式。早在20世纪80年代，里根政府就以开放的政策解除管制、引入市场竞争，给企业提供公平的政治环境开展市场竞争。后来，克林顿政府又通过了《1996年电信法案》，解除了对电信和媒体之间的跨业经营的限制，允许电话公司和有线电视业务领域的相互渗透。此法案真正意义上放开了对传媒业地政府管制，使美国的传媒市场出现了两大发展特点：一是大型传媒集团实力大增；二是传媒产业与信息产业关系不断加深。此外，报纸和网络在《宪法第一修正案》的保护下享受很高程度的自由。

（二）文旅融合

文化是旅游的灵魂，旅游是文化的载体。文化是"人化"，是人的主体性或本质力量的对象化。它的主要功能是"化人"，即教化人、塑造人、熏陶人。文化从本质上讲就是一种符号。文化符号，既蕴含一个地方的形象及个性，又与当地的历史文化、经济水平、人文风俗等诸多因素密切相关。当文化和旅游完美结合的时候，文化即是旅游的灵魂，旅游即是文化的重要载体。

文化产业与旅游产业具有天然的互补性，文化是旅游的灵魂，旅游是文化的载体。文化为旅游提供丰富的内容产品，旅游则为文化创造巨大的市场空间。旅游本质上是一种文化体验、文化认知与文化分享的重要形式，也是文化传承与输出的重要途径之一。随着国民休闲时代的到来，文化体验对游客出行选择的影响更加显著，已经成为旅游业发展的决定性因素。其次，文化资源为旅游业发展提供了深厚而持久的元素。此外，文化产业和旅游产业都具有强关联性、高渗透性等特点，旅游为文化保护与传承提供了有力支撑。

当少数民族文化为众人所知，其当地文化的需求量会飞速上升，必然会刺激当地经济的发展。随着经济的发达，此地的文化会更加为人熟知，形成良性循环。例如，杨丽萍一个精湛的孔雀舞，让我们了解了云南、白族、少数民族的孔雀舞。2003 年，趁着《云南映象》大热，杨丽萍成立了云南映像文化传播有限公司，后来在 2011 年 2 月 18 日改名为杨丽萍文化传播公司，主要业务是从事具有云南少数民族特色的大型歌舞集、舞剧的创排及演出，旨在让每个作品具备可商业化运营的基因，让文化长久地流传下去。2012 年至今，公司每年利润都在千万元以上，表明少数民族的文化潜力巨大。湖北省长阳县民间艺术团到香港演出，掀起了海外文化交流崭新而别致的一幕。

品牌体育赛事是体育文化传播的重要载体，少数民族传统体育文化要做到可持续发展，还应加强对体育赛事品牌效应的研究。美国的 NBA、英格兰足球超级联赛、西班牙足球甲级联赛等，都利用了赛事品牌效应开拓了海外体育市场，拓展了自身篮球、足球国际传播的场域，无形中提升了自身项目的文化传播力。经过多年的发展，中华龙舟、太极拳等项目也正在打造自身的国际赛事，太极拳在 2014 年举办了首届世界锦标赛，木球已经举办了 6 届世界杯比赛。通过赛事的推广，用标准化来推动国际化，树立自身的品牌赛事，打造世界级体育文化交流平台，以形成太极拳和木球国际传播的可持续力。

五　管理融合

管理融合是指政府对于整个媒介生态的管理，包括网上、网下的统一管理和规范，坚持正确的舆论导向等。

在过去的传播学词典中，受众始终是传播链条中下游角色的一个专属名词，其能动性至多不过表现为选择或者不选择某个传媒，接受或者不接受某项传播内容或形式。但目前传播领域发生的真正重大事变，乃是"上游"角色成分的深刻变化。对传媒产业而言，当传统意义上的"受众"参与到新闻产制价值链的上游，而不再只是单纯的阅听大众时，也就意味着媒介生态发生了深刻改变。

（一）政策导向

党的十九大报告指出："推进国际传播能力建设，讲好中国故事，展现真实、立体、全面的中国，提高国家文化软实力。"

国内传播与国际传播应有机结合。民族文化不仅要"给自己讲"，还要"走出去""给别人讲"，在国际舞台上树立我们清晰的文化形象，让世界人民认识和了解中华民族文化，感受中华民族文化的独特魅力，欣赏中华民族文化的风采。这也是我们提高文化软实力，坚定文化自信，激发全民族文化创新创造活力的不竭动力。当然，在这一过程中，会遇到诸多困难。"一般而言，文化的符号系统、价值系统和思维系统在不同民族中是相对固定的"。正是这种文化的相对固定，使得任何一个民族都有着自身习惯的思维模式、熟悉的文化形态和固有的文化感受以及意识形态。世界各国在意识形态上存在着诸多的差别，加上地理区位所带来的文化差异，造成了诸多在文化传播中的文化折扣和误读问题。民族传

统体育本身就具有突出的地域性、乡俗性特征，在远离乡土的异地进行
传播存在诸多的困难①。

（二）法律法规

生存生境改变非遗命运。民族精神是一个民族赖以生存和发展的精
神支撑，抢救文化是为拯救民族精神。2003 年，文化部正式启动了"中
国民族民间文化保护工程"。长阳土家族自治县是全国第一个通过颁布法
规条例来保护民族文化遗产的县。2004 年，恩施州下发了《恩施州民族
民间文化保护工程实施方案》，对我州土家族民间文化遗产进行了全面、
彻底的普查和记录。

图6—1　长阳土家族自治县民族民间传统文化保护条例（2013 年）

---

① 妥培兴:《"一带一路"战略下民族传统体育跨文化传播的价值、困境及其消解》,《南
京体育学院学报》2017 年第 1 期。

1. 版权保护

版权保护是媒体融合背景下的新问题。国内方面，原有的版权保护技术已远远不能满足媒体融合的需要，政府相关部门应组织力量了解媒体融合时代版权保护的特点，明确相关权利的具体归属，制定相关版权政策，形成法律效力的保护，促进新版权保护技术措施的推出。可采用宏观调控手段引导新媒体市场的发展，制定相应的数字出版准入政策，保障内容的准确性、学术价值的可靠性，确保出版市场的数字产品内容符合国家各项出版法规与政策的要求[①]。

国际方面，加强我国非物质文化遗产的抢救性保护。联合国教育、科学及文化组织（以下简称教科文组织）认为非物质文化遗产是密切人与人之间的关系以及他们之间进行交流和了解的要素，其作用是不可估量的，于是在 2003 年的第 32 届会议上通过了《保护非物质文化遗产公约》。我国的民族传统体育在政府的高度重视与大力支持下，得到了一定的保护。但是，在全球化的背景下，我国民族传统体育文化的传承及发展面临极大挑战，体现在非物质文化遗产的版权归属问题。我国民族传统体育在跨文化传播中，一方面，由于"西学东渐""中体西用"甚至"全盘西化"，对自我文化认同不足，对一些传统体育文化的西化改造和自我迷失，在文化自戕的同时，给我国民族传统体育文化造成了严重的损害，严重制约了我国跨文化传播的内容选择与输出自信；另一方面则是无视，致使我国很多的民俗体育项目已经遭到周边国家的抢注。2015年 12 月 2 日，韩国联合越南、柬埔寨和菲律宾一起申请"拔河"入遗，"拔河"被联合国教科文组织列入《人类非物质文化遗产名录》，成为韩国第十八项人类非物质文化遗产[②]，这是继"端午申遗""汉字之争""中医归属""暖炕争权"等之后，韩国再次抢注了一个"非遗"。韩国称，"拔河"是祈愿丰收的一种农耕游戏，包括在韩国等国的稻米文化圈。实际上，"拔河"这项运动起源于中国春秋战国时期的军事训练。《墨子·鲁问》中记载，楚国锻炼水军使用了两对人抓着薄珠片劈成细条做成的

---

① 郭晓亮、郭雨梅、吉海涛：《媒体融合背景下优化学术期刊政策环境的路径选择》，《出版发行研究》2014 年第 11 期。

② 郑志宏：《根植于民族认同的体育文化传播研究》，《新闻战线》2016 年第 4 期。

"篾缆"对拉，相互较劲。之后，这种牵钩游戏传到渔民水乡，每逢佳节，人们就用"牵钩"之戏进行庆贺。韩国的做法一方面折射出我国非物质文化遗产的底蕴优势，另一方面也暴露了我们在文化保育上的"窘境"；既折射出我们迟钝、滞后的文化自觉，看到自己缺失了太多的文化敏感和历史质感，也警醒我们，当优秀文化传统在世人漫不经心的敷衍中颓唐地流落于江湖、消失于草莽时，我们最该做些什么①。在中国有一个特别有趣的现象，很多东西都是"墙内开花墙外香"，在国内受冷遇，在国外有美誉，我们该振奋还是伤心？

2. 监管机制

互联网在中国的迅速发展，把百姓现实社会生活向虚拟空间延伸了。2017 年 10 月 18 日，习近平总书记在党的十九大报告中指出，中国特色社会主义进入了新时代，"我国社会主要矛盾已经转化为人民日益增长的美好生活需要和不平衡不充分的发展之间的矛盾"。这一矛盾在互联网空间里、在网络传播领域中也同样存在。网络空间是美好的生活空间，互联网让世界变成了"鸡犬之声相闻"、天涯若咫尺的地球村，世界因互联网而更多彩，生活因互联网而更丰富。一方面，我们追求美好生活，其中蕴含着对网络空间的需求，也蕴含着对网络传播服务的需求；另一方面，我们的网络发展同样存在不平衡、不充分的问题。信息服务的不充分与不平衡让国内社会舆论场呈现众声喧哗的表象，也将各种社会问题带入到网络空间，提升网络空间的治理水平迫在眉睫。当代网络空间已经从虚拟走向真实，成为现实社会的新维度。面对新时代的新格局，对美好生活的追求也要求网络传播者必须勇于担当新责任。但是，人们在享受网络空间自由的同时，有意无意地冲击了道德底线，甚至触碰了法律。尽管在注册网名或下载软件时，也都有"遵守宪法和法律"相关提示，但也有人并不以为然，直到秦火火等一起起网络违法犯罪案件被查处曝光，才让更多的人警醒：网络空间不是法外之地，需要像现实社会一样建立共同遵守的公共秩序，这个秩序建立和管理的过程，离不开网

---

① 《当为韩国拔河申遗成功致谢》，2015 年 12 月 7 日，新民网（http：//news. xinmin. cn/world/2015/12/07/29064293. html）。

络空间法治化，法治化是对网络文明的最好约束①。

随着网络的不断发展，出现了许多新兴的传播方式，而网络直播这种互动性较强的方式更受人们的喜爱。虽然网络直播丰富了人们的生活，给观众带来了乐趣，但与此同时，网络直播也存在着一些问题，如主播的素质良莠不齐、节目水平参差不齐、直播内容过度娱乐化和低俗化、直播平台之间存在恶意竞争等，急需加强对网络直播的管理，营造一个文明、和谐、健康的网络直播环境。要解决这些问题，一方面要依靠完善的互联网法律规范体系，让互联网直播的监管有法可依、有法可循；另一方面也要在网民、媒体人、技术手段上下功夫，监管要与时俱进，加强对网民、媒体人的媒体素养教育与互联网直播行业的内在自律管理，加强思想道德建设，依靠整个社会的共同努力，促进网络直播行业的健康有序发展②。

我国法律法规的密集出台，成为推进网络空间法治化，维护网络空间秩序的最好"刹车"。2017年8月25日，国家互联网信息办公室公布了《互联网跟帖评论服务管理规定》、《互联网论坛社区服务管理规定》，对落实网站主体责任、落实属地管理责任作出明确要求，两部新规均自2017年10月1日起施行③。2017年9月22日，俞正声主持全国政协双周协商座谈会，围绕"营造风清气正的网络空间"建言献策④。

习近平总书记在主持中共中央政治局第三十六次集体学习时指出，要"加快提升我国对网络空间的国际话语权和规则制定权"。作为网络大国，我国应通过互联网治理的先发优势，积极参与网络空间法治化治理的进程，不断提升我国的国际话语权与规则制定权。网络传播的新时代特征是互联互通，新格局状况是多元一体，因此，网络传播应当在共享的基础、共赢的目标、共治的原则下，共同承担责任，达成共享共责。

---

① 久久泰平：《法治化是对网络文明的最好约束》，2014年10月27日，绍兴文明网（http：//www.wenmin.cn/wmpl_pd/yczl/201410/t20141027_2254192.shtml.）。

② 吕然：《网络直播的监管问题及对策（二）——我国网络直播监管的不足与完善》，《中国广播》2018年第2期。

③ 《互联网新规提速网络法治化进程》，2017年9月15日，网络传播杂志（http：//www.cac.gov.cn/2017-09/15/c_1121667452.htm）。

④ 《全国政协召开双周协商座谈会 俞正声主持》，2017年9月22日，人民网（http：//cpc.people.com.cn/n1/2017/0922/c64094-29551258.html.）。

为了达成共责，需要重寻理念，树立新的社会责任观；重建体系，确立新的网络传播治理体系；重塑主体，开展网络传播责任教育。

3. 传播者的媒体素养

随着大数据、人工智能的广泛应用，一些商业网站、移动新闻客户端，包括直播平台、浏览器、搜索引擎、影音软件等，都在运用算法这个"读心术"，为用户量身打造信息，创造出一种新的个性化阅读体验，信息获取已经从"大海捞针"进入"私人定制"模式。然而，技术往往是一把冷冰冰的双刃剑，在价值和利益的天平上，所谓的算法纯属为了实现最大推送量，获得最高点击率，说到底是在追求利益的最大化。一切围着流量转，唯点击量、转发量马首是瞻，"标题党"泛滥，价值取向跑偏，内容沦为附庸。2018 年 4 月 10 日，国家广播电视总局在督察"今日头条"网站整改工作中，发现该公司组织推送的"内涵段子"客户端软件和相关公众号存在导向不正、格调低俗等突出问题，引发网民强烈反感。为维护网络视听节目传播秩序，清朗互联网空间视听环境，依据相关法规的规定，总局责令"今日头条"永久关停"内涵段子"客户端软件及公众号，并要求该公司举一反三，全面清理类似视听节目产品①。

自媒体时代，民族传统体育文化的传播必须遵循以下原则。

首先，传播者必须确保信息内容的真实性。新闻界前辈郭超人曾这样形容记者：笔下有财产千万，笔下有毁誉忠奸，笔下有是非曲直，笔下有人命关天。"长阳巴山舞之父"覃发池在《舞蹈》第六期中这样评价巴山舞："长阳巴山舞的价值在于开拓，它的成功在于忠实，忠实于人民，忠实于历史。"当前，自媒体时代的文化发布者，可以说在不同程度上有着与记者相似的影响。自媒体传播者的信息鉴别能力、分析能力以及对把关标准的掌握，是决定其把关能力高低的重要参考依据；对于不良信息的鉴别能力以及理性分析的能力，直接影响着自媒体传播者的信息把关能力。自媒体的传播者是信息传播的主体，他们在信息传播过程中的责任意识以及信息把关的标准掌握情况、把关能力的高低等对于信息传播的质量有很大的影响。因此，不断提高自媒体传播者的自我把关

---

① 白瀛：《内涵段子被永久关停》，2018 年 4 月 10 日，新华网（http://www. xinhua-net. com/politics/2018－04/10/c_ 129847557. htm）。

能力，对于建构健康的网络文化传播环境有着积极的现实意义。如果这些传播者自律意识不强，信息把关不严，自媒体就会出现大量的不良信息和违规传播行为，对整个媒介传播环境的建构十分不利。我们要利用各种渠道，引导和培养自媒体传播者对问题信息进行思考和刨根问底的习惯，以提高他们的信息分析能力。

其次，转发者必须提升信息传播的责任性。在 21 世纪的信息时代，互联网的快速发展使得开放的论坛、博客、微博，跟锁在抽屉里的日记本、摘抄本不同，已属于网络公共空间的组成部分。在病毒传播过程中，受众自己就可以充当"把关人"的角色，看到自己喜欢的病毒因子，受众会不自觉地染上病毒，吸纳进去，并通过自己的主页对其转发宣传，使病毒继续传播。而如果这一病毒没有被受众所吸引，受众便会将其抛至一边不继续转发，病毒在这一位受众的身上进行的传播便终止。

因此，在这个转播的过程中手中充当的"把关人"在面对碎片化的信息时要多一些独立思考、多一些理性判断、少一些冲动偏激、少一点轻信盲从，对于不健康的信息要主动删除，不进行传播，要谨守法律的边界，谨守道德的底线，负起自己"把关人"的责任，为网络传播环境的优化做出一份自己的努力。

最后，把关者必须规范信息发布的严谨性。把关在传播学中是一个重要的概念，指的是大众媒介对信息的筛选和过滤。在本文中把关是指互联网媒介中心或者立法机关对网络信息的筛选和过滤。在以网络为平台的信息传播过程中，立法机关、司法机构、互联网管理部门完善法规、加强监管，是更为有效，也更为根本的"谣言粉碎机"。互联网企业是"第一把关人"，多一些社会责任，多一些有效管理。传统媒体面对真假难辨的网上信息时要通过认真细致的调查、求证，披露真相、以正视听。个性化比较强的新兴媒体在社会生活中的作用日益增强，公众的信息传播意识在逐渐加强的同时，相关法律意识却没有相应提升。因此，政府部门首先应该依据现有的法律法规，实现对新兴媒体多项法律、多种渠道的监管。其次对自媒体的信息传播进行详细规范和引导，使之与大众传媒共同为信息传播服务，加快制定相关法律。

媒体必须坚持社会效益和经济效益相统一，担负起与媒体角色相对应的社会责任，饮水思源，回报社会，造福人民。内容推送少不了"总编辑",算法再精良也要装上"安全阀",加强内容把关。要提高平台使用透明度,畅通用户的设置渠道,将信息的选择权还给用户。要坚持正确舆论导向,强化价值引领,以"人工推荐＋智能筛选"相结合优化推送方式,大力传播和弘扬主流价值,不能让"有意思"代替"有意义"。算法不是王法,只有算法回归到服务内容的角色,变得有态度、有深度、有温度,才能让人们在信息的海洋里尽情遨游、在清朗的环境中自由飞翔,才能使网络空间碧波荡漾,激发出源源不断的正能量①。

（三）传媒规制的重建

"规制"一词是由日本经济学家对英文单词"regulation"翻译而来的外来语,在 20 世纪 90 年代左右引入中国。"规制"一般用于政府以法律和规章制度对经济主体进行规范和约束的行为。在传媒市场中,同样需要政府对媒介的规制,传统意义上的媒介由于受物理条件的局限,有天然的垄断性。随着媒介技术的不断进步,各种以数字化为特点的新媒体大量涌现,极大地改变了媒介生态环境,原本有限的媒介资源突然丰富起来,人们利用播客、微博的形式通过互联网和手机向外直播,人人都成为新闻台。媒介环境的最大变化是"媒介边界的消解",这种消解的力量一方面模糊了新旧媒介之间的界限,另一方面也使得受众地位上升,可以根据自己的需要自主选择信息,并以极强的互动性拉拢了一大批具有很高消费能力的年轻人。媒介边界的消解也极大地影响着我们的生活,但是如果没有适应当下媒介环境的传媒规制,受众就不可能充分享有媒介融合带来的新成果。新的传媒规制的构建,有助于公众享有充分的信息选择权,保证信息在新的媒介环境下良好的流动。

企业是市场竞争的主体,传媒企业对于受众需求有着十分敏锐的觉察。传媒产业化后,在媒介技术条件逐步具备后,放松行政力量管制和鼓励市场竞争就成为媒介融合的必要因素。从最近几年我国媒体融合的发展看来,一个最突出的表现就是我国的媒体集团化,主要通过非市场化的渠道,表现为行政主导下的合并与划拨②。我国的新闻媒体都有一定

---

① 《不能让算法决定内容》,2017 年 10 月 5 日,新华网（http://news.sina.com.cn/pl/2017－10－05/doc－ifymrcmm8518035.shtml）。

② 熊澄宇:《整合传媒:新媒体进行时》,《国际新闻界》2006 年第 7 期。

的政治级别，这样就很难在市场上与其他行业公平开展合作和竞争；而且各大传媒集团都有很强的地域性，这样就容易被地方政府的行政力量所左右，很难在市场经济的大潮中放开手脚。媒体融合给中国的广电、电信和互联网行业也提出了新的要求，逼着传媒机构一改长期吃"大锅饭"的历史，逐渐实行产业化管理与运作①。我国的"三网融合"标志着我国政府鼓励传媒打破行业壁垒，鼓励市场竞争，允许跨媒体合作，支持媒体融合。"竞争的另一个好处是，为了得到竞争优势，技术、设计和服务创新得到发展"②。大众传媒跨地区、跨媒体、跨行业融合，有利于促使各方取长补短，调动各方积极性，从而取得良好的市场收益。因此，政府及行政管理部门应当适当鼓励竞争，这样传媒产业的发展才能健康有序地走向融合。

从长远着眼，必须对传媒规制进行改革，才能适应当今媒介生态环境的改变。为了提高效率，我国必须尽快成立传媒行业专门的管理部门，从全局统领传媒行业的发展，保证媒介融合的顺利进行。打破目前条块分割、多头管理的混乱局面，成立综合的协调性质的管理部门，这样不但有利于引导媒介融合，更能深入贯彻国家关于传媒行业的大政方针。这方面国外先进国家有许多经验值得我们借鉴，例如美国1934年成立的联邦通信委员会（Federal Communications Commission，FCC）来管理美国的通信、电视、电话、卫星等相关工作，并且直接对美国国会负责。到2003年，英国为了更好地发展传媒产业，特意成立了英国通信办公室。

今天，正是在互联互通的新时代和多元一体的新格局中，全球政治和网络空间都出现了全球治理的多极化。对网络传播的社会责任也提出了新的要求：新时代是一个共享、共赢、共治、共责的时代。我们共享整个地球，也共享整个互联网。自诞生之日起，互联网的一个重要精神就是共享，应当进行共同治理（co-governance，co-regulation），在网络传播层面，应该承担共同责任。人类发展的目标应该是获得利益共享的最大化，这就要求互联网提供更充分、更平衡的信息服务，要求互联网治

---

① 孟建、赵元珂：《媒介融合：作为一种媒介社会发展理论的阐释》，《新闻传播》2007年第2期。

② 王茫茫：《分众时代的媒体融合》，《中国广播电视学刊》2005年第3期。

理促成更多元、更和谐的声音。习近平在致信祝贺第四届世界互联网大会时强调，尊重网络主权，发扬伙伴精神，以网络空间命运共同体为核心，做到发展共同推进、安全共同维护、治理共同参与、成果共同分享，共同搭乘互联网和数字经济发展的快车。王沪宁在主旨演讲中强调，全球在网络空间命运与同，休戚相关。推动网络空间开放、合作、交流、共享，携手共建网络空间命运共同体。要鼓励创新创造、增强发展活力，促进开放合作、拓展发展空间，推动包容共享、夯实共赢基础，强化协同联动、凝聚互动合力，促进安全可控、构建良好秩序，建设安全稳定繁荣的网络空间①。

（四）体制与机制

两种媒体的融合发展，需要对媒体的组织结构和管理体制进行必要的改革和创新。目前，我国传统的管理制度在一定程度上影响了两种媒体的融合进程。齐峰认为媒体融合过程中，机制创新是行业发展的推动力，媒体融合旨在打破原有的体制机制，打破体制内外束缚，克服弊端，实现新旧媒体之深层融合②。相关部门应当结合两种媒体之间存在的共性及特殊性，按照企业发展的需要，对新企业的人员、信息渠道、传播渠道、传播方式以及受众获取信息的相关途径重新制定。在加强两种媒体密切合作的同时，也要保持双方的个性。

提高媒体的管理能力。探索满足媒体融合需要的人才激励方法，改革现行人员管理制度、人才培养、使用制度，放活收入分配，建立和完善社会保障制度，充分发挥市场配置资源的基础性作用，让更多技术、人才、资本要素聚集到媒体改革事业中，推动文化事业与文化产业发展。

（五）专业人才

自媒体时代，人人都可以"传播信息"，但要成为"媒体"，必须拥有采集、核实、发布信息并赢得公众信任的能力。其中，采集和核实信息非常重要，是媒体的核心竞争力。采集信息，需要一个强大的专业团队对正在发生的事件进行报道；更为重要的是，要拥有对信息源进行核

---

① 《习近平致信祝贺第四届世界互联网大会开幕》，2017 年 12 月 3 日，新华社（http：//www.china.com.cn/news/2017 - 12/03/content_ 41962714. htm.）。

② 齐峰：《媒体融合认识误区与路径选择》，《中国出版》2015 年第 2 期。

实、防范虚假信息的能力。无论是通讯社，还是电视台、报纸，光有人力、印刷机和直播机器还不够，还必须有训练有素的采编团队、独特的信息网络和渠道、核实纠错把关机制、奖惩考评机制等。

在媒体融合进程中，许多媒体组织不仅面临新技术专业人才的匮乏，同样面临互联网思维的不足。传统媒体研究人员和从业人员虽能胜任审稿、编辑、校对等业务，但对新媒体技术的认知和把握滞后，对新媒体技术的掌握和应用不能顺应媒体融合的实际需要；而具有新媒体知识和技能的人对传统媒体的相关知识把握欠佳。因此，积极组织人员参加新媒体技术的培训班，提高媒体采编人员的业务能力和专业素质，是储备人力资源，提高传播效率的关键。

1. 传承人的培养

党的十八大以来，以习近平同志为核心的党中央高度重视中华优秀传统文化的传承与传播。2015 年，文化部、教育部启动了"中国非物质文化遗产传承人群研修培训计划"，中南民族大学作为试点单位之一，成功举办了剪纸试点培训班。2016 年，该校被文化部批准为首批正式培训单位，承担了剪纸和漆艺两个项目的普及培训和研修工作，充分利用学科优势，结合民族特色和地域特色，围绕湖北雕花剪纸和楚式漆艺的特点，精心设置文化基础课程和专业课程。目前已成功举办了各类非遗培训班共 4 期，培训来自湖北省内及山东、陕西、湖南等地的学员 200 余人。2016 年 9 月，文化部在济南举办第四届非遗博览会，该校参展团队展示的作品富含时代特征，突出民族特色，表现出湖北非遗之美和非遗传承人的精气神，喜获"优秀组织奖"。高校举办的培训班不仅为传承中国非物质文化遗产培养了接班人，也为他们创作新作品打下了基础，开阔了眼界，更好地将民间手工技艺与现代生活接轨。作品表达了感悟时代、贴近生活的真实情感①。

恩施土家族地区的摆手舞传承人极度稀缺，民间艺人生活十分窘迫，为了家庭生计不得不忙碌奔波，根本没有多余精力投入到民间文化之中，使民间文化的传承陷入困境。据中国文化报载，自 2008 年开始，国家级

---

① 戴璐：《非遗焕新生 文脉颂中华 非物质文化遗产大型网络传播活动走进我校》，2017 年 10 月 9 日，中南民族大学党委宣传部（http://news.scuec.edu.cn/? p＝8171）。

非物质文化遗产传承人每年将获得中央财政拨发的 8000 元工作津贴。恩施州来凤县摆手舞在 2008 年被列入全国第二批国家级非物质文化遗产保护名录，当地政府也对摆手舞做出贡献的传承人进行了登名造册，建立传承人艺术档案，纳入财政预算，对传承人给予专项补贴。但真正落到实处的不多，例如 2009 年 7 月来凤县命名了 12 名摆手舞传承人，并颁发奖证和奖金，恩施州人民政府命名了百福司镇舍米湖村摆手舞老艺人彭昌松为州级摆手舞艺术大师，颁发了证书，每年给予 1200 元的资金补贴。一年 1200 元补贴，一个月也就 100 元，远远达不到中央财政下拨的标准，就这样资金还不能保证按时发放，可想而知，那些只是以乡镇命名的传承人，他们的生活该有多窘迫。所谓的摆手舞传承人，如果连基本的生活都不能保证，那么传承和传播摆手舞的积极性从何而来。另外，政府的越俎代庖让本应该成为摆手舞传承主体的百姓成为摆手舞文化的看客，大大损伤了群众的积极性，以至于摆手舞不但没有新的传承人，而且曾经热爱摆手舞的传承人也对摆手舞越来越冷漠，同时导致原来修缮的民族文化基础设施也因无人看管和保护，日渐破败不堪。

2. 学校教育对媒体传播专业人才的培养

高校新闻传播学专业教育

学校的专业教育培养传播人才。民族文化传播学扩展了现代传播学的研究范围，从历史、文化、技术发展的角度对民族文化信息传播的行为及活动规律、民族文化的保护、传承进行现代建构①。

传播效果是传播的目的所在，可分认知、态度、行为 3 个层面。"外部信息首先作用于人们的知觉和记忆系统，引起人们知识量的增加和认知结构的变化，属于认知层面上的效果，作用于人们的观念或价值体系而引起情绪或感情的变化，属于心理和态度层面上的效果；这些变化通过人们的言行表现出来，即成为行动层面上的效果②"。

从目前我国体育文化对外传播的总体情况来看，缺乏对传播效果的监测与客观评估；因此，体育部门应建立一套客观、及时的传播效果评估体系，重点支持传播效果好、渠道广的运动项目，加快国际化的步伐。

---

① 李丽芳、邱昊：《民族文化传播学：历史与现代的传递》，《学术探索》2013 年第 2 期。

② 郭庆光：《传播学教程》，中国人民大学出版社 2011 年版，第 172 页。

凡事都有两面性，传统媒体与新媒体各自的优点和缺点都很突出，在形成网络正能量、舆论监督、网络反腐等方面起到一定的积极作用，但同时网络谣言传播和负面信息传播影响也很大。当前网络低俗语言和不良言论混淆美丑是非，充满粗鄙、暴力和戾气，严重扰乱现实社会秩序，直接影响网民的思维习惯，对人尤其是青少年的价值观形成有很大的负面影响。

第 七 章

媒体融合视域下武陵山区少数民族
传统体育"文化空间"的重构

　　盘点我国的媒体融合进程，虽然历史上我国的媒体和新闻事业起步都晚于国外，但我国的媒体融合过程却是与世界同步的，在经历了2014年的"顶层设计"、2015年的"媒介融合元年"和2016年的蓬勃发展之后，2017年迎来了发展的黄金时期。融合带来新活力，传统媒体与新媒体两者融合才能实现共赢，获得更为广阔的发展空间。

第一节　媒体融合视域下武陵山区少数民族
传统体育"文化空间"的现状

　　当前媒体融合既面临重大机遇，也面临严峻的挑战。武陵山区少数民族传统体育文化在融合传播的进程中存在一些问题，主要表现在以下几个方面。

　　武陵山区少数民族传统体育的传播主要是靠人际传播和组织传播进行的，显然这两种传统的传播方式在传播范围和传播效果方面远远不够。人际传播是人类社会最基本的社会活动和交流方式，指个人与个人之间的信息文化和情感交流。人际传播是社会交往的基础，是文化传播的重要途径，具有其他传播方式不可替代的优点：人际传播的传者和受者是建立在情感交流的基础上，具有自发性、自主性信息更容易让人乐于接受；另外，人际传播活动中文化信息的传播与反馈即时。

　　人际传播无法克服的缺陷是传播范围狭窄。首先，摆手舞传承主体匮乏。摆手舞民族舞蹈艺术属于非物质文化遗产，历来靠的是世代口耳相传的活态传承延续至今，主要形式有师徒传承、父子传承以及同村个体之间的相互传播与传承。2014 年，恩施地区"摆手舞之乡"的来凤土家族自治县仅有摆手舞传承人二十人左右，传承人极其缺乏。其次，摆手舞传统仪式活动消失。土家族摆手舞是集祭祀、农事、游艺、军事于一体的民族文化艺术，最初是通过祭祀祖先神灵、庆祝农事顺利、战前以舞打气等仪式活动来进行传承和传播的，随着社会的变迁，祭祀祖先神灵等活动在现代社会被当作封建迷信进行遏制和打压，摆手舞作为仪式活动的表演形式也随之失去了原有的社会功能，演变成当代仅具有娱乐、健身功能的集体舞蹈。总之，摆手舞的传承人匮乏直接带来的是人际传播主体的缺乏，仪式传播活动的消失影响了人际传播，致使摆手舞的传播范围有限。

图7—1　来凤县摆手舞传承人

组织传播是以组织为信息传播主体的信息传播活动及过程。组织传播具有内部协调、指挥管理、决策应变、达成共识等社会功能，组织传播的下行传播即有关组织的目标、任务、方针、政策等信息，自上而下得到传达贯彻的过程，具有一定的强制性，这对文化的传播具有重要作用。恩施土家族摆手舞的组织传播主要是当地政府自上而下推行的以旅游为目的的摆手舞活动。经济和文化可以互相促进和推动，旅游与民族文化联姻也是民族地区常用的双赢手段，恩施地方政府从自上而下推行旅游，把大量专项资金投入到道路修缮、房屋改造以及摆手堂的维修，重视专业摆手舞表演队的表演，调动了当地企业的激情，但由于忽视了当地民众自下而上的诉求，村里的环境、餐饮、住宿等配套设施没有搞好，村里的百姓基本没得到旅游带来的丝毫实惠，只是成为这次活动的看客，传承人失去了积极性和主动性，组织传播便失去了动力源泉，必然影响摆手舞的传播效果和范围①。

当前，恩施地区的摆手舞、巴山舞等民族传统体育的传承现状如此不容乐观，究其原因，主要是在传播方面存在以下几方面的问题。

一　内容融合

随着媒介生存环境的变化和媒体融合趋势的深入发展，媒体生存发展的诸多外在因素和内在变量均已发生变化，对面临激烈竞争的媒体组织而言，"渠道""技术"等一些因素固然可以在短时期内使媒体赚得盆满钵满，但是从宏观角度和长期角度而言，"内容依旧为王"是媒体的长期发展战略；强化内容，依旧是媒体融合发展的必由之路。

媒体融合不能忽视内容建设这个根本，"内容为王"是媒体的核心竞争力。一方面，随着媒体多元化发展和竞争激烈化趋势的到来，需要媒体进一步提高内容质量，以增强竞争力。联合国教科文组织（UNESCO）在《文化政策发展行动计划》中指出，"文化生产力的竞争是未来世界竞争的主战场，同时文化发展将成为新时期社会发展的主流"②；另一方面，在媒体融合还没有真正实现的背景之下，来谈"渠道为王"和"产品为王"也缺乏必要的现实基础。与其在缺乏资源的条件下"开疆扩土"，盲

---

① 牟容霞：《摆手舞的传播困境探析——以恩施土家族摆手舞为例》，硕士学位论文，西南大学，2014 年。

② UNESCO, "Action Plan on Cultural Policies for Development", paper delivered to the Intergovernmental Conference on Cultural Policies for Development, Stockholm, Sweden, 2 April 1998.

目建立新的平台，进入激烈的渠道竞争和品牌竞争之中，"不如在内容上精耕细作，这样的风险更小，把握更大"。

在当前的海量信息时代，巴山舞的内容产品不多，传播量少，且传播内容的同质化现象严重，仅仅停留在"克隆"层面。所谓"克隆"，是指作为合作伙伴的媒介不加改动地刊播对方的内容①。内容单调、滞后，缺乏感染力。缺少与时俱进的新作，深层次的文化内涵尚需挖掘，以满足人们的多元精神需求。地方媒体追求经济效益，报道内容厚此薄彼、喧宾夺主的现象明显，实际上我国的主流媒体都在宣传报道的大部分是西方竞技体育赛事，少数民族传统体育项目的相关报道相对较少，加剧了巴山舞等少数民族传统体育文化的日益边缘化，其传播效应不断弱化。不少传统媒体匆匆披上新媒体的外衣，然而却是形"融"而神不"融"。部分传统媒介仅将传播内容生抄硬搬至微博、微信、APP 客户端，进行简单的嫁接移植，而其深层次的新闻运行模式、生产方式、生产流程，尤其是内容产品的叙事手段、表现形式等，均未形成多层次、多类型的内容融合产品，致使新闻客户端遍地开花、内容雷同，缺乏吸引力、感染力，"僵尸"媒介盛行，未能实现更高层次的"媒介融合"。发扬鲁艺精神，挖掘时代内涵，制作品牌内容，多渠道分发，练好内功，多出精品，生产出接地气、留得住、传得开的文化产品成为媒体人必须牢记的责任与担当。

二　渠道融合

科技进步推动媒体融合的发展。大众传播是专业化的媒介组织利用先进的传播技术和产业化手段，向社会的、一般大众进行大规模的信息生产、传播的活动及过程。传统媒体与新媒体融合传播恩施土家族摆手舞尚存在诸多不足。

(一)报纸等的发行量和区域限制

恩施地区报纸的受众范围极其狭窄。恩施自治州总人口达397万，当地的两大纸媒总共发行量不过10万份左右，这与人们的教育文化水平参差不齐、整体文化水平不高以及当地文化氛围不浓有关。除了党政机关

---

① 宫承波：《媒介融合概论（第二版）》，中国广播影视出版社2016年版，第1页。

及事业单位的硬性订阅外，自己购买报纸的受众极少，多数人没有读报习惯。那些经常读报的人也是浏览时事新闻或自己需要的财经报道，对偶尔涉及的民族文化报道不一定会关注，因为恩施地区的人们虽然身份上是土家族，但平时基本没有民族成分的意识，更不会特意去关心民族文化。三大报纸虽然是面向全国发行，但实际上仅仅局限在恩施本地区，因此发行数量和发行地区都很有限，影响摆手舞的传播范围。

1982 年，覃发池在《舞蹈》杂志第三期发表《新兴的群众自娱性舞蹈巴山舞》，论文引起了中国舞蹈界的高度重视。《恩施晚报数字报》是网报融合的电子报，但从"版面导航"（图 7—2）可以看出，该报更侧重报道新闻、关注民生，其中的"恩施文体"栏目对民族文化的传播仅仅局限于文字形式的新闻介绍。

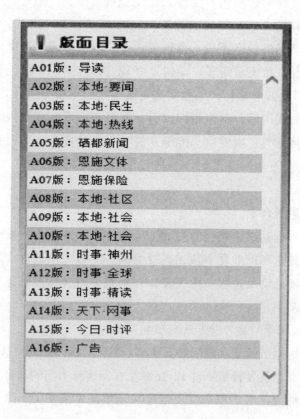

版面目录

A01版：导读
A02版：本地·要闻
A03版：本地·民生
A04版：本地·热线
A05版：硒都新闻
A06版：恩施文体
A07版：恩施保险
A08版：本地·社区
A09版：本地·社会
A10版：本地·社会
A11版：时事·神州
A12版：时事·全球
A13版：时事·精读
A14版：天下·网事
A15版：今日·时评
A16版：广告

图 7—2　《恩施晚报数字报》的版面导航

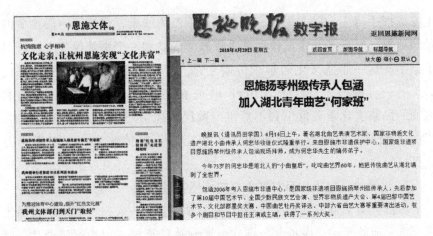

图 7—3　《恩施晚报数字报》的"恩施文体"栏目

（二）广播传播缺位

恩施仅有恩施州人民广播电台 FM100.3，目前实行的是全天 18 小时不间断播出，共有 31 个节目段，其中没有涉及民族文化的，总共有 7 个时间段的音乐播放，基本没有涉及摆手舞音乐，多数是流行音乐的放送，这除了与摆手舞音乐本身数量不多有关，还与广播电台媒体不重视民族文化有关，造成广播对摆手舞的传播基本处于缺位状态。

（三）电视传播表现方式单一

电视媒体以其声像动静结合、传播速度快、覆盖面广、适应各种文化层次水平受众、形象生动、现场感强等独特的传播优势，成为当今受众范围最广、传播效果最好的大众传媒。恩施地区作为偏远的少数民族地区，电视媒体也在报纸和互联网等大众传媒中呈现"一枝独秀"的态势，成为当地土家族人民获取信息、学习、娱乐休闲等最主要的途径，然而土家族摆手舞文化艺术，在利用电视媒体进行传播方面还做得远远不够，形式较为单一。

1. 电视剧、电影鲜有涉及摆手舞

恩施土家摆手舞传播现已利用的大众传播方式有文献、传统报纸、电视纪录片、MV 以及互联网，但很少以电影、电视剧方式进行呈现。2004 年上映的《沉默的远山》呈现出了土家人的吊脚楼、方言、腊肉、过年、结婚等风俗。2010 年 11 月上映的《摆手舞之恋》是国内首部以土家族摆手舞为主题的影片，以酉阳摆手舞为线索，讲述了一段凄美的爱情故事，呈现了几个简单的摆手舞教学场景和一个婚礼仪式上，开启了摆手舞这一非遗文化的影视传播之路。"国内首部土家族原生态电影"——《梯玛之子》于2010年11月在湖南龙山开拍，却因导演和编剧的民族文化素养低下和不尊重少数民族风俗习惯，剧本内容背离、扭曲了歌谣、梯玛歌、梯玛葬礼及婚礼等土家传统文化，因而半路夭折。

2. 纪录片、电视栏目对摆手舞的传播数量有限

1995年6月4日，中央电视台《东方时空——东方之子》栏目播出了对覃发池的专访。1996年，湖北电影制片厂摄制了巴山舞纪录片，巴山舞开始走向全国，摆手舞纪录片由导演掌握全局，不仅可以记摆手舞演出录现场的状况，还能穿插有关摆手舞背景、人物等相关知识，让受众对摆手舞能有全面的认识。恩施土家族摆手舞通过电视纪录片形式传播的作品只有《摆手舞之乡——来凤》一部，分上下两集，在湖北卫视《中国No.1》播出。再就是来凤农民土家摆手舞在湖北卫视《我爱我的祖国》栏目亮相。

随着对民间文化、民间艺术等非物质文化遗产得越来越重视，出现了很多专门为舞蹈艺术表演和传播的电视栏目平台，如《舞蹈世界》《争奇斗艳》《奇舞飞扬》等，为我国56个民族丰富多彩的舞蹈艺术提供了广阔的平台，同时也是宣传地方人文、风俗、自然风光的绝好窗口。央视与地方台的节目形式有雷同现象，体育频道尽管在节目制作的能力上已经有了很大的提高，也培养了相当一批专业的体育编辑人才，但是，节目内容仍然让人诟病。像CCTV5和CCTV5＋等几个频道都将足球、篮球、羽毛球等主流体育赛事作为首选直播与转播赛事，很少关注和体现那些有地方特色的少数民族传统体育项目。

恩施地方电视台本应成为民族文化传播与传承的主要阵地，但实际状况不容乐观。恩施电视台开办的栏目节目有：《恩施新闻联播》《今晚九点半社会新闻播报》《直播恩施》《清江夜话》《硒都新闻》《天气预报》《创业·恩施》《下周荧屏》《天南地北恩施人》《天声舞才》以及各类专题片节目和电视剧场等，基本没有开设民族文化传播窗口，在摆手舞等民族文化的传播方面严重失职。

3. 移动电视、DV 作品等传播方式空白

移动电视媒体是指公共汽车等可移动的交通工具中，依靠电视终端接收无线信号，从而收看电视节目的媒体形式。车载移动电视具有受众面广、移动性强、反应迅速等独特的传播特点和优势，信息覆盖面较大，民族舞蹈和音乐让无事可做的乘客享受"文化快餐"，给异地或异族的乘客耳目一新的视听享受，无形中娱乐其精神、舒缓其疲惫，接受了民族文化的熏陶。乘客是流动的，这就使得移动电视节目可以重复播放，节约媒体生产成本。

由于地方媒体传播者和从事摆手舞艺术的相关专业人士没有创作出摆手舞、巴山舞等相关民族文化节目，致使移动电视媒体里充斥最多的是商业广告，而中长途大巴、中巴车则一般播放 DV 电影作品或流行音乐MV，使恩施土家族、苗族自治州基本体现不出少数民族风情和文化习俗。

《云上恩施》官网是恩施电视台与网络的融合发展渠道之一，有"新闻、政务、专题、微看点、视频、直播、图集、云上八县市、恩施电视台、招聘公告"栏目，关注民生，但是鲜见对摆手舞、巴山舞等少数民族传统体育的传播。

4. 网站传播缺乏

恩施地区官方网站和其他大型主流门户网站对摆手舞的传播力度不够。土家族文化网算是较为专业的专门传播土家族的文化和艺术的综合网站，以"传播土家族文化、传承土家族文明、传递土家族信息"为宗旨，秉承"科学发展文化，创新为民服务，共建生态文明新农村"的理念。网站内容涵盖"土家概况、土家人物、土家风情、土家遗产、土家旅游、土家学林、土家工艺、土家饮食、土家特产、土家文艺和土家商城"，其中"图说土家"栏目有"原生态摆手舞"的静态图片，但仅有几十个文字的简单介绍①。土家族文化网对土家族文化的全面综合介绍与传播有一定的传播效果，开启传播土家族文化的窗口，但利用网络新媒体传播摆手舞的力度远远不够。其他专业舞蹈网站也缺乏摆手舞作品。目前国内专门传播舞蹈的网站有中舞网（http：//www. dance365.com/）、舞蹈视频网（http：//v. chinadance. cn/）和 CCTV《舞蹈世界》官网（ht-

---

① 2018 年 9 月 25 日，土家族文化网（http：//www. tujiazu. org. cn/）。

tp：//cctv. cntv. cn/lm/wudaoshijie/）。民族舞蹈视频很多，创作的新舞蹈作品层出不穷，而土家摆手舞只有 10 来个视频，且专业水平远远落后，影响了摆手舞的知名度。另外，国内大型的主流门户网站如新浪网、搜狐网、腾讯网、人民网、新华网等，是受众范围最广、影响最大、最权威的网站，这些门户网站用户量都有几百万甚至几千万，其传播受众范围甚广，然而恩施土家族摆手舞在这些网站上仅有一两条报道。

　　总之，地方媒体对少数民族传统体育文化的传播渠道单一，表现为三网融合不足。巴山舞的"线下＋线上"融合传播非常少，电视节目制作的互动性欠缺，微信（Wechat）上也没有相关公众号。长阳博物馆和抢救保护中心尚未进行数字化技术改造，主要以文字和图片、广场舞视频、文化记录片等为主。城市传媒发展滞后，车载移动电视、户外媒体等缺少深度融合，清江画廊和中国长阳网等政务媒体较少宣传少数民族传统体育文化。

　　纸媒与互联网的融合不足，内容呈现模式化、同质化。信息采集制作完成之后，报刊是第一传播载体，而后是网络，忽略了网络和手机报等在内容的原创性生产层面的功能。报纸采用简单的线性模式进行报道。以恩施地区报纸媒体为例，恩施土家族地区仅有《恩施日报》和《恩施晚报》两份报纸，对摆手舞的报道都存在严重的同质化现象，对摆手舞的报道总体呈现出字数偏少，简单的套用"5W"报道模式，没能很好发挥纸质媒体的深度报道传播优势，挖掘事件背后的原因、背景以及其他更深层次的东西，标题和内容字数总共 100 个字符左右，仅仅呈现了事件的时间、地点、人物等信息。例如，2017 年 8 月 28 日，恩施土家族苗族自治州文化体育新闻出版广电局网站在恩施晚报关于武陵山区龙舟争霸赛开锣的新闻，寥寥几句话，并没有对龙舟赛的历史背景、文化内涵、现代发展情况等进行深度挖掘①。体育新闻是以人为核心的新闻报道，既然都是以人为核心的报道，那就更应该尊重人们的情感。如果在体育新闻报道传播中"见物不见人""见事不见人""见人不见情"，从报道传

---

　　① 《恩施晚报：武陵山区龙舟争霸赛开锣》，2017 年 8 月 28 日，恩施土家族苗族自治州文化体育新闻出版广电局网（http：//wtxgj. enshi. gov. cn/2017/0828/579550. shtml）。

播方式和态度上说来，就完全失去了媒介追求"人文精神"的本质①。

武陵山区龙舟争霸赛开锣

昨日上午，"激情贡水·浪漫宣恩"2017中国内陆河水上运动暨武陵山区龙舟争霸赛大型水上运动会拉开帷幕。来自全国的2200名运动员将参加赛龙舟、水上排球等多项水上比赛。图为"水上飞人"表演。　记者杨梦蝶 特约记者罗清峰 摄

图7—4　《恩施晚报》对"武陵山区龙舟争霸赛开锣"的报道

出现上述现象的原因，主要是报业新闻工作者缺乏创新、循规蹈矩、专业素养和职业道德素养欠缺的结果；加上当地政府一切以经济效益为中心，也从一定层面影响了新闻工作者的报道取向。新闻媒体和政府本应是相互监督的关系，然而恩施地区的新闻媒体却唯政府马首是瞻，一切新闻工作都围绕政府的立场展开。失去监督和正确引导的新闻工作，势必不能很好地为人民服务，为文化传承效力。恩施两大纸媒对摆手舞的报道中，只有正面报道和中性报道，没有负面报道，网站文字报道简单照搬报纸内容。恩施土家族摆手舞在网站的传播，多以文字、图片的报道形式出现，且大多数文字报道都不是出自网站自身采编而成，而是原文原图把恩施日报、恩施晚报的内容直接照搬过来，并在文章末尾标注字样——来源：恩施日报、恩施晚报。在互联网传播无所不在的今天，传统媒体，尤其以报纸最具代表，其生存面临越来越严峻的考验，报纸

---

① 刘冬梅、刘冬柏：《论我国体育新闻报道传播中的人文精神复归》，《中国报业》2013年第7期。

只有借助互联网，实现报纸内容网络化、电子化，才能实现其传播范围最广化、传播效果最大化以及信息来源多元化等，然而这是报纸寻找的新出路，并不意味着网络传播内容依存于报纸内容，而仅仅只能把报纸内容当作对网站内容的丰富和润色，其主要生存途径必须由网站自身创新形式和风格以吸引更多的受众。

作为重庆市的传媒数字报刊交流平台，2018 年的《武陵都市报数字报》全新改版，但是对少数民族传统体育的相关报道非常少①。

博物馆具备记载人类文明传承，收录历史文化遗产，启迪未来发展的重要社会职能。近年来，随着信息技术的发展，数字媒体在博物馆藏品演示中发挥着举足轻重的作用。大数据、云计算、3D 技术、全息投影等技术吸引着参观者的眼球。据相关部门统计，目前我国博物馆数字展台及多媒体技术应用比例已接近 25%，且呈现逐年上升的趋势。然而，对于如何正确应用数字媒体技术，创新展陈设计，业内仍存在一定争议。

博物馆研讨会是实现学术立馆、学术兴馆的重要途径，展现出学术界与博物馆业界的深层互动，对于博物馆界一定会有突破性的意义，尤其对民族类博物馆会有很大的提升作用。中国的博物馆学理论在最近的几年中产生了突破性的发展，在这个阶段之前其实博物馆学的理论滞后，博物馆缺乏理论指导，一直都在一个相对低水平的状态上运行。当前我们的民族类博物馆行业出现很多问题就跟之前缺乏理论指导有关联。比如，很多地方博物馆在没有差异的地方制造差异，制造认同，或者在塑造差异的时候，缺乏文化的考虑，认同的考虑，背后更大的驱动是经济考虑，通过塑造绚丽的民族形象，塑造出可以创收的旅游产品，这可以说是民族类博物馆的一个严峻的现实。

博物馆自觉、明确地以发展学术理论来引领行业实践，这是极具魄力的选择。从知识生产的角度，在很多专业和行业领域，由于社会部门分化、知识建构场域和机制的分化以及边界认同，在业界和学界之间往往难以形成进行知识生产、分享和转化的"学术共同体"。因此，学术理论和行业实践的相互转化往往只能在交界领域、边缘地带或前沿领域依

---

① 《武陵都市报数字报全新改版》，2018 年 6 月 7 日，武陵都市报（http：//www. cnepaper. com/wldsb/html/2018 - 01/08/node_ 4. htm. ）。

赖少数协作者的长期互动有限地实现，转化成果的推广运用也往往成为难点①。

在急剧变迁的社会中，文化认同日益成为一个社会议题。博物馆应该在人们塑造和保持自己的认同以及地方性知识中扮演一个重要的角色。博物馆不仅仅只是促进交流与合作的"接触地带"，在某些特定主题和情境中，博物馆还会演变成为各种矛盾和经验交锋、回荡的"冲突地带"。作为塑造集体记忆，强化认同感的博物馆，往往会成为不同群体展开记忆争夺与较量的场域。从某种程度上来说，博物馆的政治、教育功能决定了其叙述的内容及尺度。

三　平台融合

从国内实践看，以平台思维来更新对于媒体融合的认识是非常重要的。从互联网产业的发展，包括媒体产业下一步发展的需要看，如何架构一个新的用户平台是媒体融合的关键问题。

智能传播平台可根据用户特征、场景和文章类别进行个性化推荐，实现真正的"千人千面"，能有效解决信息过载与用户个性化、定制化的信息需求之间的矛盾，从而有效地积累用户。当前，民族传统体育文化的现代传播体系尚未建成。

（一）微媒体平台

微媒体是"微"时代的产物，它包括微博、微信、微电影、微小说、微刊和微故事等类型，是现阶段媒介创新发展的高端阶段，它改变了媒体传播的格局，改善了媒体传播的环境，促进了媒介的快速发展。在微媒介时代，传播速度可谓惊人，传播内容也更具冲击力和震撼力，受众群体广泛，堪称"短小精悍"。在市场经济的作用下，这些微媒介以其全新的媒介形式、被重新包装的媒介内容以及传播的新特性，提供给受众更多的信息量，从而实现提供优质服务、获得效益，领先竞争对手，并在媒体竞争中保持优势地位。

---

① 王剑利：《业界与学界对话：博物馆人类学引领民族博物馆》，2017 年 8 月 12 日，中国民族报（http://www.mzb.com.cn/html/report/170822522－1.htm）。

（二）主流媒体平台

不少传统媒体仅仅用形式上的"＋互联网"替代"互联网＋"，并没有从根本上认清传媒变革的本质和驱动力。互联网内容平台趋于"相似化"日益明显，在内容形态、产品功能、信息推荐方式上，都越来越像。出现这一现象的最本质原因在于，内容平台期望建立起自己与用户的直接关系。各平台之间公共领地变多，甚至并不是其中任意一方对其他家的侵略扩张，其本质还是各自发展的需要。这种"相似化"，并不单纯是拓展版图的野心，而是在还没有新的内容品类诞生之前，国内的各大内容平台在其内容品类的开发上，不可避免地日益趋同。互联网发展到今天，众多产品在跑马圈地之后，在某些领域的相似度越来越高，而这些相似的背后，势必需要在各自自由生长和开拓边界的同时，互相之间达成某种新的制衡。平台间的"差异化"固然是存在的，但是谁能够在接下来的竞争中更加凸显特色，在做超级 APP 的时候，不使产品固有的特色被逐渐消磨，是各平台急需解决的问题①！

武陵山少数民族地区的部分官方网站在管理方面存在漏洞。2008 年，由著名土家族摄影家霍华老师担任总顾问、由清江河畔网（www.qjhpw.com）策划制作的大型电子音画杂志《那山、那水、那民族——走进清江》正式发布，首期以图文并茂的立体形式全面展示长阳土家族风、土、人、情，却无法连接观看。

四 经营融合

当前我国体育专业宣传媒体仍然对竞技主流赛事痴心不改，重金购买足球、篮球赛事转播权。2015 年，乐视体育用 1.1 亿美元，收购 2017—2020 年亚足联旗下所有赛事在中国内地的媒体版权显然更受关注。同时，乐视体育还高调入股世界体育集团②。在中国资本还在国外买球队

---

① 《头条、知乎、微博互抄？内容平台是趋于"相似化"还是"平庸化"？》，2017 年 8 月 31 日，搜狐网（http://www.sohu.com/a/168677947_ 351788）。

② 《互联网巨头们的百亿中国体育赌局》，2015 年 10 月 29 日，新华网（http://www.xin-huanet.com/fortune/2015－10/29/c_ 128370630.htm.）。

时，一生挚爱足球的王健林已经办起了"中国杯"①。有关民族传统体育文化的报道很少。这与西方国家的媒体报道形成鲜明对比，他们在大力宣传 NBA 等主流赛事的同时，还格外重视对本国传统体育特色项目的报道，如橄榄球、棒球、冰球等国内拥有数量众多的关注群体。因此，增强国内体育传媒机构的民族意识，打造具有自身文化特色的民族文化宣传平台具有十分重要的现实意义。

恩施州来凤县政府投入大量专项资金，进行道路修缮、房屋改造以及摆手堂的维修，以"文化搭台，经济唱戏"为模式，2009 年 5 月 24 日，来凤县前后准备近两年的第二届摆手舞文化旅游节盛大开幕，使得摆手舞在外名声大噪，提高了摆手舞的知名度，有利于摆手舞的对外传播。这次摆手舞文化旅游节的举办，政府旨在招商引资、特色产品展销，最终也确实到达了目标，与 20 几家企业签约了共 20 亿元。

由于地理环境和客观条件的制约，加之少数民族传统体育文化自身的复杂性与脆弱性，使得武陵山区少数民族传统体育文化的发展中出现了开发力度不够与过度开发态势并存的局面②。

（一）市场化运作融合

市场化运作必须需要处理好社会效益与经济效益的关系。"巴山舞之父"覃发池经营的长阳土家族自治县民俗文化村的经营模式是政府购买文化产品与产业化商业演出相结合的经典案例。据调查，武陵山片区内很多地方因地制宜地进行了不同程度少数民族传统体育产业化的有益尝试，如依托旅游产业把部分项目逐步推向市场（如上刀梯、摆手舞、踩高脚等），取得了一定的经济效益和宝贵经验。但就整体而言，其产业化水平较低，表现在如下方面：一是缺乏统一规划、管理和协调；二是思想观念上存在少数民族的传统文化与现代文明的冲突所带来的困惑；三是片区交通、经济等外部环境较差。

就现有实践中，仍存在着开展范围上，政府体育组织及旅游景区明

---

① 陈耀霖：《球痴王健林造"中国杯"建国际足球 A 级赛事》，2016 年 7 月 14 日，南方网（http：//economy. southcn. com/e/2016 - 07/14/content_ 151381307. htm）。

② 王佳：《武陵山区少数民族传统体育文化的传承与开发》，《湖北民族学院学报》（哲学社会科学版）2015 年第 1 期。

显好于其他地区；开展内容上，娱乐和健身类明显多于户外探险、体验类；开展时间上，主要集中于民运会及民族重大节庆点；投资结构上，渠道单一，未形成多元化的社会投资格局①。

（二）文旅融合

改革开放以来，我国实现了从旅游短缺型国家到旅游大国的历史性跨越。"十二五"期间，旅游业全面融入国家战略体系，走向国民经济建设的前沿，成为国民经济战略性支柱产业。2015 年，我国已成为全球第四大入境旅游接待国，旅游业已成为社会投资热点和综合性大产业。全面建成小康社会对旅游业发展提出了更高要求，为旅游业发展提供了重大机遇，我国旅游业迎来了新一轮黄金发展期。中国旅游的成长之路是文化推动了旅游产业的振兴和崛起，是旅游促进了文化的繁荣，文化和旅游产业的融合，见证并伴随着国家改革开放的非凡历程，推动中华文明的复兴崛起。文化和旅游的融合，从自然风光游到文化旅游；从浅层的"到此一游"到深度的文化体验，文化丰富了旅游的内容，也提高了文化附加值和旅游品质。旅游的过程是体验、欣赏和感受文化的过程。文化是旅游的根和本，旅游是文化的形和体。文化是旅游最好的资源，旅游是文化最大的市场。文化有利于旅游的特色化、品质化、效益化的发展，而旅游又有利于文化的吸引力、竞争力、影响力的提高。在文化旅游上升到国家战略发展新高度、产业投资主体呈现竞争新格局、消费升级倒逼供给侧创新产品新形态的背景下，文旅产业发展迈进新时代。

文旅融合助力文化自信。文旅产业融合发展产生了新的机遇：一是政策机遇。2018 年 3 月 20 日，国家设立文化和旅游部，原本相对独立和分隔的产业相关政策必将形成融合，促进文化事业、文化产业与旅游业的深度融合。紧接着的 3 月 22 日，国务院发布《关于促进全域旅游发展的指导意见》②，就加快推动旅游业转型升级、提质增效，全面优化旅游发展环境，走全域旅游发展的新路子作出部署。二是市场机遇。市场规

---

① 覃英、朱福、唐君玲：《武陵山片区少数民族传统体育产业化发展研究》，《现代交际》2013 年第 9 期。

② 《国务院办公厅印发〈关于促进全域旅游发展的指导意见〉》，2018 年 3 月 22 日，新华网（http：//www.cnta.gov.cn/xxfb/jdxwnew2/201803/t20180322_861195.shtml）。

模方面，预计"文化＋旅游"的产业在未来5—10年将达到15万亿的规模。细分市场方面，应更关注游客多元化与个性化需求的转变，旅游企业策划团队要重点研究90后、00后消费者的特性和消费偏好。三是业态机遇。以华侨城集团为例，不断丰富发展"文化＋旅游＋城镇化"、"旅游＋互联网＋金融"两大创新发展模式的内涵与外延，迅速形成全国性布局，并构建"文化＋""旅游＋""互联网＋"新兴产业生态集群。

　　文化产业与旅游产业具有天然的互补性：文化为旅游提供丰富的内容产品，旅游则为文化创造巨大的市场空间。随着国民休闲时代的到来，文化体验对游客出行选择的影响更加显著，已经成为旅游业发展的决定性因素。其次，文化资源为旅游业发展提供了深厚而持久的元素。此外，文化产业和旅游产业都具有强关联性、高渗透性等特点，旅游为文化保护传承提供了有力支撑①。

　　在各个产业发展呈现出大融合的现象与我国旅游扶贫方针政策下，出现了体育文化旅游。武陵山区是一个经济贫困的少数民族地区，但是却又有着丰富的民族传统体育文化资源。恩施土家族自治州来凤县流行的土家族原生态摆手舞质朴刚劲，粗犷清新，具有"活化石"般的价值，属于国家重点保护的非物质文化遗产。摆手舞已成为民俗旅游品牌，原生态摆手舞队在2008年10月表演的摆手舞《舍巴、舍巴》一举荣获第一届湖北舞蹈"金凤奖"（非职业舞蹈）大赛中老年组表演二等奖、全省中老年健身舞大赛"梅花金奖"两项殊荣②。2009年的"来凤·中国土家摆手舞文化旅游节"拉开序幕，受到海内外媒体及专家学者的高度关注。湖北省社科院、武汉大学、中南民族大学、华中科技大学、华中师范大学等9家单位的11位专家组成"来凤·中国原生态摆手舞文化旅游研究中心"成员，挖掘、整理、研究土家族原生态摆手舞的文化起源和文化内涵，弘扬传承土家文化，推广普及原生态摆手舞。摆手舞天下，借节引凤栖。"来凤·中国土家摆手舞文化旅游节"期间，大型土家歌舞

　　① 张玉玲、温源：《文旅融合：奔向诗和远方》，2018年3月28日，光明网（http://news.gmw.cn/2018-03/28/content_28129879.htm）。

　　② 洪业前、岳琼：《来凤土家摆手舞成民俗旅游品牌》，2009年4月24日，荆楚网（http://news.sina.com.cn/c/2009-04-24/154015522656s.shtml）。

晚会成功在湖北卫视黄金时间现场直播，开幕式在中央电视台连线播出，其他活动在全国主流媒体广泛报道。

2014 年 10 月 20 日，由湖北省民宗委、湖北省体育局、恩施州人民政府主办，来凤县人民政府承办的"湖北省第八届少数民族传统体育运动会"暨"第二届来凤·中国土家摆手舞文化旅游节"在来凤民族体育中心隆重开幕。来凤因凤凰飞来的美丽传说而得名，为鄂湘渝三省交界的节点，史称"川湖肘腋，滇黔咽喉"，是土家族文化重要的发祥地和原生态摆手舞之乡。"一会一节"的主题为"荆楚风、民族情、中国梦"，节会期间，来凤县开展了民俗文化展演、旅游产品推介、经贸招商洽谈三项主题活动，包括百福司古镇开游、喳西泰水城开城、龙凤经济发展暨土家文化论坛、招商签约活动、民族特色产品展销，武陵山区共 70 余家企业参加名优特产品展销及土家美食品尝会①。

图 7—5　"一会一节"入场式表演——来凤地龙灯
（湖北省来凤县旧司乡牛王节流传下来的一种民间艺术文化）

① 周祥、陈军：《湖北省第八届少数民族传统体育运动会暨第二届来凤·中国土家摆手舞文化旅游节开幕》，2014 年 10 月 21 日，湖北省民族宗教委员会（http://www.hbmzw.gov.cn/zwdt/tpxw/24117.htm）。

湖北省文化旅游界知名专家学者，从土家族文化的饮食、音乐、舞蹈、服饰、生活用品、建筑等方面深刻阐述了来凤土家族文化不可复制的文化品位和价值，提出了来凤土家族文化挖掘、保护、传承、发展并与旅游有效对接的思路和措施。2010 年，来自全国各地的 21 家企业与该县签订了 20 多个项目，签约金额达 21.8 亿元①。生生不息的非物质文化遗产项目变成旅游工艺品，农副土特产品变成旅游商品，乡村山居变成民宿，传统民俗变成旅游新体验……文化旅游拓宽了当地农民居家就业和增收致富的门路，为经济发展注入新动能，旅游业已成为增加人民收入、提高人民生活水平的重要产业。

游客将线下实体店内带有摆手舞、巴山舞等有民族传统体育文化标签的背包、扇子、服饰、挂画、挂历、台历、酒瓶等旅游文化产品带到四面八方，与线上的网店销售相结合，使武陵山民族地区的民族文化像"长了腿和翅膀"，传到五湖四海甚至世界各地，极大地拓展了武陵山民族传统体育的"文化空间"②。

图7—6　土家锦（西兰卡普）上的摆手舞图案

有研究者提出构建武陵山区少数民族传统体育文化旅游圈，认为国

---

① 洪业前：《万众摆手舞翩跹——来凤县打造土家文化集成区（图）》，2010 年 1 月 14 日，荆楚网（http：//news.cnhubei.com/news/gdxw/201001/t925200.shtml）。

② 唐洪祥：《西兰卡普的功能》，2007 年 5 月 25 日，恩施新闻网（http：//www.enshi.cn/20070525/ca92157.htm）。

家政策支持助推、乡村旅游促进发展、体育旅游成新增点、生活水平不断提高等机遇有利于武陵山区少数民族传统体育文化旅游圈的构建。武陵山区少数民族传统体育文化旅游项目资源类型多，可开发性强；赛事资源丰富，定期举办传统体育赛事。构建武陵山区少数民族传统体育文化旅游圈在资源、政策、文化、基础等方面具有优势。但同时，在整体缺乏体育意识、专业人才严重匮乏、项目发展程度不高、体育产业化程度低、体育资源开发不足等方面存在开发劣势，生活方式冲击、价值观念改变、资源开发不当也是构建武陵山区少数民族传统体育文化旅游圈的威胁①。景点资源众多，需要整合协同发展。

武陵山区少数民族传统体育文化旅游资源开发应注意以下问题。

（一）过分商业化导致少数民族传统体育文化旅游资源失去原始性

不少少数民族传统体育由于缺乏有效保护，在强大的现代文明冲击下逐渐消失；一些少数民族传统体育为了迎合经济市场而失去了当地特有的民族风情，纯粹为了迎合旅游者、赚取经济利益而丧失了其中所蕴含的文化价值。从某种意义上说，过度的旅游开发，是以牺牲民族文化特征换取部分人的经济利益。少数民族传统体育文化旅游资源的利用有一个度的问题，只有适度地开发利用，才能实现可持续发展。

（二）盲目仿照化使得少数民族传统体育文化旅游资源失去神秘性

在少数民族传统体育文化旅游开发中，由于片面追求经济效益，使传统体育文化商品化、庸俗化的现象时有出现。少数民族传统体育文化旅游资源开发应尊重民俗、弘扬民族文化，个别旅游项目人为地再造民族传统体育活动，民族传统体育文化旅游被舞台化、艺术化、民族文化庸俗化，以致失去了少数民族传统体育的本色，使少数民族传统体育文化旅游脱离了当地的社会生活。

（三）过度开发使少数民族传统体育文化旅游资源遭到破坏

鲜明的区域特色是少数民族传统体育文化旅游资源开发的基本出发点，但不少民族地区为了增加旅游的吸引力，缺乏认真研究，从形式上照抄照搬一些传统体育活动，天天过节日、处处有节庆，呈现在游客面

---

① 余俊：《武陵山区少数民族传统体育文化旅游圈的构建研究》，硕士学位论文，吉首大学，2017 年。

前的民族体育表演和旅游文化产品与该民族的原生文化相差很大，体现不出自身特色。

（四）树立正确的少数民族传统体育文化旅游资源开发思想观念

少数民族传统体育文化旅游资源的开发必须建立在少数民族传统体育文化的继承与保护的前提下。只有树立正确的开发思想，才能有效开发利用少数民族传统体育文化旅游资源，才能保持少数民族传统体育文化旅游资源开发的持续性，才能使我们的少数民族传统体育文化走向世界，才能弘扬我国各少数民族文化，才能带动我们少数民族地区经济发展。

五　管理融合

民间文化是中国文化的母体，是民族精神情感、个性特征、凝聚力、亲和力的载体，文化抢救的目的是给世人留下一个完整的"家底"。

（一）政策引导

在我国政策引导下，武陵山区部分民族传统体育文化枯木逢春，但是仍有部分项目命运堪忧，需要抢救性保护。中共中央办公厅、国务院办公厅印发的《关于实施中华优秀传统文化传承发展工程的意见》提出，按照"系统思维"，进行关于我国文化遗产价值共识、价值保全、价值再生的顶层设计和宏大部署。以保护文明根脉、增强文化自信作为伦理基础，以维护、发展和巩固中国及中华民族文化整体性为主要价值立场，对文化遗产进行全面系统的保护利用。

（二）法治法规

十八届四中全会提出全面推进依法治国，建设法治中国，这是关系党和国家事业兴衰、前途命运的重大决策，也是提升治理水平、迈向现代化的必由之路。作为我国社会治理体系和治理能力建设的重要组成部分，要全面推进网络空间法治化，就要做到依法管网、依法办网、依法上网。具体而言，就要统筹国内与国际两个大局，统筹网上与网下两种资源，加强网络立法、网络执法与全网守法，全面推进网络空间法治建设，实现网络健康发展、网络运行有序、网络文化繁荣、网络生态良好、网络空间清朗的目标。其要义是发挥法治对引领和规范网络行为的主导性作用，重点是加强互联网领域的科学立法，关键是严格执法，基础是按照全民守法要求，引导网民遵法守法，做"中国好网民"①。

（三）体制机制

媒体深度融合涉及体制机制，制度层面的变革极为关键。当前的体制机制不适应媒体融合的需要，传统媒体体制机制不能满足媒体的需要，特别是传统媒体行政色彩浓厚、决策滞后，管理的协调性和互动性差；新媒体管理扁平化、项目制、网络化，坚持用户至上，强调创新与灵活，协调与互动性强。由于传统媒体和新媒体形态各异，各自有着相对独立的管理制度，且又分散在不同部门；尤其涉及资本流入、媒体性质、收入分配、人力资源运行管理等体制机制的障碍较为突出，导致欠缺相对公平的竞争环境。保障媒体依法传播、自主经营的制度尚不够完善，知识产权的保护力度不足，致使内容、平台、运行、制度等因素阻碍了媒介融合的脚步。统一执行著作权法、解决好媒体融合发展中的知识产权问题，都是推动媒体融合的工作重心。

（四）专业人才

在媒体融合过程中，专业人才供需矛盾较为突出。商业媒体非常重视人才的培养、引进，高度重视科技进步。但是传统媒体没有成熟技术，高校课程设置、培养模式不适应发展需要，传统媒体现有人才不适应媒体融合的新情况、新要求，而适应新媒体要求的人才培养难，引进人才也留不住，造成大量人才流入商业媒体，造成传统媒体只好将生产的内容提供给商业媒体使用，深度开发和运用举步维艰。

体育节目的内容和形式缺乏创新，人才素质培养面临很大的瓶颈，比如优秀的体育项目解说员的缺乏等。尤其在新媒体时代，如何对各种平台上的多媒体资源进行策划组织，最大限度地利用资源，实现价值最大化，就需要从业人员熟悉多种媒介类型的内容生产特点，并准确进行播出渠道的选择运用，这对记者的个人素质、新闻视野、价值判断等都提出了挑战。

媒体融合方面的专业人才匮乏。"巴山舞之父"覃发池老师反映民俗文化村的演员受教育程度低、待遇差，没有晋升职称那样的上升空间。

---

① 王勉：《新华网评：法治化，维护网络空间秩序的最好"刹车"》，2014年10月25日，新华网（http://media.people.com.cn/n/2014/1025/c390137-25907728.html）。

第二节　媒体融合视域下武陵山区少数民族
传统体育"文化空间"重构的路径

体育是强国之举，强国是复兴之途。在实现复兴中国梦的过程中，体育比以往任何时候都更关键。在民族文化大发展、大繁荣的背景下，从传播学角度出发，以武陵山区少数民族传统体育为例，通过媒体融合的借力与聚力，提出保护武陵山区少数民族传统体育文化"生境"的新策略、新路径，以理念融合为引领，以内容生产为根本，以现代科学技术为支撑，以体制机制创新为保障，做好深度融合发展的顶层设计，兼容不同传播媒介的传播特性与特定规律，统一配置内容资源，优化媒体融合生态系统①。这是增强民族认同、提升国家文化软实力、保护人类文化基因多样性的诉求。

媒体融合是载体形式、内容形式以及技术平台的集大成者。从传播载体工具上分可分为：报纸、杂志、广播、电视、音像、电影、出版、网络、电信、卫星通信等等；从传播内容形式上涵盖了试、听、形象、触觉等人们接受信息的全部感官；从所倚重的各类技术支持平台来看，除了传统的纸质、声像外，基于互联网络和电信的 WAP、GSM、CDMA、GPRS、3G、4G 及流媒体技术等等。媒体融合的优势体现在对受众的全面覆盖，传播面广泛，互相整合，充斥着人们行为的各个注意力空间。只有媒体融合传播，才能实现对武陵山区少数民族传统体育文化的广泛、快速、大量传播，同时能实现形式多样的文化记录与保存，也才能真正实现文化的有效传承。武陵山区各省相关部门应认真贯彻落实中央决策部署，在推动媒体融合发展上主动作为，取得了初步成效。

习近平主席强调，推动传统媒体和新兴媒体融合发展，要遵循新闻传播规律和新兴媒体发展规律，强化互联网思维，坚持传统媒体和新兴媒体优势互补、一体发展，推动传统媒体和新兴媒体在内容、渠道、平台、经营、管理等方面的深度融合。

---

① 张泓宁：《论传统媒体与新媒体深度融合的路径》，《江西社会科学》2017 年第 8 期。

一　内容融合

"中央厨房"能否更好地发挥作用，关键在人——"厨师"是否善于选料、调味、烹饪以及设计出令人愉悦的视觉造型，使"精神食粮"的色、香、味、形、器、料都臻于完美。这就要求"中央厨房"的"厨师长"具有融合思维，善于结合传统媒体与新兴媒体的长处，融合文、图、音视频、超级链接、可视化的动态数据和位置信息等内容。常言道："巧妇难为无米之炊。""中央厨房"的"大厨"们也一样，不可能离开"食材"和创意去玩空手道。在空间、物质、技术、人才等保障体系建立后，内容就是重中之重。在经历了传统媒体时代的"渠道为王"、网络时代的"技术为王"，自媒体时代的"关系为王"的种种"修正"之后，融媒体的发展迎来了重提"内容为王"的时代[1]。

推动媒体融合发展，必须坚持内容为王，把传统媒体的"稳"与"准"和新媒体的"快"与"活"结合起来。信息爆炸时代，信息产品的同质化现象尤为严重，受众越来越期待信息内容产品的独特性。如何创造能够满足不同受众需求的个性化内容产品，已成为媒介深度融合的关键所在。

在媒体融合时代重提"内容为王"，意味着在理解媒体融合深刻政治意义的前提下，壮大主流舆论阵地，提升主流媒体的舆论引导能力；意味着在全球化和社交媒体时代，以融媒体和融合报道打通"全媒体"、连接海内外，在国际传播中争夺话语权；意味着用海内外更喜闻乐见的话语方式和呈现方式讲好中国故事、传播好中国声音。

（一）不忘初心，以文化人

求木之长者，必固其根本；欲流之远者，必浚其泉源。文化的传播目的，不仅在于民族文化的保存与继承，更在于文化的价值实现。文化和信仰紧紧相连，它关乎人民的福祉，也是民族精神的土壤所在。对文化有自信，人民就有信仰，民族就有希望。文化自信是民族复兴的精神引领，因此，文化建设要"明道"，就要坚持不忘本来、吸收外来、面向

---

① 王君超：《从"中央厨房"看媒体深度融合》，2017年1月16日，央视网（http：//news. cctv. com/2017/01/16/ARTIOlmncpwizo9sNOxU4qJ7170116. shtml）。

未来，最终实现美美与共，让文化葆有持续生长的内在力量。作为主流媒体，生产的内容必须具有较强的社会责任感与人文情怀，必然有别于那些以"夺人眼球"为主的"标题"新闻，其内容具有很强的时代感，代表主流声音，输出正能量。

德国历史哲学家斯宾格勒在《西方的没落》一书中说过，"人只有在文化中才有自己的历史"。土家族巴山舞是维系民族凝聚力的精神纽带，承载着丰厚的历史文化信息，蕴含着深邃的哲学意义，是土家族文化传承的载体。其精神旨归始终如一关注生命，这也构成了其动态流变的精神内核。具体的研究方法和传播技术等可以相应调整，但剖析文化意义的整体原则应该一以贯之。依据"文化空间"理论，武陵山区少数民族传统体育巴山舞的"文化空间"是一个整体的、互动的、相对平衡的生态系统，其核心层要素——理念要素如民族精神、行为准则、伦理规约、人文内涵等精神内核是文化的"魂"，是一个民族的精髓，是民族传统体育的生命源，这也是"符号互动"论中的"共享的意义和价值"，是文化传承之"道"，因而是民族传统体育保护与传承的核心①。民族文化之美，无处不在。摆手舞、巴山舞、肉连响等武陵山区少数民族传统体育内涵非常丰富，在推广和发展过程中体现出来的民族文化艺术性、民俗性、观赏性、宗教性、娱乐性等特性，也是文化传播取得成功的关键要素。

深度挖掘民族文化的传播内涵。媒体融合时代，由于受众细分的特点与市场要求，传播信息整体性被消解。但这仅就信息传播的分类而言，并不意指信息搜集、存储的碎片化。信息搜集、存储的全面性与传播的分众性并不矛盾。基于当下民族文化信息搜集、传播的碎片化镜像与媒体融合时代媒体资源整合的要求，民族文化传播信息的深度挖掘：一要有广度。媒体融合与全息化、大数据是密切关联的，没有大数据的支撑，媒体融合传播便不可能实现。民族文化的大数据采集要求媒体对民族文化资源进行全面梳理、采集，并对文化资源可传播性及安全性进行全面评估。二要有厚度。所谓厚度主要指技术表现的多样性、立体性。媒体融合时代，对特定文化内容的呈现涵盖报纸、杂志、广播、电视、音像、

---

① 王晓：《非物质文化遗产视野下民族传统体育保护的若干思考》，《上海体育学院学报》2007 年第 1 期。

电影、出版、网路、电信、卫星通信在内的各类传播工具，视、听、形象、触觉等人们接受资讯的全部感官，文字、声音、图片、视频等多种手段。媒体融合就是要打破单一媒体的局限，无论从搜集、存储，还是从传播的角度，达到多样技术手段综合使用的立体化效果。三要有精度。媒体融合时代民族文化传播的超越就是提高其对民族文化挖掘的专业性，回避当下文化传播的乱象，传递民族文化事实与精神内核。要提高民族文化内涵挖掘的精度，就必须摒弃一切功利主义、文化偏见，以一种文化平等、文化相对主义价值观，实事求是、深入田野的精神，走向民族地区和少数民族生活，获取第一手民族文化资料①。

十九大报告强调，加强互联网内容建设。恩施州地方媒体对巴山舞的在主动报道中有所侧重：报道题材上多是新闻，以对巴山舞动态活动和舞蹈形式推广为主，以与巴山舞有关的文化背景、文化产业为辅，内容缺少深度②。文化不是社会的化妆品，而是民族生存和发展的重要力量。重视文化的传承教化功能，一定要在"四个全面"战略布局中认识其地位作用，在"五位一体"的总体布局中把握其功能定位，在全面建成小康社会进程中发挥其主心骨作用。一是奏响最强音。媒体工作者必须把握时代脉搏，讴歌新生活，展示新形象。二是提振精气神。社会转型、结构调整、利益分化带来一系列社会矛盾，文化建设要主动作为，以文化人，通过文艺的形式调节社会情绪、化解社会矛盾，为中国梦的实现提供源源不断的精神支持。三是涵养价值观。文化建设的目标指向要明确，要围绕"四个全面"战略布局，在提升社会精气神的同时，加强社会主义核心价值观建设。文化不能变成"心灵鸡汤"，不能变成博人一笑的"快餐消费"，应通过戏曲、小品、歌舞、书法、绘画、影视等多种形式在潜移默化中传播社会主义核心价值观。四是接力人间情。文化是我们共同的精神家园，情感是维系大家庭成员和睦相处的纽带。

面对世界，面对时代，面对未来，中华文化的姿态更加积极、开放，越发自信、从容。文化发展的蓝图已经绘就，关键是要认真领会好，深刻把握好，全面落实好。在当前媒体泛娱乐化背景下，媒体从业人员应

---

① 张德胜、柏茹慧：《全媒体视阈下民族文化的传播》，《贵州民族研究》2015 年第 4 期。
② 陈峻俊：《现代媒介与民族文化传播》，长江出版传媒崇文书局 2014 年版，第 1 页。

提高政治素质，明确肩负的责任与使命，顺应时代发展的需要，深入挖掘巴山舞、摆手舞这些武陵山区少数民族传统体育所承载的土家民族民俗学、社会学、伦理学等丰富的、深层次的文化内涵，与时俱进，与核心价值观融合，在实践中充分发挥它的文化凝聚作用，展现土家族民族精神，建构起武陵山区少数民族传统体育文化的价值体系。

（二）创造性转化与创新性发展有机结合

当前，我国国内文化市场正显现出需求越来越强烈、供给越来越优质的喜人局面，但也折射出文化供需两侧发展不均衡的问题，特别是优质文化供给不能满足群众强烈的精神文化需求。文化市场的繁荣是社会发展和进步的重要标志，也是高度文化自信的直接体现，为了满足人民群众愈发炙热的精神文化需求，必须坚定不移推进文化供给侧改革，让更多精彩的文化产品呈现在观众面前。

1. 文化供给侧改革要坚持"两个创造"

新时代，传统需要焕发出新的光华，创新传承是关键。习近平总书记在诠释新时代中国特色社会主义思想中明确提出，要"推动中华优秀传统文化创造性转化、创新性发展"，推动文化事业全面繁荣、文化产业快速发展。结合时代要求继承创新，让中华文化展现出永久魅力和时代风采。新时代，民族文化需要新活力，要与时代合拍，让传统文化"老树发新枝"，旧瓶装新酒，谱写文化发展新篇章①。我们要着力推动传统文化企业从生产型转向文化旅游型。文化产品供给已不能满足人民群众不断增长的精神文化需求，媒体人必须着眼于时代和社会发展的需要，汲取并发扬各民族传统文化的长处，去粗取精，去伪存真，倡导和发展社会主义先进文化。我们要创造性转化传统的生产模式、营销模式、服务模式、消费模式，创新性地发展新型文化产业，要善于将文化产品进行更广泛、更多样的转化②。

创造性转化、创新性发展是推动文化发展的重要方针，要创作更多

① 鲁博林、王国平、齐芳：《十九大代表谈加强文化建设：激发全民族文化创新创造活力》，2017 年 10 月 24 日，中国共产党新闻网（http://cpc. people. com. cn/19th/n1/2017/1024/c414305 - 29605586. html）。

② 文平：《加快供给侧改革释放文化活力》，2017 年 12 月 28 日，中国文明网（http://www. wenming. cn/wmpl_ pd/whkj/201712/t20171228_ 4540338. shtml）。

令群众满意的文化精品，首先要汲取古今中外的优秀文化元素，也要懂得辨别和摒弃其中的糟粕，古今交融，一边探索全新的风格，一边播撒传统的种子，当心中的种子生根发芽，对传统萌发兴趣，受众就会自觉地由此及彼、由浅入深①。"古为今用"，"貌古神新"，给传统带来一种新的"打开方式"。其次也要充分吸收和注重借鉴西方的优秀文化精神，唯有"以我为主、兼收并蓄"，东西荟萃，才能够让中华文化在不断吸取精华中蜕变成长，才能把文化最美的一面充分释放出来。

2. 文化供给侧改革要运用"群众思维"

运用群众思维、听取群众声音，才能真正知道群众想什么、要什么，文化产品的创作和演出才能有清晰的方向。文化生产者必须明白：民众需要什么？文化生产者有什么？如何多生产出精品力作以满足民众的需要？文化供给侧改革既要用心创作佳作，也要通过不断加强文化基础设施建设、鼓励优秀文化产品增加演出场次、开展巡演展演等方式，让更多的群众能够接受优秀文化的熏陶，尤其是满足武陵山区偏远地区和基层群众对于优秀文化的迫切需要，着力解决不平衡不充分的问题。

（三）文化供给侧改革要克服"浮躁情绪"

文化的发展离不开成熟的市场，市场对于文化创作有着指挥棒的作用，但文化工作者不能被经济利益迷住了双眼，急功近利、竭泽而渔，用粗制滥造的垃圾作品忽悠观众，贻害无穷。"文化兴国运兴，文化强民族强。"文化工作者要有使命感和担当意识，坚持思想精深、艺术精湛、制作精良相统一，用心创作和演出真正的精品佳作，在深入生活、扎根人民中进行无愧于时代的文艺创造，从根本上解决"有数量缺质量、有高原缺高峰"的问题。

在国家积极适应新常态的新形势下，大众创业、万众创新已在全国兴起燎原之势。武陵山少数民族地区得天独厚的自然资源和底蕴深厚的民族文化积淀为民族文化旅游创意产品的开发提供了肥沃的土壤，而日益成熟的旅游产业与日益增长的旅游需求又为民族文化旅游创意产品的发展提供了良好的契机。武陵山区已开发出具有鲜明地域特色和民族特

---

① 石羚：《用"流行味"唱出"中国风"（评论员随笔）》，《人民日报》2018 年 6 月 4 日第 5 版。

色的民族文化旅游创意产品①，民族歌舞演艺产品、民族旅游商品、旅游节庆、创意事件等，是旅游产业与文化、艺术、生态、科技等多个领域的文化创意要素的有机融合。在"双创"的大政策环境下，武陵山区应主动抢抓机遇，激发全民创新创业热情，进一步开发摆手舞、巴山舞等武陵山区少数民族传统体育文化旅游创意产品。必须坚持的前提是，了解和尊重当地土家族人的风俗习惯，真实地呈现土家族的文化，这样才真正有利于摆手舞、巴山舞等武陵山区民族传统体育文化的传播和传承。

（四）服务现实，为人民服务

体育是强国之举，强国是复兴之途。在实现复兴中国梦的今天，民族传统体育比以往任何时候都更关键。树立以人民为中心的工作导向，把服务群众同教育引导群众结合起来，把满足需求同提高素养结合起来。

文化与旅游都是幸福产业，根本的交集在于民生领域。要避免文化与旅游不能"两张皮"，要有故事和温度，才能行稳致远。要多从文化内容和精神情感上深度挖掘，讲好故事、谋好项目、做好产品。进行内容价值变现，服务价值变现，用户认同变现，以求养供，走文化产业化、产业文化化之路。

从传播学角度讲，任何传播着的传统文化都是现实的，否则即为已经僵死或湮没的"死文化"。武陵山区少数民族传统体育作为一种整体的文化现象，在其漫长的传播过程中，通过不断的演绎、变迁、融合、创新，以姿态各异的形式附着于可见、可感的各种文化载体，并与现实生活相互交融，在其独特的文化空间内，以其鲜明的文化个性，诠释着民族传统体育的生命力。在 2016 年年初召开的全国宣传部长会议上，中宣部部长刘奇葆指出，继承弘扬优秀传统文化要注重与时代发展相适应，取向应该是有利于解决现实问题的文化，有利于助推社会发展的文化，有利于培育时代精神和时代新人的文化，并体现到方方面面。

李克强总理在 2018 年的政府工作报告中明确指出，要弘扬中华优秀传统文化，深入实施文化惠民工程，培育新型文化业态，加快文化产业

---

① 刘珍瑜：《优化发展环境 激发创业活力 打造武陵山区最佳创新创业聚集地》，2015 年 9 月 14 日，搜狐网（http：//www.sohu.com/a/31733190_ 162758）。

发展，为人民过上美好生活提供丰富精神食粮①。社会功能的完善使得人民自由自主选择成为必然，而传播内容的实用性和功能性则决定了传播的效果。正如学者周志懿所言，"原来的媒体是给人看的，现在的媒体不仅是要给人看，还要给人用"②。"用户时代"的到来，说到底就是受众的需求与角色发生了变化。当前，受众文化需求呈现多样性、贴近性、时代性等新特点，而传播是对需求的适应，应该以受众心理需求为根本出发点，满足受众现实需求，传播内容应该从多个领域，不同侧面挖掘民族传统体育文化的娱乐、教化等功能价值，满足受众需求。

能够为王的内容不仅能满足用户需要，而且能提供良好的用户体验。移动互联网时代是用户可以从诸多渠道自由选择信息的时代，信息市场无疑从卖方市场变成了买方市场，内容的价值更大程度上依赖用户的反应来实现。好内容的认定，不再依赖业界的评审，而是来自用户的选择。而用户在选择时，除了在意其内容能否满足自身需要，更在意它能否产生良好的用户体验。人们会通过移动新闻客户端获取信息，也会通过搜索引擎或者社交工具获取信息。用户不再在意哪些内容是原创的，哪些是转载的，甚至不再区分内容的功能，而更在意最终出现在眼前的总体体验。因此，在媒体融合中，能够为王的内容至少是充分利用和发挥其所依托的渠道优势和特点，满足用户需要，提供良好用户体验的内容。

近年来，我国的传统文化升温迅速，像中华诗词大会、朗读者等电视节目的热播以及古文经典更大比例地进教材等，文化似春风化雨，无不都给人带来一股中华传统文化复兴的浓郁气息。然而，文化传承并非典籍重读或传统回归那么简单，"取其精华，去其糟粕"才是我们应有的传承原则——追求文化复兴，而不是文化"复古"；传统文化要做到为我所用，适应现实需要，服务于时代发展，文艺创作唱响时代精神，这才应是文化传承的重要"支点"。

巴山舞、摆手舞等少数民族传统体育文化浸润着土家族民众生活的

---

① 《政府工作报告》，2018 年 3 月 22 日，新华网（http://www.qstheory.cn/2018 - 03/22/c_ 1122577628. htm）。
② 周志懿：《不仅给人"看"，还要给人"用"——谈新传播环境下的"用户意识"》，《中国记者》2011 年第 10 期。

方方面面，既有相应的形式，也有必要的内容；既有物质生活，也有精神活动。"人不可能两次走进同一条河流"，社会是在发展变化的，完全泥古不化、墨守成规，既不现实，也不可取。文化回归要避免形式主义，传统文化中美的精神内涵与实质才是后人传承中延续不断的血脉。随着时代的变化和发展，这种传统精神也会与时俱进，不断变化和提升，在不失根本与灵魂的前提下，让先人的文化积累促进当代的发展与进步，才是我们传承文化中最为必需的一环。

讲究文化的现实性，并非要走文化庸俗化之路。在当今时代，让文化传承服务于时代发展，以使当下人们的行为、思想更趋科学、合理与和谐，才是文化传承的任务与目标。让文艺作品中的中华传统文化丰富当代人的精神生活，引领青少年的健康成长。在新时代的城乡建设中，让历史文脉和文化基因能与当代精神文明有机融合，以文化的润泽力、凝聚力和融合性打通时空阻隔，沟通古今文化之脉，服务于现实、促进时代发展，传统文化才能行稳致远，让新时代的发展更健康、更美好①。

当今社会人们信息需求存在差异化和个性化，获取信息的途径也发生深刻的变化，不同年龄、职业、爱好的人对信息有着不同需求，如果无法按照客户需求准确地提供信息服务，就无法正确引导舆论方向。要想使传统媒体和新媒体很好地融合，就要把握好互联网发展趋势，掌握客户信息需求和诉求，以服务客户群体为本。一方水土养一方人，来自现实生活的巴山舞、摆手舞等少数民族传统体育文化，理应回归现实、融入生产生活并指导现实生活，让老百姓感受到文化的温暖、文化的力量，记住乡愁留住根。注重实践与养成、需求与供给、形式与内容相结合，把优秀传统文化内涵更好更多地融入生产生活各方面，满足人们不断增强的对美好生活的追求，服务于现实中人的发展。这就需要传统体育文化与当今时代社会主义核心价值观相适应，发挥其价值与效用，对当下与未来人们的思想与行动具有指导意义，成为社会发展更上一层楼的精神旗帜，这样的文化传承"支点"，才能立得起、立得住、立得有意义。

---

① 随遇儿：《"服务现实"是传承文化的坚实支点》，2016 年 1 月 11 日，青岛文明网（ht-tp：//www. wenming. cn/wmpl_ pd/yczl/201601/t20160111_ 3078957. shtml）。

　　时代在召唤，人民在期待。创作生产更多的有艺术文化价值和魅力的优秀作品，既是少数民族文化繁荣发展的重要标志，也是各族群众的迫切要求。长阳巴山舞的价值在于开拓，它的成功在于忠实，忠实于人民，忠实于历史。服务现实，文艺工作者要开足马力，想人民之所想，力争奉上最好的精神食粮。文化产品需要有内容，能有引人入胜的故事和拨动人心的情感。2018 年 3 月，"多彩中南听音看唱"中南民族大学2018 传统文化体验活动之一，由湖北省民族歌舞团带来的土家族乡村音乐剧《黄四姐》在大礼堂浓情上演。这是我国第一部反映土家族生活的原创音乐剧，根据恩施州经典民歌《黄四姐》及其传说改编而来，融合土家民歌、舞蹈、景观于一体，立体展现了土家族群众爱情婚姻及生产生活风貌。该剧主要讲述了人美歌美的土家族姑娘黄四姐和活泼机灵的汉族货郎之间美好的爱情故事，刻画了黄四姐勇敢追求爱情的感人形象，展现了土家人的真善美。土汉联姻，两人矢志不渝的爱情彰显了民族融合大团结的时代主题。该剧以土家族经典民歌《黄四姐》为基调，又结合《六口茶》《哭嫁歌》和《闹五更》等民歌，《抬工号子》《撒叶儿嗬》和《滚龙连湘》等民族舞蹈，以及风雨桥、吊脚楼、大峡谷等景观，立体呈现了"原汁原味原生态，土风土语土家情"。师生被恩施各族人民

图 7—7　《黄四姐》舞台剧照

的乡情、友情、爱情和家国情怀深深打动，体验了各民族的风俗和传统文化的魅力①。

二　渠道融合

有研究者提出"渠道为王，内容为王后"的逻辑框架并认为，内容即使具有天然的重要性，也需要渠道的先在配合才能发挥价值，正如"酒香也怕巷子深"这一谚语暗示的一样，在注意力资源稀缺、信息过剩、碎片化阅读时代，内容需要渠道的助推力②，渠道建设成为传媒业价值链中的两大经营重点之一。

文化传播技术是文化传播力的核心。当下是文化大发展大繁荣的黄金时代，互联网技术的兴起让文化有了更加广阔的表现和传播舞台。未来互联网的发展路径：从 PC 端向移动端转移；从读图时代到微视频时代；用户向低龄人群发展；自媒体成为网络媒体重要角色；内容产品化、品牌化、移动化、频道化。当今时代，谁的传播手段先进、传播能力强大，谁的思想文化和价值观念就可能更广泛地得以流传，谁就可能更有力地影响世界③。技术方面的革新，将带动媒体传播力增强。随着"物联网""云计算"等技术的发展，"大数据"的浪潮正朝我们奔涌而来，"大数据"时代的传播环境发生巨变，2013 年更是被称为"大数据"元年。对于大数据的概念，我国学者提出了4v 定义，即根据大数据的特征定义——数据体量巨大（volume）、数据种类丰富（variety）、数据处理速度快（velocity）、数据价值密度低（value）。

在大数据的背景下，民族传统体育文化的传播增加了许多新的方式，由原先单一的传统平台到多媒体平台的数据整合，使人们对传统的电视、广播等方式的依赖度下降，传统媒体垄断传播的局面日益瓦解，体育传播形式不断更新，使传播途径更加"多元"。信息来源方式的多元化，导致信息的传播者从传统的专业体育记者或权威部门转变到每个人，每个

---

① 彭可馨：《土家族乡村音乐剧〈黄四姐〉在我校浓情上演》，2018 年 3 月 21 日，中南民族大学党委宣传部（http://www.scuec.edu.cn/s/329/t/1619/f1/8d/info127373.htm）。

② 高贵武、刘娟：《"内容依旧为王"：融合背景下的媒体发展之道》，《电视研究》2015 年第 4 期。

③ 张骥：《中国文化安全与意识形态战略》，人民出版社 2010 年版，第 153 页。

人都可以进行体育新闻的采、编、发。传播者的"众"、新闻的"微"、发布时间的"快"、阅读时间的"短",体现了传播内容呈现方式的"碎片化",碎片化的文本吸引受众利用间歇的和零散的时间来关注体育信息①。

由于武陵山区少数民族地处偏远山区,传播媒介不发达,当地的文化传播欠缺广度和深度。民族地区原生态文化氛围的保护更加紧迫,一些注重记忆和口传心授的民族传统体育濒临消失。当前,人们对少数民族传统体育的需求迅猛增长,这就需要将少数民族传统体育通过大数据快速传播。在新媒体日新月异、竞技过度的背景下,发挥并凸显少数民族传统体育的观赏性、民族性、经济表演性等特点,已成为其打破竞技体育的垄断,在体育行业占据一席之地的必然选择。当前应该努力拓宽信息传播渠道,通过多元化合作,加强媒体传播力度。针对受众的不同需求,选择最适合的媒体形式和渠道,深度融合,提供超细分的服务,实现对受众的全面覆盖及最佳传播效果。

数据整合是少数民族传统体育发展的关键。少数民族传统体育虽然与生俱来就具有传统性的血统,但在其发展过程中也需要不断注入新的力量,即数据整合。与其他竞技体育项目相比,少数民族传统体育缺少高精准度的传播内容。

云传播是云计算环境下人们传递信息和分享信息的一种模式,是对人们通过"互联云"进行信息传播活动的社会总过程的总体描述。在系统层面,云传播可看作一个基于云计算的社会信息系统,所包含的系统要素主要有用户、云终端、云服务、云计算中心等②。正是依托云传播背后丰富的数据整合资源,少数民族传统体育的发展与传播才会更广。借助这些数据的力量,少数民族传统体育才能提高其在受众中的关注度。依托"云传播"的数据整合,将使少数民族传统体育迎来井喷传播的机遇。

(一) 三网融合

在中国,媒体融合其实是与"三网融合"背景呈同步发展的关系。

---

① 程曼丽:《web2.0 时代职业记者的使命:完成文本》,《新闻与写作》2013 年第 7 期。

② 李卫东、张昆:《"云传播":人类信息传播的革命》,《知识管理论坛》2011 年第 11 期。

本文中"三网融合"的概念是指一种广义的、社会化的说法。我国的"三网融合"是指电信网、互联网和广电网的融合，是为了实现网络资源的共享，避免低水平的重复建设，形成适应性广、容易维护、费用低的高速宽带的多媒体基础平台。"三网融合"的本质是电信网、广电网和互联网都可以承载多种信息化业务，创造出更多种融合业务，而不是合成一张网，"三网融合"并非"三网合一"。

三网融合的目标是满足消费者的需求。要做好民族传统体育文化的微信传播，则需要抱定用户至上的理念，为适应这种变化改进传播，从用户的需求角度考虑民族体育文化产品的生产与消费。这就意味着"传播"不再是未来的唯一任务，"服务"将是其多元化平台上的新使命。在服务中传播，在传播中服务，不急于灌输文化，而是着力于提升民族传统体育服务号在人们生活中的重要性，则民族传统体育文化的传播就成为一件水到渠成的事。

打造文化传媒优质品牌。伴随3G、4G网络的普遍应用和智能手机的加速普及，移动互联网呈现快速增长态势，深度影响改变城市人群的生活方式和生活品质。2014年8月，中央发布《关于推动传统媒体和新兴媒体融合发展的指导意见》，城市传媒与时俱进，创新发展，顺应国家政策和措施的变化，采取互联网思维对业务模式和商业模式进行创新，探索转型发展、业态升级和基于移动互联网的融合发展的道路。鼓励少数民族的高端专业人才参与其中，开发一些现代人热捧的手机APP和少数民族精致APP，打造拥有较强实力和传播力、公信力、影响力的城市传媒文化品牌①。

"三网融合"可采取的传播武陵山区少数民族传统体育文化的主要模式如下。

1."广电—互联网"模式

"广电—互联网"模式指由广播、电视（含有线电视）作为主营业务转型为包含互联网、广播、电视、手机、IPTV、户外媒体等全媒体业务的模式。武陵山民族地区公交移动电视的产业运营与发展策略有待研究，

①《城市传媒：传统与新兴媒体融合发展 打造文化传媒优质品牌》，2015年1月29日，每日甘肃网（http://news.163.com/15/0129/11/AH4HGGSC00014Q4P.html）。

车载广播与电视融合，车身广告与户外媒体结合，是拓宽受众尤其是游客认识、了解当地民族传统体育的重要渠道。

电视不仅为观众提供一场视觉盛宴，更为少数民族传统体育的传播打开了窗口。但前提条件是摆手舞等民族传统体育必须通过创新求变，与时代同呼吸，生产出有理论深度和实践温度的反映时代风貌的精品力作，才有机会在更好的平台进行传播，然而恩施土家族摆手舞在这方面存在很大困境。

电影、电视剧是最直观、最生动的影视媒介，是人们最喜闻乐见的传播方式，同时也是最能潜移默化地影响受众的媒介，尤其是电视剧，已然成为我国人民的一份文化主食，是我国覆盖面积最广、影响力最大、受众最多的一种传播方式。2018 年 4 月 18 日，第八届北京国际电影节的重头活动之一——2018 第二届网影盛典盛大启幕。近年来，以网络剧、网络电影为代表的网络原创视听节目创作生产高速增长，网络影视的优异表现让人们看到互联网影视行业的无限潜力。当前中国互联网影视已进入新的时代，网络视听正在以强大的力量为中国影视行业注入新鲜血液。面对新时代新要求，应为更多网络影人创作出更加健康向上、品质优良、丰富多彩的网络影视作品。多家网络影视服务机构联袂，借以大力传播互联网影视文化①。

电视媒体与网络媒体的融合，为我国民族传统体育文化的传承与发展，插上了飞翔的翅膀。电视台与互联网公司的关系，在短短几年里经历了过山车般的起伏。几年前，电视台和视频网站经常"针尖对麦芒"，湖南卫视甚至一度拒绝向视频网站出售版权。如今，电视台和互联网公司的关系则更加复杂——政策层面大力推动台网融合，电视台和视频网站之间既有竞争也有合作，社交平台则开始扮演台网融合的"润滑剂"。

电视作品形式多样：新闻、电视剧、电影、动画片、艺术片、纪录片、专题片、电视栏目、综艺等等，给受众带来丰富多彩的视听享受，少数民族传统体育连同少数民族的文学、民间故事、天文历法、绘画、风土人情、音乐舞蹈艺术等，丰富和繁荣电影、电视艺术的创作，提供

---

① 《第八届北京国际电影节之网影盛典传播互联网影视文化》，2018 年 4 月 18 日，中国新闻网（http：//news. sina. com. cn/o/2018 - 04 - 18/doc - ifyuwqfa3894057. shtml）。

丰厚的文化资源和艺术灵感，有利于改变目前影视业的同质化、模式化现象。因此，可以首选电视这一权威、大众的传播媒体。积极利用电影和电视剧手段，对民族传统体育进行广泛而有效的对外传播和推广。电影《蹴鞠》是一部以现代题材反映古代蹴鞠这一文化遗产和宝贵资源的电影，把蹴鞠这种传统文化用现代手法加以包装，以电影为媒介，走向公众、走向世界①。中央电视台的新闻直播与新浪网相结合，天地同步，呈现科技类高清视频，展示中国功夫，在太空上演巡天太极，画面清晰，播放流畅，视音频同步，使中华优秀传统体育项目——太极拳在全世界亮相②，传播场域拓展到了太空。

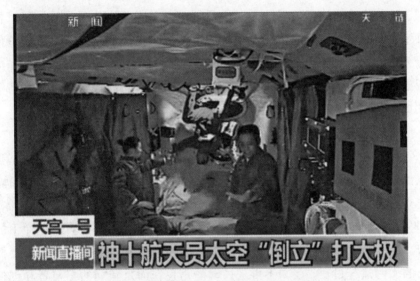

图7—8　神十航天员太空"倒立"打太极

时势造英雄。武陵山区少数民族传统体育文化传播过程中，涌现出诸多精英。可以通过电视纪录片、微电影、微视频等传播渠道，追溯这些精英的成长历程，让观众在短时间内快速了解民族传统体育文化的传

① 《蹴鞠》，2017年12月15日，搜狗百科（http：//v. sogou. com/v？query＝％F5％ED％BE％CF）。
② 《〈新闻直播间〉天宫一号 神十航天员太空倒立打太极》，2013年6月20日，新浪视频（http：//video. sina. com. cn/p/news/v/2013－06－20/172062570885. html）。

承与传播脉络，读史明志，既鼓励了文化传承人的事业心，又明确了未来发展趋势，还领略了风土人情、自然景观等地域文化①。

媒体融合时代，必须提高电视节目制作的互动性。首先，从业人员必须更多地吸收互联网的互动、分享、共生的精神，为受众提供具有地域特色的个性化内容，从根本上对节目进行创新型包装；可以在数字电视节目设置少数民族文化专区，观众可以点播自己感兴趣的节目。其次，充分利用新媒体平台的互动功能，进行线上传播线下活动的节目开发；最后，人员的创新和培训十分重要且时间紧迫，创新的关键是人才，从业人员开阔的视野和创新思维，是媒体发展的软实力。

目前体育节目的内容和形式缺乏创新，人才素质培养面临很大的瓶颈，比如优秀的体育项目缺乏解说员等。尤其在新媒体时代，如何对各种平台上的多媒体资源进行策划组织，最大限度地利用资源，实现价值最大化，就需要从业人员熟悉多种媒介类型的内容生产特点，并准确进行播出渠道的选择运用，这对记者的个人素质、新闻视野、价值判断等都提出了挑战。

2. "电信—互联网"模式

"电信—互联网"模式此处指由传统电信通讯为主营业务转型为基于电信互联网的语音、视音频、信息服务等全业务模式。借助社交媒体，建立网上互动体验。首创博客报道形式的丹·吉默尔在其《我们即媒体》（*We The Media*）一书中提出，新闻将不再是媒体公司和传者自上而下的"广播"过程，而越来越成为一种受众、编辑、记者等一起互动的自上而下的"网播"过程。受众不再是被动的角色，而是新闻的参与者和创造者。读者可以成为新闻的生产者，当"草根"的声音得以正常传播，我们的社会民主也朝前迈进了一步，其旧有的体征"新闻主体的草根性""新闻视角的自下而上""新闻内容的公共性""新闻载体的技术性"也获得了更新的内涵与发展。

大数据时代，可以通过相应的程序，设计少数民族传统体育项目的Q版，提供用户体验。设计互动的体育项目的小游戏，可以分享好友，进行比赛，在游戏的过程中体验土家族独特的传统体育项目。数据信息的

---

① 李劲松：《电视纪录片传播地方文化的创作手法》，《青年记者》2016年第5期。

体验会激发受众的传播热情，有利于推动人们利用网络等数字媒体与他人进行分享，以达到传播的效果。通过社会化媒体平台"数据赋权"方式，利用二维码扫描等便捷方式快速参与运动体验，使受众足不出户便可参与到少数民族传统体育的运动中去，体验少数民族传统体育的快乐①。

2018 年 5 月 17—19 日，由国家广播电视总局指导，中央广播电视总台主办，中国国际电视总公司、中国广播电影电视节目交易中心承办的第十五届中国国际影视节目展在北京展览馆举行。首次设置的 VR 与游戏互动体验专区成为全场人气最旺的区域之一。影视"黑科技"逐一亮相，吸引参展者争相体验。VR 虚拟现实游戏、VR 影视作品、AR 北极熊等高科技影视手段让这里成了本届展会最"潮"一角。

（二）纸媒与互联网融合

纸媒与互联网融合是指传媒机构由报纸、杂志、期刊、书籍等纸媒体为主营业务转型为多媒体业务的模式。

1. 网报融合

电视和网络新闻能即时生效，报纸的影响力往往滞后，但报刊新闻的深度分析入木三分，往往可以改变受众的成见，给人们输入的深刻见解总是能冲破人类思维的禁锢，打开事件意义的大门。

《中国体育报》与《人民网》和微信公众号一道，全方位、立体化地报道中国乃至世界体坛的多彩风云，为千百万读者及时提供权威的、快捷的、鲜活的、丰富多彩的新闻报道，最大限度地满足读者的阅读需求②。这为武陵山区主流包夜的发展指明了方向。主流报刊要发挥传统媒体内容生产的优势，同时，武陵山区传播土家族摆手舞等少数民族传统体育文化等主流官方网站必须改变现有的拿来主义模式，打造自身的专业采编团队，创造出形式更加丰富多样的民族传统体育文化文化精品，解决网报传播内容的同质性问题，为恩施摆手舞传播提供更有效的平台。

---

① 史可：《大数据时代少数民族传统体育传播创新与实践》，《新闻研究导刊》2016 年第7 期。

② 本报评论员：《中国体育报：群众体育为全民的健康和幸福服务》，2018 年 4 月 21 日，人民网（http://sports. people. cn/n1/2018/0421/c412458 - 29940824. html）。

在长阳土家族自治县民俗文化村等民族旅游特色村寨和清江画廊等旅游景点，可以投放触媒电子报，游客可以趁着游兴，进一步了解少数民族传统体育文化的历史和现代价值。

在媒介融合的浪潮中，市场竞争的压力兼新技术的推动，正在促使报业集团开始新一轮的业务实验。怎样才能使传统媒体与新媒体黏聚交融，并最终产出 $1+1>2$ 的效应？这成为实践创新的焦点。在这一过程中，长阳土家族自治县已有的报业集团应该与多数报业集团尝试资本融合、资源融合、不同报网间的互动，借用数字化技术全面整合不同媒介之间的资源，再造内容生产的全媒体流程，使报社从传统的报纸生产企业转为提供多种媒体内容的新型媒体机构。

在长阳，应建设地方报业传媒集团，进而构建并开启全媒体内容生产流程，形成包括纸质报、手机报、多媒体数字报、电子纸移动报、户外视屏等比较完备的全媒体产品方阵，满足各界对媒介融合理想模式的期待。启动"全媒体数字复合出版系统"，优化原有的产品生产流程，推动集团从报纸生产商向内容供应商转型。组建全媒体新闻中心，为该中心报业集团旗下主要报纸的记者配备了较为齐全的采访"武器"：每人一台笔记本电脑，移动、联通两种无线上网卡，一台照相机，一台摄像机，一部智能手机，可以同时满足手机报、电子纸移动报、纸媒文字图片需求以及长阳网和武陵网等网站、户外视屏的视频需求。记者采集的信息纳入待编稿库，不同媒体编辑部可从待编稿库选稿加工，亦可根据特色需求向全媒体新闻中心定制稿件、照片、视频等。

媒体融合的内容生产流程并非采编流程的简单重构。首先，报业集团内信息的一次采集、多介质发布将实现新闻资源的一次开发、多次生成、多次售卖，整合内部资源，延长产业链条，节约成本，为报业集团带来增值收益。

其次，全媒体内容生产流程改变信息传播的格局，使媒介的功能和特征得以回归。按照手机报、电子纸移动报、多媒体数字报刊、公共视屏、报纸网络版、系列报刊这一链条推移信息。现实生活中，在长阳现有的报业信息采集制作完成之后，报刊是第一传播载体，最后是网络，手机报等。网络在内容的原创性生产层面处于劣势。从媒介的功能和特征而论，网络、手机报都可即时传播，烟台日报传媒集团对内容生产流程的改造使报业集团成为生产多种内容格式的内容提供商，报刊在新的传播链条中不得不重新寻找位置。

为了消除报纸新闻影响力缓慢的弊端，记者不仅要选择、生动地描述重要信息，而且要突出事件的光环，提升它触动人们思维的燃点。美国《底特律新闻》（*The Detroit News*）的编辑和出版人马克·希尔沃曼（Mark Silverman）建议："报纸必须更加注意提供意义而不只是信息。""它们必须在报道问题的同时寻找解决方案，提供新闻的深度和公众的理解力，报道要触及痛痒，提供情感上的回应。如果它们能够做到这些，报纸在 21 世纪将继续是一种大众媒介。"报刊的深度报道虽然需要读者的思索、品味与理解，但它给人们输入的深刻见解总是能冲破人类思维的禁锢，打开事件意义的大门，连电视和网络编辑也不能忽视它们的思想高度，常常把它们的养分纳入视频新闻的解说[1]。

目前，国内的报业转型在集团内部建构全媒体中心，实现一个内容、多个出口。一个报社拥有多种媒介形态：报纸、电子报、新闻网络、手机报、微博、微信、移动客户端。要深入挖掘富有民族传统和民族特点的传统体育文化的内涵，地方报纸应开辟民族体育文化专栏、专版，打破了报纸、网络与新媒体之间的壁垒，斥资建设新闻指挥中心。从采访的第一个环节开始，可视化、即时化的传输与可量化、可数据分析的传播链条，完全颠覆了传统的采编流程，达到一次采集、多元生成、多平台发布的全媒体传播要求[2]。

2. 书籍、期刊与互联网融合

书籍是人类知识和文化的载体，是人类智慧的结晶。它能够突破时间和空间的限制，实现不同时代、不同地域的知识和文化的传播、交流和融合。读书是人们获取知识和信息的重要手段，是人类吸取精神能量的重要途径。好书是伟大心灵的宝贵血脉，随着"世界读书日"风靡全

---

① 刘建明：《新闻影响力的"贫血"与震撼》，《新闻爱好者》2017 年第 8 期。

② 程明、战令琦：《传统媒体的"解构"与新媒体的"解读"》，《今传媒》2017 年第 2 期。

球，读好书正成为今天我们全社会的共识与需求。

传统体育期刊一直是我国期刊市场的重要组成部分。近年来，由于新媒体的兴起，传统体育期刊的发展陷入一定困境。新媒体带来受众在阅读方式和习惯的转变，为传统体育期刊的发展带来极大冲击。在保持内容优势的前提下，传统体育期刊、杂志与邮件、微信、微博等新媒体的融合，已是当下传统体育期刊面临新媒体挑战的理性的应对策略。在媒体融合的背景下建立媒体产业联盟，是媒体融合的新思路与方法。学术期刊等传统媒体应充分发扬自身在内容、资源以及平台方面的优势，成立新媒体产业联盟，由内容提供方、技术提供方和网络运营商共同组成联盟的主体①。

1972 年，联合国教科文组织向全世界发出了"走向阅读社会"的召唤，1995 年 11 月 15 日正式确定每年 4 月 23 日为"世界读书日"，要求社会成员人人读书，使图书成为生活的必需品。著名作家王蒙称，无论新媒体多么发达，都无法替代对平面媒体的阅读。只有在读书的时候，思维可以空前紧张起来，能够得到很好的锻炼和培养；读书的节奏、方法是个人的，电视只能思维跟着走，但书可以反复读，但每个人读书收获的东西都不一样。阅读是无法替代的，阅读传统文化的目的在于让传统文化更繁荣、进步②。《朗读者》是中央电视台推出的大型文化情感类节目，由著名节目主持人董卿首次担当制作人，央视创造传媒有限公司承担制作，于中央电视台综合频道与综艺频道黄金时间联合播出，在线播放平台为爱奇艺、央视网。以个人成长、情感体验、背景故事与传世佳作相结合的方式，选用精美的文字，用最平实的情感读出文字背后的价值，节目旨在实现文化感染人，鼓舞人，教育人的传导作用，展现有血有肉的真实人物情感。以《朗读者》为代表的根植于民族文化血脉的文化综艺节目，无异于是一次文化供给侧改革的有益尝试，它通过开拓节目的人文视野、扩大节目的思想容量，创新节目的

---

①　吉海涛、郭雨梅、郭晓亮：《学术期刊与新媒体的融合：机遇·挑战·对策》，《编辑学报》2015 年第 5 期。

②　索有为、朱延生：《著名作家王蒙：从阅读传统文化中获取智慧》，2017 年 8 月 13 日，中国新闻网（http：//www.mzb.com.cn/html/report/170822526－1.htm）。

模式套路，将电视节目模式、文化传播和情感交流需求相结合，依托文字载体，将长期潜伏在社会大众内心深处的文化自信彻底激活①。电视节目如电视剧、电影、《新闻联播》、《文化正午》、春节联欢晚会等与互联网同步，人们可以随时可以选择自己喜欢的视频、文字等欣赏方式。

2018 年 4 月，《2017 年度中国好书》评选揭晓，再掀全民阅读热潮，但人文社科类书籍中鲜见民族文化内容的传播。2018 年 4 月 22 日，上海浦东新区特色城市书房开张，开启四大新型阅读空间——"融书房""学习书房""张江科学城书房"和临港大隐书局的"共享书房"。"融书房"24 小时可借阅，开放时间到深夜，网上借还，快递配送，每两周一次讲座；"学习书房"主要以红色文化阅读为特色……据悉，阅读空间开启后，还同步启动了学习读书会和陆家嘴读书会，定期开讲座以飨读者②。武陵山民族地区应借此东风，加强供给侧改革，鼓励文化工作者深入基层采风创作，汲取少数民族传统体育文化中的营养，奉献出更多反映时代精神、引领社会风尚、人民群众喜闻乐见的作品，加大对出版社的扶持力度，引导出版接地气、有温度的民族传统体育文化方面的书籍，既有学校体育教育不可或缺的教材，也有儿童青少年情有独钟的小人书、漫画册等，城市书店、图书馆、路边书报亭等，为大众提供急需的精神食粮。进一步与互联网融合，开发出电子书、有声读书等 APP，使阅读更便捷。

内容融合是传统体育期刊与新媒体融合的首要体现，主要表现在体育信息的内容生产方式和呈现方式上。在内容生产方面，由于数字化手段的普及，传统体育期刊内容的生产基本都可以依靠数字化技术来完成。内容生产的数字化使得传统体育期刊与新媒体的融合更加便捷，同时，新媒体理念对传统体育期刊编辑思维的影响也使得两者间的融合更为顺畅。这意味着期刊出版内容不需通过烦琐的转换，便可直接发布到新媒体平台上。而在内容的呈现方式上，集合视频、文字、图片等多媒体形

---

① 纳兰惊梦：《〈朗读者〉：在文化的自信与优雅间激荡》，2017 年 4 月 26 日，搜狐网（http://www.sohu.com/a/129240905_117415）。

② 谢卫群：《上海浦东特色城市书房开张》，《人民日报》2018 年 4 月 23 日第 1 版。

图7—9　附近居民在"融书房"阅读

式的内容传播模式备受青睐，传统体育期刊结合新媒体平台特性，创造内容的多样化呈现方式也越来越多地受到关注，成为内容融合的重要形式。在与新媒体内容融合方面做得淋漓尽致的是《体育画报》，期刊社根据期刊特性结合新媒体手段全方位推出了体育画报的官方网站、iPad 客户端、微博以及微信公众号，将同样的期刊内容根据平台差异进行拆分重组，不同平台各有侧重，以适应不同的新媒体平台受众的信息阅读习惯。通过在新媒体领域的尝试，《体育画报》在传统期刊出版的基础上扩大了其自身的品牌影响力。由于在新媒体领域的尝试与探索取得较为积极的效果，2015 年年初《体育画报》荣获由工业和信息化部批准、国家七部委指导举办的"2015 中国新媒体门户大会"颁发的"最具品牌价值新媒体门户"大奖①。

　　传播形式多样，走亲民化道路迅速适应新兴媒体平台使用，通过各种生动、多样化的传播手段实现信息传递。对于网站用户，可以用丰富的文字和图片表达；对于微博、微信用户，更看重的是绚丽的图片和简

①　熊啸：《中国传统体育期刊与新媒体的融合研究》，硕士学位论文，广西民族大学，2016 年。

单生动的语言，根据不同受众呈现不同的表达，只有这样才能多层次满足大众需要。

"融合"是一个过程化的概念，注重于整合资源、协调合作，对报、台、网、端、微等终端，以及策、采、编、发、评等环节进行整体的统筹调配。

融合是物理变化，更是化学反应；不单纯是传播技术的革新或者传播手段的刷新，更是观念和理念的更新、体制和机制的创新，工作者和用户都需要紧跟新时代，才能更好地利用、使用新媒体。在融合发展的道路上，内容与技术相伴而行。如果说融合创新的未来想象空间无限，那么技术的革新一定是实现融合梦想、推动媒体传播力增强的因子①。

注重技术的研发应用，要加大信息技术应用和数字出版的探索力度。武陵山区各省的地方媒体应成立全媒体指挥中心、大数据服务中心，具有同步视频采访、全媒体编辑、实时发布、舆情监控等功能；广电行业应借助云计算技术搭建"一云多屏"技术平台，力求实现广播、电视、网站、移动客户端等各媒体部门的内容共享与多屏分发。

作为重庆市传媒数字报刊交流平台，2018年的《武陵都市报数字报》全新改版，但是对民族传统体育的相关报道非常少。

（三）虚拟技术的应用

虚拟仿真（Virtual Reality，VR）又称虚拟现实技术或模拟技术，是用一个虚拟的系统模仿另一个真实系统的技术。狭义上，虚拟仿真是指20世纪40年代伴随着计算机技术的发展而逐步形成的一类试验研究的新技术；广义上，虚拟仿真则是在人类认识自然界客观规律的历程中一直被有效地使用着。由于计算机技术的发展，仿真技术逐步自成体系，成为继数学推理、科学实验之后人类认识自然界客观规律的第三类基本方法，而且正在发展成为人类认识、改造和创造客观世界的一项通用性、战略性技术。

虚拟仿真实际上是一种可创建和体验虚拟世界（Virtual World）的计算机系统。此种虚拟世界由计算机生成，可以是现实世界的再现，亦可

---

① 赵新乐：《喜迎十九大｜融合发展：开启媒体报道新时代》，2017年9月30日，中国记协网（http://www.xinhuanet.com/zgjx/2017-09/30/c_136650195.htm）。

以是构想中的世界，用户可借助视觉、听觉及触觉等多种传感通道与虚拟世界进行自然的交互。它是以仿真的方式给用户创造一个实时反映实体对象变化与相互作用的三维虚拟世界，并通过头盔显示器（HMD）、数据手套等辅助传感设备，提供用户一个观测与该虚拟世界交互的三维界面，使用户可直接参与并探索仿真对象在所处环境中的作用与变化，产生沉浸感。虚拟仿真技术是计算机技术、计算机图形学、计算机视觉、视觉生理学、视觉心理学、仿真技术、微电子技术、多媒体技术、信息技术、立体显示技术、传感与测量技术、软件工程、语音识别与合成技术、人机接口技术、网络技术及人工智能技术等多种高新技术集成之结晶，其逼真性和实时交互性为系统仿真技术提供有力的支撑。虚拟仿真技术用途非常广泛，已经渗透到社会的各个领域，促进了各行各业的发展，为各行各业注入了一股新的活力，带来巨大的社会经济效益。20 世纪 50 年代和 60 年代，仿真技术主要应用于航空、航天、电力、化工以及其他工业过程控制等工程技术领域。在航空工业方面，采用仿真技术使大型客机的设计和研制周期缩短 20%。利用飞行仿真器在地面训练飞行员，不仅节省大量燃料和经费（其经费仅为空中飞行训练的 1/10），而且不受气象条件和场地的限制。此外，在飞行仿真器上可以设置一些在空中训练时无法设置的故障，培养飞行员应付故障的能力。训练仿真器所特有的安全性也是仿真技术的一个重要优点。在航天工业方面，采用仿真实验代替实弹试验，可使实弹试验的次数减少 80%。在电力工业方面，采用仿真系统对核电站进行调试、维护和排除故障，一年即可收回建造仿真系统的成本。现代仿真技术不仅应用于传统的工程领域，而且日益广泛地应用于社会、经济、生物等领域，如交通控制、城市规划、资源利用、环境污染防治、安全生产管理、医学、文化传播、教育培训和实验教学等方面，利用仿真技术来研究这些系统具有极为重要的意义。

互联网空间与现实世界之间从来就没有一道清晰的边界，进入数字时代，人类政治、经济、文化、社会交往的行为越来越多地延伸到虚拟空间之中，社会主体在现实中的有限性，被赋予一种虚拟世界中的无限可能。"现实空间不仅以自身形式存在于自己的主体之中，也以主体形式存在于互联网空间之中"①。虚拟空间与现实世界相互交叉、延展、互动，重新塑造人类生存的日常空间，我们生活的世界已经是虚拟空间和现实社会的融合体。

1. 学校教育与虚拟技术的融合

虚拟仿真实验教学项目建设和应用是现代信息技术与教学深度融合的一个方面。现代信息技术与教学深度融合是高等教育的必然发展方向之一，要始终体现培养学生"会思考、能实战、不作弊、善合作"的专业教学理念，将虚拟教学与实战化训练有机结合，改造实验教学项目、拓展实验教学内容的广度和深度、提升实战化教学质量和水平，充分体现教育内涵式发展，最终达到提高人才培养质量的目的②。2018年，天津市体育博物馆已于本周正式入驻天津市中小学生个性化学习服务系统中的虚拟实践平台，天津市中小学生都可不受时间、地点的限制，通过网络在该平台直接参观天津市体育博物馆。体育博物馆的虚拟网络展馆建设，是发扬开拓创新精神、拓宽文化传播途径的重要体现，一方面，有助于中小学推进素质教育实施和学生全面发展；另一方面，也有利于体育文化和体育精神在学生群体中的有效宣传，实现素质教育发展和体育文化发展的"双赢"局面③。

民族院校的体育学院、民族学与社会学院、文学与传播学院等相关学院以及中小学应抓住教育现代化的这一契机，重视虚拟仿真实验教学项目建设与应用，服务民族传统体育文化的传承与传播。虚拟民族志（virtual ethnography）"是以网络虚拟环境作为主要的研究背景和环境，利用互联网的表达平台和互动工具来收集资料，以探究和阐释互联网及相关的社会文化现象的一种方法"④。

---

① 周蜀秦、宋道雷：《现实空间与网络空间的政治生活与国家治理》，《南京师大学报》（社会科学版）2015年第6期。

② 《教务处参加"高等学校虚拟仿真实验教学项目建设与应用论坛"》，2018年5月2日，中南民族大学教务处（https://www.scuec.edu.cn/s/27/t/1536/fb/79/info129913.htm）。

③ 《天津市体育博物馆网络虚拟展馆正式入驻天津市中小学生个性化学习服务系统》，2018年3月29日，天津市体育博物馆（http://www.tjtyj.gov.cn/index.php/Home/Index/content/cate/whbl/id/26759.html）。

④ 卜玉梅：《虚拟民族志：田野、方法与伦理》，《社会学研究》2012年第6期。

图7—10　天津市体育博物馆虚拟网络展馆

虚拟现实技术带着无比炫酷的科技感，走进越来越多人的视野。Facebook、google、苹果、HTC、三星、微软等纷纷聚焦头戴式显示设备，切入或加码虚拟现实市场。其中，谷歌价格低廉的纸盒眼镜受到追捧，并与《纽约时报》共同发布了首个虚拟现实技术新闻故事。风口之下，国内虚拟现实技术企业迅猛发展。除了3 Glasses、蚁视、暴风魔镜、乐相等国内熟知的虚拟现实技术厂商外，以 BAT 为代表的行业巨头开始在虚拟现实技术领域展开探索，乐视、小米等公司也不甘落后。戴上眼镜、耳机，沉浸在幻想之中已成为一种时尚。在虚拟现实技术的世界里，对视频图像的需求更加突出，因此对芯片运算能力和图像处理能力的要求变得更高。更大的数据运算能力、更快的传输速度和屏幕刷新率、更低的延迟将成为研发者继续攻坚的重点。虚拟现实技术带给人们全新的体验，在游戏、影视、动漫、体育等几大娱乐领域率先提速，提早投资布局的企业可能有更多发展前景①。

2. 图书馆、文化馆、博物馆等的数字化改造

所谓的数字化，主要指的是将有形的文字、图像、视频等信息转化成为计算机可识别二进制编码的一系列操作，其作为互联网信息时代的

---

① 尚丹：《关于互联网的8 大猜想"两微一端"迈向"三微一端"》，2016 年1 月15 日，新华网（http://www.xinhuanet.com/newmedia/2016 – 01/15/c_ 135011634. htm）。

产物，在信息传播、交流方面发挥着极为重要的作用。充分利用现代科技手段，加强图书馆、博物馆、文化馆、艺术馆、纪念馆和民族文化研究中心等进行数字化改造，是武陵山区少数民族传统体育文化的重要传播手段。

（1）图书馆的数字化改造

长阳土家族自治县图书馆是国家一级图书馆，探索为读者提供多元文化服务的新模式。2015 年，兴建数字图书馆，新添流动图书车一台；2016 年开通微信、移动图书馆，以县图书馆为总馆、乡镇社区为分馆、村农家书屋为服务点的总分馆制，建成图书馆集群管理系统、盲人图书馆，实现了无障碍服务。长阳图书馆成为闪烁在鄂西群山之巅的火炬，让书香飘满土家山寨，让知识成为发展的引擎①。

土家族是中国历史悠久的一个民族，世居湘、鄂、渝、黔毗连的武陵山区。根据 2010 年第六次全国人口普查显示，土家族人口数量约为8353912 人，在中国的 55 个少数民族中排名第七位，仅次于壮族、回族、满族、维吾尔族、苗族、彝族。由于其独特的地理环境和显要的地理位置，在漫长的历史长河中，文化积淀非常丰厚，积累了丰富的文献资源，形成了关于土家族政治、经济、文化等方面的文字资料。

中南民族大学图书馆的"土家族文献数据库"依托图书馆南方少数民族文献馆藏优势以及学校在土家族研究领域领先的人才优势、成果优势、地域优势与技术优势，运用多种方法系统开展土家族文献的采集、筛选、整理、科学组织与标引工作，并在此基础上运用现代化技术手段，开展土家族文献、土家族非遗数据库建设工作，实现土家族非物质文化遗产的保护与传承。为学校师生教学与科研提供文献信息检索和专题服务，为地方经济和文化建设发展提供信息服务。读者可在校园网内通过题名、作者、关键词及描述等途径进行检索，可以全文浏览。但该文献库只有校内入口，大大限制了土家文化的传播空间②。

---

① 《长阳土家族自治县图书馆第六次评估定级宣传片》，2017 年 6 月 20 日，长阳图书馆（http：//www.cyxtsg.cn/info/71308.jspx）。

② 《土家族文献数据库》，中南民族大学图书馆（http：//www.lib.scuec.edu.cn/info/71095.jspx）。

（2）博物馆的数字化改造

博物馆是收集、珍藏、陈列和研究人类文化遗产的权威机构，人类社会很早就意识到自身文明所具备的非凡价值，早在 2300 多年前就开创了以博物馆来保存文化历史的举措。历经千年的实践探索和经验积累，如今博物馆已然成为一个庞大的文化传承与保护的专业体系，各式各样的博物馆在全世界范围内为人类文明的传承绽放能量。博物馆作为我国科学文化事业的重要组成，既是人类社会与科技进步的体现，又是整个民族获取知识、提升文化素养的重要载体。5 月 18 日是国际博物馆日。博物馆何以重要？习近平主席曾指出，一个博物馆就是一所大学校，是保护和传承人类文明的重要殿堂，是连接过去、现在、未来的桥梁，在促进世界文明交流互鉴方面具有特殊作用。让文物说话、把历史智慧告诉人们，可以激发我们的民族自豪感和自信心，坚定中国人民振兴中华、实现中国梦的信心和决心。博物馆，方寸间一览千年，"见证历史、以史鉴今、启迪后人"[①]。

20 世纪 90 年代初期，在现代信息技术的推动下，数字化建设已经逐渐成为当今博物馆事业发展的重要组成部分，数字博物馆（Digital Museum）应运而生，并逐步进入快速发展阶段。近年来，中国在数字博物馆建设方面取得了可喜的成绩，一批批数字博物馆、数字科技馆开通运行。

博物馆数字化就是以博物馆馆藏实体文物为主要基础，在数字化网络平台上建立起一个全新的信息与交流服务体系。数字博物馆是对实体博物馆的数字再现和补充，具有虚拟化、数字化和智能化等鲜明特征。利用先进的数字化技术作为技术支撑，同时借助互联网的方便性、共享性和快捷性，打造出一个不同于以往的、高效率的文化遗产的保管、研究和陈列方式，更好地造福于民[②]。

博物馆数字化是博物馆为适应时代发展的必然需要，是博物馆引进现代科学技术对博物馆功能的再发展、再利用。博物馆数字化建设是一

---

① 张敏彦：《博物馆何以重要？习近平"打卡"告诉你》，2018 年 5 月 18 日，新华网（http://www.chinanews.com/gn/2018/05 - 18/8516816.shtml）。

② 周坤：《基于"互联网+"的博物馆公共服务数字化建设》，《文物鉴定与鉴赏》2017年第 6 期。

项意义重大的工程，它涵盖了博物馆管理工作的各个方面，包括藏品的收藏、保护、研究、陈列、教育、利用等的工作内容，博物馆数字化建设促进了博物馆功能的发展。首先，博物馆对于藏品的第一要务即是对藏品进行保护，藏品一旦受到损坏，将是我国文化遗产和人类文明的重大损失，而通过博物馆数字化建设，建立藏品的信息化档案。数字化信息的存储可以不断重复、再生，从而得到根本性的延续。数字化信息可以反复使用而不受损失。数字化从根本上解决了文化遗产的保护、保存和利用，是传承中华文明的最好手段。这样不仅可以减少实物的流通次数，降低损坏的风险，还能够有效地改善藏品管理的质量，提高管理水平，利于研究工作的深入开展。由此，博物馆数字化、信息化建设减少了藏品实物的利用率，降低了藏品损坏的可能性。其次，对于藏品研究的功能而言，博物馆数字化建设使藏品信息公平，为藏品研究专业人员提供了一个开放的研究环境，使学术交流更深入、更方便。最后，博物馆作为公益事业机构，对于国家和人民来说，有着重要的教育功能，藏品的陈列与展览是博物馆发挥其教育作用的最直接途径，传统的展示方式是不可取代的，但是由于时间与空间的限制，能直接观赏到藏品的陈列与展览的受众十分有限，文化传播只局限在一个狭小的范围。而博物馆数字化建设打破了这一局限，通过应用计算机技术，可以实现藏品在网络虚拟环境上生动的形象展示，并能超越空间的界限，使更多人随时随地在网络上就能了解藏品的文化，认识藏品的魅力。博物馆数字化建设对于博物馆自身的发展，对于藏品的文化传播都有着不可忽视的巨大作用和价值。

博物馆是民族传统体育文化保护与传承的重要载体之一，博物馆的数字化改造（Digitalization of Museum）是利用科技提升博物馆公共文化服务力的重要路径。2016 年，经李克强总理签批，国务院印发《关于进一步加强文物工作的指导意见》，围绕当前文物工作中存在的突出问题，在落实责任、加强保护、拓展利用、严格执法等方面作出了部署。《关于进一步加强文物工作的指导意见》将文物称为"金色名片"，博物馆不能只是将文物"藏而不宣"，或始终停留在"完整保存"的状态，需要摸清楚观众的口味，将"金色名片"用最合适的手段分门别类，展示给相应的人。智慧博物馆正在挑起这份重担①。智慧博物馆是一种以物、人、数据动态双向多元信息传递模式为核心的，通过全面的动态感知，随时随地获取和传递藏品、展览、观众、环境等要素以及相互之间的关系的变化，并基于智能信息的整合，促进整个博物馆系统的自适应性调整和优化②。智慧博物馆与生态系统学理论实质相同，是用宏观的、动态的观点看待博物馆的建设与运行。

目前，我国博物馆数字化虽然总体建设发展迅速，呼声高昂。2017年2月16日，"土家音乐文化数字化保护与展示关键技术研究及示范"基地在长阳博物馆挂牌。土家音乐文化数字化保护与展示关键技术研究及示范是华中师范大学、中央音乐学院、湖北长江盘古教育科技有限公司（长江出版传媒和华师合资）共同承担的"十二五"国家科技支撑计划课题。本课题组针对土家音乐文化资源难以有效分类和管理、缺乏有效的保护与传承技术、方法和服务模式等问题，经过艰苦努力，建立了土家音乐文化资源的分类体系，攻克了音乐文化资源管理与内涵挖掘、传统乐器虚拟演奏与技艺培训、土家音乐虚拟文化长廊、面向用户的多终端展示等关键技术，研制出了土家音乐服务解决方案及系统，集成了一套土家音乐文化数字保护与展示综合服务平台。这套网络科技成果的应用开启了少数民族音乐文化保护与传承服务新模式，观众可以根据自己的喜好和需求了解土家婚嫁乐器、丧葬乐器、劳动乐器、娱乐乐器，观看一批土家音乐音频、视频。土家音乐文化数字化保护与展示关键技术研究及示范基地落户长阳博物馆，是博物馆丰富的文化资源与新媒体技术的有机融合，是博物馆为公众提供优质、便捷服务的又一新举措，有助于激发观众的探索性和深层次学习的需求，是架起公众与博物馆、城市与文明、文化与科技之间的沟通桥梁③。2017年9月，中南民族大学民族学博物馆获得"全省第一次全国可移动文物普查作出突出贡献的单位"称号。该博物馆建有网络平台和微信公众号，在"虚拟展厅"中，

---

① 《国务院关于进一步加强文物工作的指导意见》，2016年3月9日，人民网（http://cq. people. com. cn/n2/2016/0309/c365403 - 27892724. html）。

② 宋新潮：《慧博物馆的体系建设》，《中国文物报》2014年10月17日第5版。

③ 罗钰：《"土家音乐文化数字化保护与展示示范"落户长阳博物馆》，2017年2月20日，中国三峡传媒网（http://www. cn3x. com. cn/html/sxmx/minxiedongtai/2017/0220/53922. html）。

简介土家族概况，但呈现方式单一，有视频而无文字；在"民族风情"一栏，图文并茂地简介了土家族摆手舞，却未提及土家族巴山舞①。

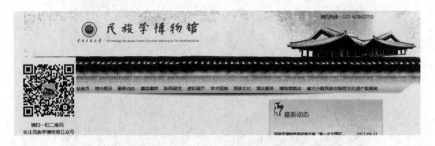

图7—11　中南民族大学民族学博物馆首页

图7—12　中南民族大学民族学博物馆的数字化电视

对民族历史进行简单的双语介绍，英语单词中有字母缺损现象，说明缺少专业的工作人员，日常监管与修复缺失。电子感应图书是单一的中

---

① 蓝李丹：《我校民族学博物馆喜获"第一次全国可移动文物普查作出突出贡献的单位"称号》，2017 年 9 月 15 日，中南民族大学民族学博物馆（http：//news. scuec. edu. cn/？p = 8003）。

图7—13　中南民族大学民族学博物馆对民族历史的双语简介

图7—14　中南民族大学民族学博物馆的电子感应书（中文版）

文介绍，没有进行外语译介，网站首页也没有英文版，无法满足外国人的好奇心，也阻碍了民族文化的国际传播。

文物有灵，文物有韵，每一座博物馆都是民族文化基因的宝库。中南民族大学民族学博物馆在 2018 年 5 月 16 日中午举行了"片语千年"博物馆讲解大赛决赛赛前培训活动，该赛事面向全校本科生，以民族学博物馆文物为讲解主题，也是博物馆"5·18"博物馆日的重要活动，对提升博物馆讲解员素质，促进优秀民族文化的传播与传承大有裨益[①]。

图 7—15　林毅红老师在展厅给选手培训

体育博物馆近年来在世界各地多有呈现，"它是一个陈列、研究、保藏体育文化实物的文化教育场所，其具有文物收藏、科学研究和社会教育三种基本属性，同时也具有服务于社会的功能"[②]。体育文化中有一部分是与民族传统文化息息相关的物质和非物质文化，同样可以用博物馆的方式来发挥民族传统体育文化应有的功能。随着经济全球化的深入发

①　蓝李丹：《"片语千年"博物馆讲解大赛决赛培训在我馆举行》，2018 年 5 月 17 日，中南民族大学民族学博物馆（http://www.scuec.edu.cn/s/13/t/280/fe/9a/info130714.htm）。

②　李尚滨、王沂、刘文娟：《体育博物馆的文化定位及其社会文化价值》，《山东体育学院学报》2008 年第 5 期。

展，文化全球化已成为不可避免的客观事实和必然趋势，世界不同文化之间的对话，使我们越来越感受到，文化越是民族的，就越是世界的。已故著名体育人类学学者胡小明先生曾经提出，虽然在民族传统体育文化流传与形成过程中，一部分无法适应时代的内容沉淀为中华文化宝库之遗产，另一部分与现代社会价值观念与活动条件背离的成分则注定要被摒弃，可是，它们是有形或无形的文化遗产的一部分，应该以文物的形式展现在世人面前。因此，需要建立民族传统体育博物馆，利用实物、文字、影像等手段对这些"木乃伊"进行收集和保存①。当前，我国由"体育大国"向"体育强国"迈进，社会经济发展支撑下大众体育崛起，而传统文化的式微和现代科技的飞速发展，通过创建博物馆对民族传统体育文化传承与保护势在必行。在此历史背景下，形形色色的民族文化博物馆竞相创办，如上海中国武术博物馆、丽江东巴博物馆、南宁宾阳县炮龙节博物馆等以民族传统体育文化为主要对象的特色藏馆的问世。

体育博物馆的虚拟民族志研究是博物馆数字化技术改造的重头戏，是通过场景研究重塑虚拟民族传统体育文化②。利用声光电虚拟舞台，科学与艺术结合，向人们形象生动地展示巴山舞的魅力，从而使博物馆的文化传播职能得以更有效的体现。

由于受到观念资金、技术、人才等多方面的制约，武陵山区博物馆的发展仍存在诸多问题。

第一，博物馆数字化建设观念的缺乏。早已习惯于传统博物馆业务的工作人员对博物馆的数字化建设缺乏正确的认识，对信息时代缺乏敏感性，从一定程度上阻碍了博物馆数字化建设的快速发展。

第二，藏品管理混乱，藏品利用率低。很多博物馆工作人员认为，博物馆存在的价值在于收藏和研究文物，容易忽视文物的利用，很多博物馆建立的网站质量比较差，通过网络扩大博物馆藏品的利用效果不明显。

第三，博物馆工作人员素质有待提高。数字化建设势必对于工作人

---

① 胡小明、石龙：《体育价值论》，四川科学技术出版社 2008 年版，第 233 页。

② 王晓东：《博物馆：民族传统体育文化遗产保护的路径选择》，《商丘师范学院学报》2016 年第 6 期。

员的要求比以前更高，要求他们达到一定的计算机操作水平，普通的文科专业毕业不能满足数字化建设过程中软件开发等需要，所以博物馆已经增加很多岗位，如：软件设计人员，使其能专注于设计适应博物馆数字化建设的软件。最后，经费的不足是我国大部分博物馆存在的普遍问题，有些博物馆甚至不能保障传统业务的开展，耗费大量人力与财力的数字化建设博物馆更无从谈起。博物馆完成数字化建设以后，如何使其能更快、更有效地给博物馆带来经济效益，社会效益与经济效益的关系仍是一个需要处理好的问题①。贵州省民族博物馆存在着陈列内容陈旧、陈列手段单一、展示方式落后等问题②。博物馆应该如何建设？习近平总书记曾提出要求，不要"千馆一面"，要突出特色。

3. 文化馆与民俗文化村的数字化改造

近几年来，武陵山区文化馆一直开展送文化下乡进社区文艺演出，通过"文化惠民，送戏下乡"，让居民在家门口享受艺术的视听盛宴③。送戏下乡精彩多，文化惠民百姓乐。武陵山区文化馆今后应加大数字化改造力度，线上与线下相结合，让"三下乡"的舞台搭上互联网的翅膀，通过互联网、手机视频，让更多地区的人分享文化的大餐。负责落实保护工作的有关职能部门，必须围绕价值共识、价值保全、价值再生制定保护利用的技术规程和指标体系，打通文化遗产保护利用相关部门之间的技术规程壁垒，努力拓宽信息传播渠道，形成涵盖所有文化遗产门类的一体化的技术规程体系。

三　平台融合

武陵山民族地区应打造智能传播平台。媒体必须树立服务和开发用户的理念，以建设现代传播能力为目标，打造民族传统体育文化传播平台。首先，应强化用户意识。当前的信息传播已进入真正的"大众化、全民化"时代，传播模式已由以往的单向输出模式转为双向互动模式；

---

① 纪远新：《博物馆数字化建设》，《科技传播》2010 年第 11 期。

② 骆娴：《博物馆的数字化建设发展——以贵州省民族博物馆为例》，《贵州民族研究》2016 年第 8 期。

③ 《武陵区"文化惠民 送戏下乡"进社区》，2018 年 3 月 28 日，武陵区文化新闻出版和体育局（http://www.hnswht.gov.cn/new/whgj/sxxw/content_ 122585. html）。

图7—16　武陵山区"文化惠民 送戏下乡"进社区

传播对象也由以往被动接受传播信息的"受众"转为如今主动个性化定制信息的"用户"。新媒体时代，传统媒体必须从理念上消除曾经作为"无冕之王"的传播主体优越感，转变曾经的"我播你听""我写你看"的单向性、被动式传播模式，更加注重用户体验，满足用户多样化、个性化的信息需求。将服务用户、吸引用户、集聚用户作为出发点和落脚点，让受众主动成为传播过程中的参与者和分享者，在信息传播中充分发挥主体意识和互动思维。其次，应创造需求的意识，实现服务用户到开发用户的转变。Web2.0技术中有一个Wiki技术，其核心思路是设定宏大目标，通过网际协作，将分散的个体集中到一个统一的系统中，通过系统运行使成果为全社会共享，在共享中吸引大众的更大关注，创造更多的用户需求，产生更多用户。现在不少机构正在运用这个技术创造信息集成，释放巨大的市场能量，开发更多用户。

（一）微媒体平台

微媒体具有提升体育非遗文化品质的媒介责任，要重视体育非遗自身的文化涵养，要营造良好的体育非遗保护拟态环境的氛围，倡导理性的、积极健康的体育非遗娱乐化传播，要避免过度商业化、低俗化。同时，微媒体有责任协调政府、社会公众和自身媒介组织之间对体育非遗保护的关系，责任应由政府、媒体与大众三方面共同来负担。微媒介作为政府和社会公众之间的信息传播中介，一方面要及时、有效地向社会公众传播国家对体育非遗保护的纲领性文件内容和法律法规；另一方面微媒介要把社会公众对体育非遗保护的认识程度和相关需求及时有效的反馈给体育非遗保护工作单位和组织，以便于及时制定相关策略。由此可见，"微"时代背景下微媒介有传播与保护体育非遗的责任。多种微媒介加强联合，走合作化道路①。

"手机—互联网"模式指由手机通信为主营业务模式转型为基于移动互联网，包含手机视频、手机电子商务、手机报等多媒体业务的模式。"两微一端"是指微博、微信及新闻客户端（"一端"应该指的是移动客户端）。"两微一端"融合传播排行榜的评估范围覆盖国内所有传统媒体和新媒体，具有以下五大特点：

一是微博、微信普及率高，新闻客户端蓬勃发展。二是专业化、规范化程度增强。超过九成的传统媒体都建立了专门的"两微一端"人才队伍，作为内容选材、编辑和发布的脑指挥中心。在规范化层面，超过六成的媒体制定了"两微一端"运营的规章制度，就舆论导向、稿件选择、稿件签发、信息把关、负责人等方面进行了规定。三是综合性媒体与垂直性媒体齐头并进。"两微一端"中，综合性媒体仍是主流，垂直型媒体越来越受青睐。四是地域发展差异性大。北上广等东部一线城市引领着发展的大潮；中部、东北地区的表现总体上比较平淡，广大西部地区几乎处于失语状态。各地媒体"两微一端"的发展水平与地区经济发展水平呈正相关，但其不均衡程度又远远超过地方经济水平的不均衡。五是体制内外形成互补。中央、省级媒体与商业媒体和自媒体互补：中央、省级媒体丰富的资源、深厚的积淀使其影响力具有延宕性，商业网站来自民间，贴近社会、贴近生活，对时尚娱乐、健康休闲等主题尤为关注，具有多元性、娱乐性和趣味性特点。

2018 年，"两微一端"迈向"三微一端"已成大势所趋。微视频已成为移动互联网的重要入口，短小精练的微视频刷屏社交媒体，以丰富的视角营造出极强的现场感和冲击力，影响了社会舆论的发酵方向和传播模式。在移动端领域，操作简便灵活的秒拍、美拍等微视频 APP，拥

---

① 刘晓梅、王德辉：《"微"时代体育非物质文化遗产的传播与保护研究》，《哈尔滨体育学院学报》2016 年第 6 期。

有更高的网民参与率和极快的增长速度，进一步拓展了视频产业的发展空间。从目前态势看，微视频"轻松拍、乐分享"，直观满足了大众的表达需求以及展示与分享的诉求。人民网新媒体智库发布《2015年中国网络视频产业生态发展报告》指出，无论是助推"互联网＋"经济，还是独特的舆论影响力，抑或是产业发展空间，微视频正在成为越来越独立的媒介形态。

微视频可以轻松实现即时分享。各类视频盒子、应用层出不穷，与传统门户、搜索引擎、微信微博、新闻客户端等形成更为强劲的竞争，不仅强化了视频业上下游的垂直整合，还不断打破不同传统行业边界，加速产业融合，视频行业生态和网络社交格局也随之重塑。微视频不仅仅向"两微一端"（微博、微信、客户端）表现出强劲的渗透力，还会与微博、微信、客户端并驾齐驱，在移动互联网领域画上浓墨重彩的一笔。

为做好新形势下宣传思想工作和新闻舆论工作，中南民族大学党委宣传部以互联网思维为导向，以新技术为支撑，建立符合媒体融合趋势的体制机制，建设具有强大传播力、公信力和影响力的新型校园媒体，打造融媒体平台。以移动互联网和现代传媒新技术为支撑的"双塔直播"于2018年4月13日首次开播，直播利于创新校园媒体宣传形式，更好地服务学校发展，繁荣校园文化，响应党中央关于推动媒体融合发展的号召。接下来，直播团队将陆续对创新创业活动、教育教学改革、就业指导、学生实习实践、社团活动等进行直播报道①。

微媒体在民族传统体育文化的传播与保护上责任缺失。微媒体作为信息文化传播的载体，作为社会舆论的公器，承担着不可推卸的社会责任和媒体责任。传播与保护民族传统体育文化，理应是微媒体的责任之一。目前，各大媒体对民族传统体育文化的传播与保护存在不足，微媒体传播者人数居高不下，但是传播的思想、传播的内容还是具有局限性的，忽略了民族传统体育文化瑰宝，这是媒体责任缺失的一种表现。

鉴于此，武陵山民族地区应加强供给侧改革，大力发展"三微一端"，用户至上，精心构建"三微一端"服务号入口平台；培养能够适应

---

① 《"双塔直播"正式开播 我校融媒体建设又添新平台》，2017年4月14日，搜狐网（http：//www.sohu.com/a/134051459_172661）。

媒体融合发展的专业人才，制作微电影和微视频、打造微信息和 QQ 平台等有效传播方式①，结合媒体在地资源，利用自媒体打造少数民族传统体育节日文化传承平台，构建新的内容生产机制，完善移动端内容运营，通过微视频推送、微电影展播、微直播赛事，最大功效地创造并发挥其自身的价值②。

（二）打造新型主流媒体

党中央着眼于意识形态安全的大局，提出"着力打造一批形态多样、手段先进、具有竞争力的新型主流媒体，建成几家拥有强大实力和传播力、公信力、影响力的新型媒体集团，形成立体多样、融合发展的现代传播体系"的改革目标。

从国家政府的层面来看，由广电、报刊类媒体去主导这样的融合显然更加合理，也更满足"可管可控"的传播要求。

不断完善官方网络平台，建立主流媒体的信息化平台。信息化平台是为信息化建设、应用和发展而营造的环境，包括开发利用信息资源、建设信息网络、推进信息技术应用、发展信息技术和产业、培育信息化人才、制定和完善信息化政策体系等。网络平台在信息化平台建设中影响最大，效果也最好，所以应充分利用网络技术、通信技术、控制技术、信息安全技术，建设蒙古族民族传统体育文化综合性、公益性信息化平台。信息化平台包括组织机构、法规文件、类别、传承人、新闻动态、专栏、展演视频、保护论坛等，用文字、图片、视频等分门别类、层次清晰地宣传和展示土家族传统体育文化在服饰、活动仪式、礼仪、技法、风俗、历史传承等方面独特的民族性，展示历经流传、融合浸染着不同历史时期、地域、民族、阶层的民族印迹。通过信息化平台普及相关知识，进行消息推送、转发，发表热点话题和评论，增强用户间的互动性，使平台成为大众获取土家族民族传统体育文化知识的载体和咨询、沟通的捷径。

---

① 徐慧颖：《"微时代"视野下蒙古族民族传统体育文化传播与发展思考》，《内蒙古师范大学学报》（自然科学汉文版）2014 年第 6 期。

② 刘华煊、刘青健：《"微"环境下的传统体育文化传播研究——以传统体育养生文化为例》，《哈尔滨体育学院学报》2015 年第 5 期。

　　作为主流媒体，官方网络平台是公开团体主办者体现其意志、想法，团体信息公开，并带有专用、权威、公开性质的一种网络平台。所以，官方网络平台必将成为民族传统体育文化传播的重要途径。吉首大学等武陵山民族地区高校以及中南民族大学等民族高校应依托学校文化教学实验平台以及专业学科优势，利用数字化技术，建设线上与线下互动体验平台，涵盖科普、展示、体验、教育、交流等各个方面，生动形象地展示武陵山区民族传统体育文化的方方面面，突破地域障碍，让更多人随时随地感受和传承民族文化。

　　目前，专业体育网站已经逐渐成为国内体育报道的主要平台之一。从技术手段和传播方式上看，专业体育网站的传播效果较好；从时效性上看，专业体育网站为受众提供最迅速、最全面的体育新闻及相关资讯；从受众反馈的角度看，专业体育网站能较快收集受众的评论等反馈信息，进而促进自身传播策略的改进。因此，专业体育网站的出现不仅提升了体育新闻特别是网络体育新闻的传播效果，还改变了国内受众对体育新闻及相关资讯的获取方式，进而大大提升受众的用户体验。

　　目前，国内对专业体育网站的分类有着多种方式。从网站的发展背景来看，国内的专业体育网站可以大体划分为以各级政府部门为依托的专业体育网站、以大型商业门户网站为依托的专业体育网站和独立发展的专业体育网站三个类别。随着 web3.0 时代的深入，国内的专业体育网站承担着越来越重要的体育新闻传播功能。但从目前国内专业体育网站的整体发展来看，却存在着强弱不均、发展不均衡的客观现象，无论是网站规模还是传播策略，并不能完全适应当今国内信息社会背景下受众对体育资讯的需求。因此，国内专业体育网站要想提升自身在市场竞争中的竞争力，网站本身的传播策略是不能被回避和忽视的。在国内的专业体育网站中，虎扑体育网和腾讯体育网有着典型的代表意义，前者不同于拥有强大门户网站背景的其他网站，是通过独立发展成为国内最有影响力的专业体育网站之一的，后者则利用腾讯网这一强大的背景优势和雄厚的资源，在短时间内就迅速成为国内体育媒体特别是美国男子职业篮球联赛（NBA）方向的体育媒体中的佼佼者。虎扑体育网和腾讯体育网的成功，离不开它们对网站传播策略的重视。但国内专业体育网站在传播策略上仍存在问题，准入门槛低下，导致用户素质参差不齐；低质量新闻多发，带来大量重复信息；黄色新闻泛滥，偏离网站运营轨道；本土意识不强，缺乏基层赛事报道；人文精神缺失，过于注重赛事本身。有研究者结合网络体育新闻的特点和专业体育网站的传播要素及受众反馈等方面，提出专业体育网站的优化措施：精准双向定位，从精准网站自身市场定位和用户定位开始；加强交互合作，实现多层次的长远发展，要求国内的专业体育网站要加强与传统体育媒体、优秀的网络体育媒体（特别是优秀的、已经取得一定市场地位的国内外专业体育网站）的合作；建设报道团队，强化体育事件的深度报道；提高本土意识、实现基层赛事全面报道；培养人文精神，加强专业人才培养和业内的组织规程和相关法律法规建设①。

少数民族传统体育文化专业传播网站建设也成为大势所趋。土家族文化网是一个非政治、非宗教、非营利性网站，秉承"科学发展文化，创新为民服务，共建生态文明新农村"的理念，充分利用网络新媒体的优势，开启传播土家族文化的窗口，引导土家族文化产业和生态农业建设的发展方向，有效促进土家族地区农特产品进入市场的可持续发展，营造生态环保、绿色健康的消费氛围，多角度、全方位、全媒体、全景式地讲好脱贫故事，展现精准脱贫的经验与成就②。

图 7—17　"土家文化网"首页

中南民族大学图书馆的"土家族摆手舞资源平台"是中国唯一的土家族摆手舞资源平台，是湖北省少数民族文化精品项目。图片、文字、

---

① 苏锐：《国内专业体育网站传播策略研究——以虎扑体育、腾讯体育等体育网站为例》，硕士学位论文，重庆大学，2016 年。

② 2018 年 9 月 25 日，土家族文化网（http：//www.tujiazu.org.cn/）。

视频等相结合，形象生动地向受众展示武陵山区土家摆手舞的传承主体、摆手舞民俗、赛事演艺、最新动态和相关研究等。但这一平台尚处于测试阶段，且没有与其他相关平台链接，忽略了平台间资源的整合。

图7—18　中南民族大学图书馆的"土家族摆手舞资源平台"首页

　　整合各平台数据，增强辐射力，是促进少数民族传统体育传承的重要路径。如今，单一媒介在竞争过程中无疑越发势单力薄，传媒发展早已进入"竞合"时代。当媒体融合带来混媒与终端革命，将受众重塑网络之上，并使得受众反馈更加及时、信息更加全面，形成海量数书的聚集，大数书让全媒体营销构建成为可能①。

　　大数据时代与媒体竞合背景下，智能传播平台蕴藏着媒体融合发展

---

　　① 黄升民、刘珊：《"大数据"背景下营销体系的解构与重构》，《现代传播》2012年第11期。

的希望，同样也是建设周期长、资金投入大的复杂工程，无法一蹴而就，需要看准方向、保持清醒、久久为功，着力破解观念、技术、机制、资金等方面的诸多难题。如何有效打造武陵山区少数民族传统体育文化智能传播平台？首先要时刻以用户为中心，做到用户在哪里、服务就延伸到哪里。现实中，一些媒体融合措施还是以自我为中心，不少融合产品只是基于自己能做什么，而不是基于用户需要什么，难免有点"自娱自乐"。其次，要真正重视技术，以技术为驱动。智能传播平台建设是以"互联网＋"和"大数据＋"为基础的，要想实现较高水平的人工智能，就应调整传统思路，改变简单的"内容＋"，树立倚重技术的价值取向。此外，还应改革用人、薪酬等机制，吸引、聚合资金，通过更为灵活的方式聚拢人才，为融合发展、产品创新提供强有力的物质支撑[1]。

2018 年 6 月 3 日，由贵州省文化厅打造的多彩贵州文化云，在 2018 中国国际大数据产业博览会现场发布上线。只需一部手机，人们就可以将全省范围内的文化遗产、艺术鉴赏、热门活动等文化服务内容和信息一网尽收。多彩贵州文化云大数据平台以贵州丰富的民族及传统文化、红色与三线文化以及山地与生态文化为主体，汇集全省文化精品创作工程、现代公共文化服务体系、中华优秀传统文化传承体系、现代文化产业体系和对外文化交流体系等文化信息资源。通过手机终端提供在线文化服务，打通公共文化服务"最后一公里"，努力缩小城乡、区域、群体之间的公共文化服务差距和数字鸿沟。

大数据平台将实时记录每场文化活动的群众评价、参与人数、参与人群结构、场馆设施使用效率、场馆设施服务半径等公共文化大数据，并通过智能分析，促进文化服务内容的精准匹配，促进文化服务设施的合理配置，促进文化服务转型升级，全面提升文化管理机构的决策能力，推动贵州省文化服务整体效能提升。据悉，多彩贵州文化云大数据平台已在贵阳、遵义完成上线，有望明年春节前实现全省覆盖[2]。武陵山区这种文化宣传网络平台的整合，有助于多渠道实时搜集受众对包括少数民

① 郭全中：《人民日报新论：媒体融合要善用智能传播平台》，2016 年 4 月 22 日，人民网（http://media.people.com.cn/n1/2016/0422/c40606 - 28295564.html）。

② 程焕：《多彩贵州文化云平台发布》，《人民日报》2018 年 6 月 4 日第 12 版。

族传统体育信息在内的关注热点，及时补充相关空白体育项目。今后应改进网络平台内部管理机制，强化微媒体平台与各大主流媒体的平台间资源整合，多轮驱动，推动各少数民族传统体育文化网站间的合作，并充分利用民间传播力量，多渠道多样式进行传播，实现从乡村到城市、由国内到国外的大"文化空间"的构建，让巴山舞这朵文化奇葩穿越高山，开遍更广袤的大地。

四　经营融合

随着中国西部大开发战略的实施，中国少数民族文化旅游开发已进入一个新的高峰期。武陵山区少数民族传统体育是我国重要的优秀文化资源，具有很大的开发潜力。党的十九大报告强调，"创新生产经营机制，完善文化经济政策，培育新型文化业态"。

少数民族传统体育文化在新媒体产业链上的开发蕴藏着巨大潜力，而将新媒体的技术特别是动漫技术运用到少数民族文化传播的研究鲜见。

（一）市场化运作融合

市场化运作融合主要是通过个性化服务来整合资源，实行经营的融合。互联网技术的发展使得受众细分化，信息碎片化，传统媒体以往受众一体化的传播方式逐渐被淘汰。新媒体打破了传统媒体的单纯依靠广告的经营战略模式，采用了多元化的经营方式。针对不同的用户，提供个性化的服务，满足用户需求，用户付费来进行盈利。在当下技术已经发展成熟的前提下，占领市场依靠的就是服务。了解受众心理特点和接受习惯，关注受众需求，为受众提供个性化服务，是当下传统媒体市场化经营的理念。传统媒体应当依托新媒体技术，改造和提升传统媒体，立足市场，针对用户需求来做出市场化经营的改变。"传统媒体也应该积极进行多元化经营，可以跨媒体、跨行业地发展，通过集团化融合资源，形成规模效应。"将传统媒体和新媒体的广告打通，软广和硬广打通，客户资源打通，经营策略打通，产业孵化和经营也融合打通，实现真正的一体化经营战略。

结合市场传播需求和先进创意设计理念，对少数民族传统体育进行整体视觉化包装。少数民族的传统体育项目是中华民族传统体育的重要组成部分，并且在整体之中形成自己独特的体育特色和文化内涵。但是，面对科学化、市场化、整体化的现代整合营销传播手法，少数民族的传统体育正在逐渐处于弱势之中，并逐渐褪去其夺目的光环。因此，对少数民族传统体育的整合传播和整体化视觉包装成为亟待解决的问题。

首先，对少数民族的传统体育项目进行综合的分类整合；其次再根据其趣味性、独特性等特点，选择合适的视觉创意手段（基础的设计创意元素运用、交互式整体设计、多媒介组合的传播选择、综合传统体育项目创意策划）进行整体包装和传播，以适应现代化媒介传播的需求和大众审美的口味；最后，针对不同的媒介平台，选择合适的视觉创意模式（线上、线下）进行展示，达到科学化的传播以及传播效果最大化的目的。对其进行整体的视觉包装以及有效的传播资源整合。

适应市场竞争和一体化发展的需要，健全现代文化产业体系和市场体系，创新生产经营机制，完善文化经济政策，培育新型文化业态，从内容生产到用户服务乃至用户开发等传媒生态链的全过程进行深度变革。传统媒体与新媒体应充分发扬自身各自在内容、资源以及平台等方面的优势，建立媒体产业联盟，由内容提供方、技术提供方和网络运营商共同组成联盟的主体，彼此紧密合作，有利于传媒产业在媒体融合的环境下进入良性发展轨道①。加强民族传统体育品牌赛事传播。现代社会中，大众传媒在体育赛事传播过程中扮演着至关重要的角色，它延伸了体育赛事传播的深度与广度。民族传统体育赛事传播是体育传播的一个核心层次，主要指围绕民族传统体育赛事所进行的一系列传播活动，既包括民族传统体育自我传播，也包括民族传统体育赛事中发生的人际传播、组织传播与大众传播。按大众媒介属性来划分，体育赛事传播还可分为体育赛事电视传播、体育赛事广播传播、体育赛事报刊传播、体育赛事网络传播等。

而今，旅游业已成为我国经济发展新增长点，成为国民经济战略性支柱产业，但文化是灵魂，旅游是载体。旅游没有文化就是灵魂出窍，文化没有旅游就是魂不附体。因此，不能片面强调"文化搭台、经济唱戏"，而需实现经济与文化的良性互动，处理好经济效益与社会效益的关

---

① 吉海涛、郭雨梅、郭晓亮：《学术期刊与新媒体的融合：机遇·挑战·对策》，《编辑学报》2015 年第 5 期。

系。一是发挥文化对经济转型升级的支撑作用。古往今来，先进的文化成就了经济的繁荣。当下经济结构转型升级步履艰难，要转方式调结构必须高度重视文化的支撑作用。通过创意、创新、创造、创作，让"文化＋"成为经济新常态下推动转型升级的利器。二是发挥文化富民的示范作用。文化不仅要育民、惠民，更要富民。文化富民是当下文化建设的短板。办文化有时候要花钱，但也可能赚钱。近年来，文化产业在大众创业万众创新中异军突起，独树一帜。上海金山农民画村、海安农民画村充分发挥传统美术资源优势，将年画、版画、剪纸画、皮影画等有浓郁中国味的画作，运用市场的力量集中展示销售，形成蔚为壮观的文化产业，不但传播了中国文化，而且也使文化成了富民的产业。到 2020年，文化产业将成为国民经济的支柱产业，要像抓工业经济那样抓文化产业，像抓工业项目那样抓文化产业项目，像抓企业家队伍那样抓文化经营人才队伍建设。三是发挥文化对社会转型的引领作用。越是社会多元多变多样，越是要加强文化对社会的整合。在这方面，各级党委政府要有高度的文化自觉，该花的钱一分不能省，该做的事一刻不能停，下大力气健全公共文化服务体系，让群众动起来、文起来、乐起来，让文化成为人们共同的精神家园①。

毋庸讳言，任何事物进入市场，都不免受到市场规律的制约，不免依照消费需求和商业利益调整自己。但调整是科学调整，不能扭曲甚至破坏自己去换取经济利益。文化更具特殊性，它直接影响着社会文明与全民素质。不能为了畅销、票房、收视率，为了利润的最大化和"疯狂的 GDP"，而放弃文化固有的尊严。这尊严一旦被糟蹋，文化也失去了存在的意义。因为被糟蹋的文化，反过来一定会糟蹋人的精神。这种鄙俗化的潮流、这种充满谬误、以假乱真的伪文化，正在使我们的文化变得粗浅、轻薄、空洞、庸俗，甚至徒有虚名，有害公众的文化情怀和历史观，也伤及中华文化的纯正及传承。在这种以文化谋利的文化环境中成

① 李广春：《文化不是时代的化妆品——兼论文化建设需要澄清的几个模糊认识》，《学习月刊》2016 年第 13 期。

长起来的一代，很难对自己的文化心怀挚爱与虔敬①。因此，文化不能做市场的奴隶，而要做市场的主人。金钱买不来文化，文化必须自主发展，文化不能也不应成为市场的奴隶。强调文化不做市场的奴隶，不是说我们的文化就可以自说自话，置时代的要求和社会的需求于不顾，相反，要求文化要有更高标准，要做市场的主人。在这方面要防止陷入误区，必须做到：一是防止把经济效益与社会效益对立起来，倡导在统一中叫好又叫座。文化产品天生具有社会效益和经济效益双重属性，就像一个硬币的两面，片面强调哪一方面都是不完整的。我们固然要防止强调经济效益，不顾公序良俗，迎合低级趣味，但也要防止片面强调社会效益，不顾社会需求，囿于小圈子，唱着老调子，让政府对文化的投入打水漂。二是防止把文化产品与市场竞争割裂开来，鼓励在竞争中优胜劣汰。商业化的社会环境使得任何产品包括文化产品都要经受市场的考验。对文化我们固然要爱护，但不能溺爱，过分溺爱对文化来说无异于慢性自杀。美国的《花木兰》《功夫熊猫》的舶来品，无疑给我们敲响了警钟，再不放开去竞争，鼓励创新，我们将逐步丧失文化在国际交流中的话语权。三是防止把文化事业与文化产业混淆起来，而应推动文化事业和文化产业齐头并进，力求在融合中相互促进。文化事业是面向社会提供的公共文化产品和服务，政府必须履职尽责，兜底保住。文化产业是面向市场提供的公共文化产品和服务，政府必须规范市场，鼓励竞争。要坚决反对把文化一股脑地推向市场，以片面的市场化让文化发展迷失方向，更要有高度的文化自觉自信，以文化的大发展大繁荣实现文化自强。

（二）文旅融合，打造民族传统体育文化品牌

中国已进入中国特色社会主义新时代，随着人民生活水平的不断提高，我国人民对美好生活的需求具体表现在对精神文化生活的需要增大，追求更高品质的文化生活及幸福感、获得感、体验感，成为当下及未来的最大刚需，旅游、文化、体育、健康、养老成为"五大幸福产业"。随着人民生活水平的提高，单一的旅游模式已经不能满足广大人民的需求，发展各种新型旅游模式是现在旅游业积极探索的方向，而健康旅游则是

---

① 《冯骥才：不能靠糟蹋文化赚钱》，2015 年 11 月 2 日，荆楚网（http://www.cnhu-bei.com/cnhubei/xwzt/2012/cfqy/tpqh/201511/t3436051.shtml）。

最具潜力的新型旅游模式之一。健康旅游是健康服务与旅游融合发展的新业态，是旅游市场新宠，为整个旅游业的发展乃至中国经济的发展注入了新的活力，具有扩内需、稳增长、促就业、惠民生、保健康的重要作用①。"健康＋旅游"发展模式潜力巨大，这为传统体育文化的振兴提供了土壤，武陵山区少数民族传统体育的健身、游戏、养生等功能与当今体育休闲需求有较高的一致性。

图7—19　新闻观察："健康＋旅游"发展模式潜力巨大

　　旅游是文化传承与输出的重要途径。文化和旅游不分家，旅游本质上是一种文化体验、文化认知与文化分享的重要形式。与此同时，文化又需要通过旅游来创新、传承与传播，一个国家或社会旅游的良性兴盛发展，是其文化健康繁荣发展的重要标志之一。文化是时间，连起古今；旅游是空间，纵横天下。文化是灵魂，旅游是载体。旅游没有文化就是灵魂出窍，文化没有旅游就是魂不附体。文化是事业，需要一定的产业化。旅游是产业，也需要一定的事业化。2018年3月文化和旅游部的组建是时代的转折，堪称伟大的转折。一是在工业化发展后期和中等收入

①《新闻观察："健康＋旅游"发展模式潜力巨大》，2017年9月24日，央视网（http://tv.cctv.com/2017/09/24/VIDE664RXTscxWOgUp4Pbgwd170924.shtml）。

的总体背景之下，基础设施的制约基本解除，这就为旅游发展如虎添翼。二是需求多元化，必然引发供给的多样化。旅游发展可以少唱供给不足，应当转化为结构性优化不足，锦上添花。三是旅游深化越来越需要文化提升，文化发展越来越需要市场扩大，新部门可以观念互补，功能互促，发展共融。文化是旅游之魂，市场是文化之体，魂体结合，体质强健。四是旅游部门多年盼望的升格得以实现，地位提升，行政渠道通顺，问题也便于得到解决。有为有位，有位有威，有威有为。最根本的一点，是产业性质的变化，将来的发展格局，将是文化产业化深化到旅游领域，旅游事业化推进在文化领域。国务院提出五大幸福产业，一是旅游，二是文化。人民对美好生活的追求也更多地落实在这个新领域，首旅集团董事长段强最近谈了一个新概念，旅游是生活方式服务业。以前曾经把服务业分为生产性服务业和生活性服务业，我始终不以为然。很简单，跨界发展是大势所趋，生产性中自有生活性，生活性中也包容生产性，现实无法划分，操作又会倾斜。而生活方式服务业则是对应未来发展的新概念，包容大文化和大旅游[1]。

2018年5月11日，第三届中国文旅产业巅峰大会暨产业资源链接博览会在北京震撼开场。本届大会以"共享·共赢·共同体"为主题，围绕文旅产业升级、乡村振兴、旅游+金融等主题进行了精彩的发言与对话。机构已定，蓝图已绘，文旅融合发展成为中华文明传播的引擎。博览会指明了文旅产业融合的有效路径：文化和旅游的产业资源融合，科技进步带来的技术融合，宜居宜游、主客共享的功能融合以及三次产业融合带来的景城界域融合。做文旅，要有文创思维、未来思维和科技思维。文化和旅游的结合代表文创会变成旅游的核心，"文化+旅游"会更有生命力，旅游高度来自文化深度与故事绽放力[2]。

武陵山区旅游业发展在地理环境、自然风光、民族风情、人文习俗等方面具有得天独厚的自然优势。文化产业与旅游产业的融合是武陵山

---

① 魏小安：《魏小安再谈文化和旅游部组建：伟大的转折》，2018年3月16日，中国网（http://news.ifeng.com/a/20180316/56800546_0.shtml）。

② 陈宝、王佳媛：《中国文旅产业巅峰大会关注文旅产业融合发展》，2018年5月12日，中国网（http://news.ifeng.com/a/20180512/58285169_0.shtml）。

图7—20　中国文旅产业巅峰大会暨产业资源链接博览会

片区旅游产业发展的新趋势和新的经济增长点。武陵山片区文化产业与旅游产业的融合存在三种模式：在利益的驱使下，武陵山片区文化产业和旅游产业价值链互动延伸，形成延伸型融合；为满足追求游客愉悦性需求，武陵山片区文化产业和旅游产业逐步重组产业价值链，以此创新产品和服务，从而形成重组型融合模式；随着科技的发展，武陵山片区文化产业和旅游产业通过借助高新技术，尝试着将武陵山片区文化产业价值链中的中心环节融入旅游产业，或将文化产业核心价值链融入旅游产业，从而实现武陵山片区两大产业的一体化融合。随着近年来武陵山片区文化产业与旅游产业融合的不断深入，产生了若干产品类型，涌现了诸多的典型代表[①]。有学者提出，"要适度开发民族传统体育产业，促进民俗节日旅游经济的繁荣"。旅游方式的改变与特色旅游方式的兴起，为武陵山区民族传统体育的发展带来机遇。武陵山区要把握机遇，加强特色村寨建设，实施区域赛事品牌发展战略，迎接大众旅游新时代。

1."一村一品"特色村寨建设

"靠山吃山，靠水吃水"，武陵山区文化旅游业要向专业、精品、特

---

① 尹华光、王换茹、姚云贵：《武陵山片区文化产业与旅游产业融合发展模式研究》，《中南民族大学学报》（人文社会科学版）2015年第4期。

色、创新方向发展，就要深入挖掘地方特色文化内涵，提供丰富的旅游文化产品，既成就"顶天立地"的旅游骨干企业，也培育"铺天盖地"的中小旅游企业和自主创业者。推进供给侧结构性改革，完善公共文化服务体系，深入实施文化惠民工程，丰富群众性文化活动，满足人民过上美好生活的新期待。

2018 年 2 月，《中共中央国务院关于实施乡村振兴战略的意见》发布。实施乡村振兴战略，是党的十九大作出的重大决策部署，是决胜全面建成小康社会、全面建设社会主义现代化国家的重大历史任务。实施乡村振兴战略，是解决人民日益增长的美好生活需要和不平衡不充分的发展之间矛盾的必然要求，是实现"两个一百年"奋斗目标的必然要求，是实现全体人民共同富裕的必然要求。《意见》中再次提及"一村一品"，提出"实施产业兴村强县行动，推行标准化生产，培育农产品品牌，保护地理标志农产品，打造一村一品、一县一业发展新格局。""一村一品"的本质是立足本地，发展特色，发展本地具有历史性、文化性、独特性或唯一性等特质的产品，对当地历史、文化与特色的梳理、挖掘、甄选十分重要①。

民族传统体育旅游要融入传统节日文化品牌效应的打造中，定期开展"我们的节日"主题活动，实施中国传统节日振兴工程，深入挖掘民族传统体育的历史文化价值，提炼精选一批凸显文化特色的经典性元素和标志性符号，用优秀的少数民族传统体育文化的精髓涵养节日精神，丰富传统节日文化内涵，形成新的节日习俗。利用各种节日，通过丰富多彩的民族传统体育文化活动，让大家从各自封闭的单元房里走出来，寻文化之根，叙邻里之谊，促邻里相帮，传人间真情，追求至善至美的一种人文精神，促进不同民族之间的交往、交流和交融，繁荣发展乡村文化，焕发文明乡风民风新气象。大力发展文化旅游，充分利用历史文化资源优势，规划设计推出一批专题研学旅游线路，引导游客在文化旅游中感知中华文化。推动休闲生活与传统文化融合发展，把少数民族传统体育项目融入全民健身工程，培育符合现代人需求的传统休闲文化。

---

① 《中共中央国务院关于实施乡村振兴战略的意见》，2018 年 2 月 5 日，央视网（http://www. moa. gov. cn/ztzl/yhwj2018/spbd/201802/t20180205_ 6136480. htm）。

"大节三六九，小节月月有"可谓是湘西民族节庆的真实写照，100多个具有文化积淀的民族传统节庆，构成湘西五彩缤纷的文化多样性格局。湘西土家族和苗族自治州政府将民族传统节庆作为撬动文化大发展大繁荣的"金杠杆"，着力打造独具地域特色的湘西土家族苗族节庆文化，努力营造民族节庆开展的良好氛围，积极做好民族节庆的导向引领、协调扶持、传承发展及合理利用工作，逐步唤醒了当地的节庆文化，帮助广大群众重拾起珍贵的民族记忆，并塑造出系列节庆品牌，使民族节庆成为外界识别湘西文化的"条形码"，让民族节日生机长存，并光荣入选第三批创建国家公共文化服务体系示范区（项目）。以节开道，推动民族文化繁荣发展。以节惠民，提升公共文化服务效能。以节聚势，培育湘西民族节庆品牌。以节为媒，搭建非遗活态传承平台。土家族舍巴节和苗族赶秋节是湘西两大主体民族最重要的传统节庆，最具广泛性和代表性。2015年5月的土家族舍巴日活动成为展示湘西土家族民族民间文化艺术的"大观园"。活动主办方不仅保留了土家族舍巴节原有的祭祀八部大王等传统民俗，土家茅古斯、梯玛歌、打溜子等非物质文化遗产项目如数出现在节庆大舞台上，原汁原味地展现在观众面前，交相辉映、异彩纷呈，让人们记住美丽的乡愁；同时还设计了更多丰富多彩、参与性强的内容，如邀请游客"做客土家寨"，组织"畅游洛塔界"，活动尾声千人同跳土家族摆手舞，跳出了单纯进行民族文化表演的传统模式，增强了互动性，使外地游客除了浏览和欣赏自然景观和民俗表演外，还融入现实的、具体的、表现浓郁民族风情的文化活动中，增强了节目的感染力和游客参与度，使游客感悟少数民族传统节日与仪式的中的文明精髓，进而提升了文化产品的渗透力和影响力。以节活商，助推文化旅游融合发展。武陵山区（湘西）土家族苗族文化生态保护节是集商贸、旅游、文化交流等多种功能为一体的大型民族传统节日，全方位展示湘西非物质文化遗产魅力，成为民族特色旅游的"吸金石"（图7—21）①。

① 叶建武、文霜、孔觅：《节庆如花开四季 民族文化耀湘西——湘西自治州开展民族节庆活动纪实》，2015年9月24日，湘西土家族苗族自治州文化广电新闻出版局（http://www.hnswht.gov.cn/new/whgj/whyw/content_81289.html）。

图7—21　龙山县洗车河举行盛大的土家族舍巴日民族节庆

图7—22　湘西州在凤凰举办武陵山区（湘西）土家族苗族文化生态保护节

乡村旅游是促进乡村振兴与美丽中国建设的重要驱动力，已经成为不少城市居民外出的热门选择。据农业部统计，2016年全国休闲农业和乡村旅游营业收入超过5700亿元。湖北省少数民族特色村寨保护与发展工作前期建设虽然取得显著成效，村寨特色日益彰显，保护与发展齐头并进。然而，红火的背后，乡村旅游也面临成长烦恼。比如：产品特色不明显，经营方式单一，无法满足居民的多样化需求等等。特色村寨缺乏可持续发展能力①。民族村寨是民族文化之根，搞好民族村寨建设，增强民族文化自信。民族村寨作为一个相对自成体系的文化承载单位，通常被视为"小传统"赖以传承的基本生活空间。在现代化和城市化的冲击下，集乡土性和民族性于一身的民族村寨已成为各族人民心中最后的精神家园和文化栖息地。武陵山区推行了民族文化生态村、生态博物馆、文化生态保护区、历史文化名村、民族团结进步示范村、民间艺术之乡、民族文化旅游和乡村旅游、社会主义新农村建设、少数民族特色村寨保护与发展试点工作等多种民族村寨保护和发展模式。民族村寨保护与发展存在着保护与发展难以兼顾，理念存在缺陷，策略与方式过于简单等问题。应深刻认识民族村寨保护和发展工作实践活动的本质，反思其理念和策略，思考民族村寨保护与发展评估的理论与方法，促进民族地区乡土文明的存续、转型与发展②。

民族村寨旅游作为文化旅游的具体表现形式之一，它的兴起与发展拉动民族地区经济增长，是实施乡村振兴战略的重要抓手。在当前保护与发展少数民族特色村寨的时代背景下，文化多元才有魅力。特色村寨建设对民族文化保护、人居环境改善、产业体系构建等方面所提出的内在要求，促使我们应当重新审视与思考民族特色村寨旅游中存在的"千村一面"的同质化等问题。民族传统文化吸纳时代韵味，更好地与特色村寨建设主旨相结合③，正是传承和创新的体现④。

作为民族文化的重要载体，少数民族村寨很好地传承了少数民族文化和特色，是民族地区社会经济发展不可缺少的精神支柱。湖北省来凤县少数民族村寨星罗棋布，数量众多，有良好的可塑造性和发展前景。近年来，在省、州民宗委的大力支持与指导下，来凤县高度重视特色村

---

① 余文生：《一村一道景　一寨一幅画——湖北省少数民族特色村寨保护与发展试点工作回眸》，《经济》2014 年第 1 期。

② 李然：《民族村寨保护和发展的实践及其理论省思——基于武陵山区的调查》，《中南民族大学学报》（人文社会科学版）2014 年第 5 期。

③ 李忠斌、郑甘甜：《特色村寨建设、民族文化旅游与反贫困路径选择》，《广西民族研究》2015 年第 1 期。

④ 孙佳山：《审视"年味"里的文化命题》，《贵州民族报》2018 年 3 月 2 日第 A02 版。

寨建设工作，抢抓机遇，共谋发展。以底蕴深厚的少数民族文化为突破口，以打造特色鲜明的少数民族村寨为着力点，以特色促发展，抓机遇助腾飞，全力投入特色民居保护与改造。通过深入发掘少数民族文化，积极开展民族团结进步创建，大力发展村级主导产业，全面推进基础设施建设，少数民族特色村寨的保护与发展工作取得了显著成效。不仅成为推进民族旅游产业发展的巨大助力，也成为来凤县经济发展的新增长点，成为建设武陵山经济实验区，建设龙凤经济协作区的重要内容。在国家保护和发展少数民族特色村寨政策的支持下，来凤县确立了舍米湖、黄柏、兴安等民族文化浓厚，民族特色鲜明的村寨为重点保护和建设村寨①。长阳土家族自治县文体局、博物馆以及民族民间文化抢救保护中心等组织通力协作，已开发出民族文化村、广场舞蹈等产品类型，使巴山舞成为长阳民俗旅游的招牌。从跳丧舞到巴山舞的演变过程中，开发是为了发展旅游、发展经济，保护是保护原真，即传统文化的精髓、文化的生命力。巴山舞商品化与土家文化的原真性不矛盾、不冲突，两者共存②。另外要培育创意生活环境，树立旅游创意先进、旅游创意精英，引导各界特别是旅游业界对创意理念和设计元素的重视③。民族文化旅游创意产业是以民族文化为核心，依托现代科技，运用独特的创意思维，创造多元化旅游产品的民族区域旅游经济发展的新形式。民族地区发展文化旅游创意产业具有培育旅游新业态、促进民族文化传承以及促进民族地区旅游产业协同发展的作用。根据湖北省武陵山少数民族经济社会发展试验区的情况，其发展文化旅游创意产业具有产业比较发展优势、资源优势和经验累积优势。民族地区发展民族文化旅游创意产业，应在旅游资源转化、旅游价值创造、旅游创意产业集群化以及旅游创意环境营

---

① 郦昌军、陈慧玲：《特色村寨建设报道之三：以特色促发展，抓机遇助腾飞——来凤县少数民族特色村寨保护与发展》，2013 年 10 月 29 日，湖北省民族宗教委员会（http：//www. hbmzw. gov. cn/wzlm/hbmzw/info/1001. htm）。

② 黄兰兰：《长阳土家民族旅游中商品化与原真性问题的研究》，硕士学位论文，中南民族大学，2007 年。

③ 卢世菊：《湖北武陵山区民族文化旅游创意产品开发的思考》，《资源开发与市场》2013年第 3 期。

造等方面下足功夫①。成立旅游商品研发设计中心，构建高校、商品协会、生产企业密切合作的民族旅游商品研发体系，着力开发具有本民族、本区域特色的民族文化旅游创意产品，如土家织绣、民族服饰、特色食品、茶叶等特色旅游商品，让旅游商品研发和设计、创意和制作达到特色化、系列化、品牌化和规模化。改善商业环境，进一步完善本区域市场机制，搭建起旅游企业创业服务平台②。

2. 开展文化旅游产业区域合作

武陵山片区幅员辽阔，跨湖北、湖南、重庆、贵州四省（市），集革命老区、民族地区和贫困地区于一体，是跨省交界面大、少数民族聚集多、贫困人口分布广的连片特困地区，也是重要的经济协作区。2012年6月30日，武陵山片区区域发展研究中心在吉首大学挂牌成立，其主要研究内容包括：武陵山片区特色产业发展研究、武陵山片区就业与农村人力资源开发研究、武陵山片区社会事业发展与公共服务研究、武陵山片区生态建设与环境保护研究、武陵山片区民族民间文化研究③。武陵山片区目前是国家扶贫攻坚示范区、跨省协作创新区、民族团结模范区、国际知名生态文化旅游区、长江流域重要生态安全屏，区域合作势在必行。

（1）开展文化旅游产业区域合作有利于推进区域经济转型，有利于保障国家生态安全。文化旅游产业是国际公认的最有前途的朝阳产业和绿色产业，是区域环境友好型和资源节约型产业体系的重要组成部分，是可持续发展的新兴产业。对于文化旅游资源非常丰富的武陵山片区来说，应该加深对调整经济结构重要性、紧迫性的认识，大力发展文化旅游产业，积极推进文化旅游产业区域合作，实现人与自然和谐共进的"绿色繁荣"，使其成为推动片区经济转型、保障国家生态安全的重要力量。

（2）开展文化旅游产业区域合作有利于提高区域文化旅游产业总体效益。2014年11月21日，武陵山片区各市州旅游局、旅游企业和旅游研究机构等相关负责人齐聚张家界，就建立武陵山片区旅游合作联盟事宜达成

①　吴海伦：《基于实践视角的民族文化旅游创意产业发展研究——以湖北省武陵山少数民族经济社会发展试验区为例》，《中南民族大学学报》（人文社会科学版）2016年第1期。

②　朱晓辉：《国内旅游地形象研究发展概述》，《经济师》2009年第5期。

③　朱峰：《吉首大学"武陵山片区区域发展研究中心"揭牌仪式在吉首大学举行》，《民族论坛》2012年第14期。

了协议，签订了《金武陵旅游合作联盟协议》，同时对"金武陵旅游区推广会""武陵之春"春节晚会及如何宣传推广联盟旅游等相关事宜进行了广泛深入的探讨。会议认为，武陵山片区文化资源丰富、各市州文化资源独特，但旅游同质化现象也比较严重，为进一步提升区域整体旅游效益，武陵山片区需要加强旅游文化资源整合，凸显区域旅游文化特色和整体优势，从而实现区域旅游优势互补、互利共赢。建立武陵山片区旅游联盟，就是要破解旅游领域各自为政、重复建设这些弊端，达到政策互惠、客源互送、信息互通、资源共享。在合作中，各市州要联手打造区域旅游文化品牌，整体规划并打造精品旅游线路和特色旅游项目，促进区域成员之间以及国内外旅游行业之间的沟通与合作。近年来，武陵山片区围绕区域合作问题，已经召开十多次联席会议，各成员单位紧紧围绕区域交通基础设施合作建设、旅游业融合发展、产业发展深度合作等重要问题积极开展工作，特别是在基础设施建设方面，片区各成员单位摒弃行政区划意识，在畅通旅游交通方面做出了很多努力，建基本实现了武陵山片区立体交通网的互联互通，为区域旅游的合作奠定了坚实的基础，也为提高区域旅游产业总体效益打下了基础。（3）开展文化旅游产业区域合作有利于提升区域经济综合竞争力。开展文化旅游产业区域合作，有利于武陵山片区各个景区的健康良性发展：有利于打破一定的行政区域分割，使文化旅游产业在发展中能够更大范围地优化资源配置，合理利用资金、技术和人才等各类要素，各类要素得到充分配置和充分涌流，有效提高武陵山片区的文化旅游产业竞争力，从而整体提升武陵山片区的区域经济综合竞争力；区域合作有利于整合开发武陵山片区内的各类旅游资源，既可以提高旅游资源的利用率，又可以有效避免不必要的竞争和冲突；区域合作，可以让武陵山片区以整体的形象对外形成影响，增强区域旅游吸引力。

2018 年 3 月，国务院办公厅印发《关于促进全域旅游发展的指导意见》，强调要全面贯彻党的十九大精神，以习近平新时代中国特色社会主义思想为指导，加快旅游供给侧结构性改革，着力推动旅游业从"门票经济"向"产业经济"转变，从粗放低效方式向精细高效方式转变，从封闭的旅游自循环向开放的"旅游＋"转变，从企业单打独享向社会共建共享转变，从景区内部管理向全面依法治理转变，从部门行为向政府统筹推进转变，从单一景点景区建设向综合目的地服务转变，实现"旅游+"和"文化+"的双链互动。根据《意见》要求，武陵山区少数民族传统体育文化旅游区域合作需要落实好以下几个方面的重点任务。一是推进融合发展，创新产品供给。做好"旅游+"，推动民族特色体育旅游与城镇化、工业化以及商贸业、农业、林业、水利等融合发展。充实旅游内容，要科学利用传统村落、文物遗迹及博物馆、纪念馆、美术馆、艺术馆、非物质文化遗产展示馆等文化场所，推动剧场、演艺、游乐、动漫等产业与旅游业融合，开展文化体验旅游。提高旅游产品品质，引入符号学理论为民族民间旅游产品的设计导向，倡导用符号学的方法对民族民间旅游产品进行解构，分析民族民间体育旅游产品存在的符号意义。二是加强旅游服务，提升满意指数。以标准化提升服务品质，以品牌化提升满意度，推进服务智能化。用文化提升旅游整体吸引力。重庆酉阳、潜江、恩施、铜仁、湘西等地联手开发少数民族传统体育赛事资源，打造全域赛事品牌，促进武陵山区各族人民的交往、交流、交融，促进文化传承与传播①。推进民族文化品牌传承与保护，加强对武陵山片区少数民族传统体育文化遗产的挖掘和保护，推进包括新化梅山武术、土家摆手舞、肉连响、巴山舞、松桃滚龙、恩施撒尔嗬、上刀山等非物质文化遗产资源保护和传承。大力打造民族文化精品工程，扶持体现民族特色和国家水准的重大民族文化产业项目，建设具有浓郁民族特色的少数民族文化产业园区和民族传统体育基地。积极扶持黔江武陵山民族文化节、梵净山旅游文化节、酉阳摆手舞文化节、沅陵全国龙舟赛、来凤土家摆手节、秭归屈原端午文化旅游节等大型山水实景及精品演出。加强民族文化设施建设，推进特色民族村寨保护与开发，改造建设中心城市及具有民族特色的重点城镇民族文化艺术馆，支持建设民族文化影视中心。策划建设武陵山综合图书馆、武陵山大剧院、武陵山多民族博物馆等文化基础设施。重点支持武陵源、崀山等国家重大文化和自然遗产地、全国重点文物保护单位、中国历史文化名城名镇名村保护设施建设，推进非物质文化遗产保护利用设施建设。

---

① 张小林、孙玮、刘兰：《少数民族特色村寨体育文化旅游资源创意开发研究——基于湘西德夯苗寨的调查研究》，《贵州民族研究》2015 年第 1 期。

表7—1　　　湘西德夯苗寨代表性体育赛事创意开发内容及创意点

赛事时间	主要赛事	创意点
每年春节	矮寨苗族百狮会	现代体育项目与传统民族体育活动的结合
2002年9月	湘"酒鬼杯"国际攀岩赛和中国苗鼓节	户外运动与传统民族体育活动的结合
2005年至今	中国鼓文化节	现代竞赛、大型舞台包装、媒体宣传
2006年9月	湘西德夯国际攀岩精英赛	现代户外运动
2011年	动力滑翔挑战赛、户外铁人三项赛、国际山地车赛、峡谷负重徒步穿越挑战赛等	现代户外运动与自然资源的结合
2012年	矮寨大桥极限挑战赛及矮寨大桥滑翔擂台争霸赛	户外赛事与自然旅游资源的结合
2013年11月	大湘西自行车挑战赛	户外赛事与自然资源的结合

图7—23　黔江区第四届"民族风情城杯"土家摆手舞决赛现场

2017年11月10日，中国梦·巴渝风——黔江区第四届"民族风情城杯"土家摆手舞决赛在民族风情城举行，全区20支参赛队伍展开角逐，给观众带来了一场丰富的土家风情视觉盛宴，现场歌舞交相辉映、其乐融融①。三是创新体制机制，完善治理体系。推进旅游管理体制改革，构建武陵山区少数民族传统体育文化全域旅游圈，促进武陵山区体育旅游产业的整合发展。武陵山区少数民族传统体育文化旅游圈的构建以张家界为核心，以怀化、铜仁、黔江、恩施为腹地，以少数民族传统体育资源特色、系统开发、可持续发展为原则，以少数民族特色村寨建设为抓手②，以带动少数民族地区经济发展，脱贫致富，实现共同富裕为总目标；利用武陵山区逐渐完善的立体交通网连接，根据构建"点—轴—圈"的空间结构理论，对武陵山区少数民族传统体育文化旅游圈进行特色旅游线路设计。四是强化政策支持，认真组织实施。进一步加强财政金融、用地、人才保障和专业支持，优化全域旅游发展政策环境，实现旅游发展全域化、旅游供给品质化、旅游治理规范化、旅游效益最大化等目标。

武陵山片区文化旅游产业区域合作要按照"生态立区、产业兴区、开放活区、富民稳区"的总体要求，开始由政府主导向政府与市场共同主导转变，文化事业和文化产业齐头并进，实现社会效益与经济效益的双赢；区域合作由单一化合作向多元化合作转变，不再局限于旅游线路的打造，而是朝着文化旅游产品设计开发、文化旅游产业人才培养、文化旅游基础设施建设、文化旅游品牌打造、文化旅游产品宣传和营销以及各类衍生产品的开发利用等多元化合作方式迈进；区域合作由区域内合作向区域外合作转变，武陵山片区各个市州在加强现有区域内文化旅游产业合作的基础上，要借用外力，与周边或者更远地区的强势区域开展合作，积极引进他人先进的管理经验、科学技术、人力资源，构建旅游协作网，坚持"引进来"与"走出去"相结合的原则，加快全方位、

---

① 王思洋、郑素琼、汪学金：《黔江：第四届土家摆手舞决赛落幕 20 支代表队刮起"最炫土家风情"》，2017 年 11 月 10 日，新浪网（http://news.sina.com.cn/c/2017 - 11 - 10/doc - ifynsait7140903.shtml）。

② 李忠斌、郑甘甜：《特色村寨建设、民族文化旅游与反贫困路径选择》，《广西民族研究》2015 年第 1 期。

多层次、国家性区域的建设，拓展武陵山片区文化旅游产业的规模与广度①。

五　管理融合

媒体融合不仅仅是传统媒体和新兴媒体的融合发展，还涉及媒体技术和传播的关系，它是媒体与人的融合；在媒体新的平台和新的业态构建中，是媒体和其他各个产业的融合。媒体融合是一个系统工程，政府角色是举旗定向，掌舵领航。政府应按照"系统思维"②，强化系统性和完备性，进行顶层设计，推进两极传播、法治监管、体制机制创新和专业人才培养。

（一）发挥政府职能，推动两极传播

传播生态的改变所造成的文化传承结构的失衡、社会转型过程中传媒文化传承功能失位与价值迷茫、跨文化传播的"文化霸权"和"文化殖民主义"是中华民族传统体育文化认同危机产生的重要原因。对民族传统体育文化认同的重构，必须明确大众传媒的角色定位，强化其社会责任，加强本土化振兴与国际化推广，拓展民族传统体育"文化空间"，在加强信息监管的同时，注重发挥"意见领袖"的文化引领功能，努力建构起中华民族传统体育文化的价值体系和话语体系③。迄今为止，武陵山区少数民族传统体育文化传播形成了富有特色的"两极格局"，即内向一极的县域乡村的国内传播和外向一极的跨境传播，由县域乡村传播和跨境传播共同构成内向和外向"两极格局"，这是少数民族地区的媒介生态与我国媒介生态互动与演化的结果。

1. 地域活化，本土化振兴

地域活化即县域乡村传播。民间文化是中国文化的母体，是民族精神情感、个性特征、凝聚力、亲和力的载体，文化抢救的目的是给世人

---

①　李成实：《武陵山片区文化旅游产业区域合作发展研究》，《湖南财政经济学院学报》2015年第31期。

②　麻勇斌：《非遗保护需要系统思维》，2017年8月13日，中国民族宗教网（http：//www.mzb.com.cn/html/report/170830984-1.htm）。

③　葛耀君、张业安、张胜利：《传播学视域下中华民族传统体育文化的认同》，《北京体育大学学报》2017年第4期。

留下一个完整的"家底"。在我国政策引导下，武陵山区部分民族传统体育文化枯木逢春，得到了一定程度的保护，但是仍有部分项目命运堪忧，需要抢救性保护。打造强势媒体品牌，是提升武陵山区少数民族传统体育文化传播力的重要路径。

在媒体融合环境下，品牌的力量不可小觑，在某种程度上，一个品牌甚至可以成为一个产业的代名词。目前我国的媒体同质化十分严重，相互之间的竞争也日趋激烈。与此同时，数字技术的发展带来了信息爆炸，受众的媒体接触行为更加难以捉摸，很多按照以前传统的运作行为支持的媒体都有"日子不好过"了的直观感受。在这样复杂的背景下，通过树立清晰的品牌形象，体现民族形象元素和文化符号，形成一定的运动文化品牌，就成为媒体生存道路中的重点。

在产业方面，应从构建产业链的角度，打造品牌平台。《今日美国》资深记者凯文·曼尼曾说，21世纪的媒介市场竞争已经成为媒介品牌的较量。电视媒体在长期运营过程中培养了一批优秀的节目制作人才，培植了一批脍炙人口的优质栏目，培育了一批忠实热心的观众，以及在这过程中电视人自觉形成的品牌意识、精品意识都是内容生产需要坚持的特色。据称，美国名牌节目主持人的社会影响力仅次于总统、国会议员、企业界巨头、工会领袖，排名第五，具有很强的号召力和明星效应，因此主持人品牌作为传统电视媒体的竞争优势之一，理应成为媒介品牌管理最重要的方面之一[①]。

围绕数字化建立产业链接。在传统的媒体环境下，多数媒体的运作还是依赖广告在媒体平台上播出的一次性收益，而长期无法从整条产业链接获取巨大利益。但是现在不同了，数字化技术已经成为大势所趋，在数字技术的推动下，媒体也逐步走向融合。媒体融合会在很大程度上使数字化内容以不同的表现形式呈现给受众，从而改变了传统媒体信息的不对称，同时也让数字化产业链成为可能。在数字化条件下，不同媒体可以以自己的优势为基础，借力其他媒体，从而搭建起一条完整的产业链条，实现节目内容和渠道的不断增值。作为国内最早研究媒体融合的学者之一、中国人民大学新闻学院彭兰教授曾指出，媒体融合会带来

---

① 潘永杰：《全媒体环境下媒体融合的启示与思考》，《电视技术》2013年第16期。

产业的重组与融合。"传媒机构会发现自己正置身于一个新的产业链条上，这个链条不仅包含现有的传媒机构，还包含新兴地内容提供商、电信运营商、IT 业以及其他与信息生产相关的企业。"① 仔细梳理整条产业链可以发现，贯穿始终的特点就是数字化，如果没有数字技术的应用，整个产业链将不复存在，所以应当以数字化技术为基础，建立完善的产业链条。在围绕数字化建立产业链方面，国内的汉王科技股份公司走在业界前列。2010 年 5 月 10 日，汉王科技在北京提出了推动数字出版产业的蓬勃发展的"四项基本原则"，即"免费数据加工""对方定价""二八分成"及"一书一密"。从产业链的角度，围绕数字化做文章。这四项原则的提出不仅能够保证数字技术时代的知识产权，而且对媒体融合后最关键的"利益分成"问题也做出了表率。

传媒产业要做大做强，必须打破原有封闭保守的管理体制机制和区域分割垄断的政策障碍，把跨区域、跨行业、跨所有制的竞合发展作为战略选择。武陵传媒网是武陵山区对外发布新闻的综合性网站，由重庆日报报业集团旗下武陵都市报社主办，是渝东南最具权威性的网络信息汇集中心和对外宣传平台。充分运用互联网和武陵山区新闻资源，以权威、全面、快捷、亲切的特点，立足黔江区，辐射渝东南，为了解渝东南、武陵山区铺设一条高速、快捷的信息通道。2015 年，湖南省实施的主要新媒体战略是：以湖南日报、湖南广电和红网 3 家试点单位为龙头的媒体融合战略②。2015 年 12 月，湘西新媒体联盟成立，宣布了新媒体联盟组织机构、联盟章程、新媒体联盟倡议书以及 2015 湘西州首届新媒体年度大奖评选办法。这一举措将促进湘西媒体融合发展，传播湘西正能量，推进湘西新媒体创新发展、协调发展、绿色发展、开放发展、共享发展，讲好新故事，促进新合作，发展新模式，完成新使命，共同谱写"互联网＋湘西"的新篇章③。

---

① 许颖：《互动、整合、大融合：媒体融合的三个层次》，《国际新闻界》2006 年第 7 期。
② 《张泉森：区域媒体融合发展路径》，2015 年 1 月 10 日，湘西网（http：//zt. xxnet. com. cn/h/477/20150110/69336. html）。
③ 滕佳、杨贤清、黄谆：《湘西新媒体联盟成立 合力促进媒体融合发展》，2015 年 12 月 6 日，红网（http：//hn. rednet. cn/c/2015/12/08/3859219. htm. ）。

图7—24　红网总编室主任 张泉森

2016年4月29日，在重庆举行的第四届媒体融合创新论坛上，第六届"中国互联网品牌大奖"正式揭晓。湘西网凭借媒体融合优势荣获"全国媒体融合创新典型案例奖"，湘西网旗下新媒体《湘西头条》则勇夺"全国最佳微信公众号"大奖。"中国互联网品牌大奖"是中国互联网行业最高规格的品牌大奖，每年一届，评选的主要依据是《中国互联网品牌评价体系》。第六届"中国互联网品牌大奖"共评选出9大奖项，湘西网荣获"全国媒体融合创新典型案例奖"及"全国最佳微信公众号"，是湘西州唯一获得殊荣的网站①。

在"媒体融合"进程中，各个渠道商和内容运营商应打破行业垄断，以国际化视角从大局着眼，这样才能转危为机、拓展新的业务空间。此外，还应重视品牌的力量，媒体行业有很强的规模效应，应以规模化塑造强势品牌，这样才能在市场经济的大潮下获取良好的经济效益和社会效益。武陵山区少数民族传统体育是一种富有特色的文化活动资源，以游艺表演性项目居多，其休闲娱乐价值与审美情趣与休闲时代的游憩性

---

① 黄谆：《湘西网、湘西头条荣获中国互联网品牌大奖》，2016年5月9日，湘西网（http://www.xxnet.com.cn/h/162/20160509/95011.html）。

图7—25　湘西网荣获"全国媒体融合创新典型案例奖"

图7—26　《湘西头条》获"全国最佳微信公众号"

高度契合而成为一种潮流风尚，可以丰富文化旅游内容，带给人们愉悦感、获得感和幸福感，在武陵山区生态文化旅游圈中发展前景广阔，与区域社会发展相融，可以有效扩大本体影响力①。

提升文化符号、擦亮文化品牌是一项宏大的系统工程，离不开政府的指导、引导和支持。必须加强顶层设计，明确媒体融合保护文化的理念，进一步完善本地政策环境，完善相关的文化旅游创意产业政策，为民族文化旅游创意产业的发展提供政策支持。以当地政府为主导，现代媒介为推手，当地百姓为主体，充分调动全社会积极性创造性，形成人人传承发展民族传统体育文化的生动局面②。突出地域传统体育文化元素为特色，以健身娱乐为理念，以学校为普及，以旅游经济为拓展的整体宏观调控③，加大投入，找准切入点，采取有效措施，降低文化同质化，让其喷薄出历史深处的"原汁原味"的文化价值和精神魅力。

2. 加强民族传统体育的跨文化传播

文化全球化给中国文化发展带来了许多新的发展机遇，全球化需要我们的文化传播观念具有世界性目光与国际化策略。跨文化传播理论和文化交往理论是中华文化走向世界的核心理论基础，"走出去、迎进来"是顺应时代发展、颇有成效的积极举措，增强中华文化国际影响力，提升国家软实力，从而达到维护国家文化安全、树立国家良好形象，赢得国际话语权的目标。

（1）走出去

党的十八大以来，以习近平同志为核心的党中央高度重视国际传播能力建设工作，对其宏观战略、顶层设计、发展路径、方式方法进行了全面而清晰的指示和部署。在 2017 年 10 月召开的党的十九大上，习近平总书记在报告中明确指出："推进国际传播能力建设，讲好中国故事，展现真实、立体、全面的中国，提高国家文化软实力。"这一论述站在全球传播的高度，扎根中国的现实与实践，为"新时代"国际传播能力建设

---

① 杨玲：《休闲时代鄂西传统体育文化的价值及振兴策略》，《沈阳体育学院学报》2012 年第 2 期。

② 《中共中央国务院重大国策：全面复兴传统文化!》，2017 年 1 月 31 日，搜狐教育（http://www.sohu.com/a/125318935_176673）。

③ 汤立许：《传统体育地域活化的路径研究——以长阳巴山舞为例》，《山东体育学院学报》2014 年第 3 期。

描绘了清晰的路线图①。2018 年的全国两会期间，全国政协委员孙庆聚就加强中国特色社会主义文化建设、为人民过上美好生活提供丰富优质精神食粮这一问题提出，要推进中国特色社会主义文化建设，其中很重要的一方面就是，要推进国际传播能力建设，讲好中国故事，展现真实、立体、全面的中国，提高国家文化软实力。

武陵山区少数民族传统体育文化要走向世界，必须着力于保护传承和现代转化相结合，着力于现代核心价值和文化精神的建构，以文化内容建设为根本和灵魂，尊重差异，多渠道、多层次、多形式传播，为世界文化繁荣和人类文明进步贡献智慧②。

①加强理论探讨与学术研讨的推动

从理论上分析文化全球化理论和跨文化传播理论，以期构建武陵山区少数民族传统体育文化走向世界的理论支撑基础。2015 年 10 月，"全球媒体融合时代的挑战与机遇"国际学术论坛暨中国新闻史学会外国新闻传播史研究委员会北京外国语大学召开，探讨了互联网信息产业和传播技术飞速发展的今天，全球新闻传播业所面临的巨大挑战和再发展机遇；同时，跟踪世界各国在媒体融合时代下新闻传播领域的发展新动态，为全球化时代媒体的发展提供了理论借鉴，促进了新闻传播学教育的改革与发展。该研究委员会是国内高校新闻与传播学科唯一专门从事国际新闻与传播研究的学术组织，旨在从全球视角比较研究中外新闻与传播的理论与实践问题③。2017 年，人民日报社、中共深圳市委和深圳市人民政府联合主办媒体融合发展论坛，以"你就是我，我就是你"为主题，以"中央厨房"为关键词，致力于打造集媒体融合战略研讨、经验交流、技术展示于一体的权威平台。论坛将邀请主管部门领导、媒体领军人物、技术创新精英、知名专家学者等嘉宾，解读中央最新政策精神，分享从

---

① 史安斌：《新时代国际传播能力建设的新思路新作为》，《国际传播》2018 年第 1 期。

② 张泗考：《跨文化传播视域下中华文化走向世界战略研究》，博士学位论文，河北师范大学，2016 年。

③ 佚名：《"全球媒体融合时代的挑战与机遇"国际学术论坛暨外国新闻传播史研究委员会 2015 年会召开》，2015 年 10 月 27 日，北外新闻网（http：//www. sinoss. net/2015/1027/65634. html）。

相"加"迈向相"融"的媒体融合发展最新成果①。

2009 年 12 月，"中国少数民族地区信息传播与社会发展论坛"成立，汇聚了国内最主要的少数民族传播研究学者、民族地区新闻院校甚至媒体，成为国内少数民族新闻传播研究的主干力量。论坛立足于国家统一和民族团结这一重大背景，致力于关注和研究新闻与信息传播对于民族地区经济社会发展、民族文化传承、国家振兴和国家形象建构的意义，以及民族地区新闻传播与社会发展的策略、手段和方法等现实问题，并形成了系列成果。这些研究成果不但促进了民族地区新闻传播业的发展，而且也推动了民族地区整个社会的发展进步，具有多层面的学术价值和社会意义。论坛不仅带动了全国少数民族新闻传播研究，而且逐渐塑造了不同民族地区、不同民族传播研究的特色及特色团队，对于加快少数民族新闻传播学科建设，提升少数民族新闻传播研究的影响力，由学术边缘融入学术主流，发挥了建设性作用。论坛着力实现少数民族新闻传播教育、研究机构与业界的融合，使这种研究能够逐步打破理论研究的框限，推进少数民族新闻传播业的改革和跨越。论坛所开创的民族地区新闻传播学术研究与交流的模型和方式，应该说在新闻学界类似的相关研究中有着一定的示范意义②。

中国是世界上少有的多邻国、多争端的国家，周边关系近而不亲、亲而不近者众多，争议广泛存在于领土、历史、海域、人文乃至意识形态等各领域。习近平强调：做好"中国梦"在周边国家的传播，有利于减少周边国家对我国的不信任，消除他们对我国发展强大的恐惧感，争取更多周边国家的理解和认同。而眼下中国传播学研究中普遍存在的"三多现象"（即贩卖西方理论的多、炒剩饭的多、放空炮的多）显然难胜此任，传播实践的突破迫切需要传播理论的创新，国家对外战略的实施亟须传播理论和实践的有效配合。所谓周边传播，就是在有效的主权辖区边界两侧进行的、介于国内传播和国际传播之间的一种综合性信息

---

① 《"你就是我，我就是你"——聚焦 2017 媒体融合发展论坛》，《中国报业》2017 年第 17 期。

② 周德仓：《打造少数民族新闻传播团队 创建少数民族新闻传播学派——郑保卫教授关于少数民族新闻传播研究问题访谈》，《新闻论坛》2015 年第 2 期。

传播活动。周边传播是国内传播的延伸、国际传播的先导，是一种有着自身特点和发展规律的特殊传播活动，表现出传播主体的多样性、传播渠道的立体性、传播效果的直接性、传播内容的不可控性等特点。通过对"周边传播"概念的内涵和特性、理论依据和价值、功能与应用的探讨，建构一个自成体系的"周边传播理论"，加强我国与东北亚、中亚、南亚和东南亚等地缘周边国家或地区①以及美国等并不直接相邻但对我国长远发展利益具有战略影响的国家之间的文化交流②，办好这些国家的中国文化中心，加强交流互鉴③。

图7—27 贵州雷山苗家歌舞亮相美国纽约时代广场

"一带一路"背景下，进一步推进中国与东盟文化交流合作，强固一带一路建设的人文纽带，可有效加强不同民族传统体育文化的交流互通，

---

① 陆地、许可璞、陈思：《周边传播的概念和特性——周边传播理论研究系列之一》，《现代传播》（中国传媒大学学报）2015年第3期。

② 李雪、张伟：《"千户苗寨 悠然雷山"亮相美国纽约时代广场》，2016年12月4日，中国新闻网（http://www.chinanews.com/sh/2016/12-04/8083249.shtml）。

③ 陈赟、霍小光、骆珺：《习近平同老挝人民革命党中央总书记、国家主席本扬举行会谈》，2018年5月31日，光明网（http://news.gmw.cn/2018-05/31/content_29057274.htm）。

使各国人民共享文化，共同繁荣。从历史上看，中国与东盟（东南亚国家联盟）人缘相亲、文缘相通，商贸往来密切。这种深厚的历史渊源推动数千年的官方往来和民间交往，促进了海上丝绸之路的繁荣发展。进入21世纪，特别是"一带一路"倡议提出以来，中国与地处海上丝绸之路十字路口的东盟关系全面发展。随着经济、贸易、能源、金融、服务等领域合作的深入推进，中国与东盟的人文交流亟待进一步加强和提升。推进中国与东盟文化交流合作，能加强不同历史文化、风俗习惯、民族特质的交流互通，促进不同民族和不同语言文化互学互鉴[①]。中国与东盟的文化机构和团体应进一步深化交流合作，建立更为紧密的联系，包括加强作家和学者互访交流、推荐翻译出版优秀文化作品、组织开展文化采风活动、联合举办图书展和学术研讨会等。还可考虑设立中国—东盟文化奖项，奖励为中国与东盟文化交流做出突出贡献的作家、学者和社会活动家；建立中国—东盟文化中心，并设立专项基金，邀请东盟著名作家和学者来华进行中短期的写作和研究工作。除了四年一届的各省少数民族传统体育运动会和全国少数民族传统体育运动会外，武陵山区少数民族传统体育还应该搭上奥运会、亚运会、全运会等受众关注度很高的综合赛事以及网球、篮球、足球等单项主流赛事的平台。文体不分家，"去体育化"文化交流也更有利于族际和国际交流的自然开展，减少文化误读现象。借中国—东盟国际艺术节以及世界各国的中国文化节，在弘扬中国传统文化的同时，增强世界各国人民对中国的了解，增进彼此的友谊[②]。

②实践路径

新时代引领新作为。新形势下，进一步深化中国与其他国家的人文交流，应加强媒体合作。CGTN 打造引领"新时代"的全球媒体平台。"中国环球电视网"（CHINA GLOBAL TELEVISION NETWORK，CGTN）是直接按照融合传播理念打造一个全新的融媒体传播机构，其媒体属性

---

①　郭惠芬：《推进中国与东盟文化交流合作 强固一带一路建设的人文纽带》，2017 年 5 月 16 日，人民网（http：//theory. people. com. cn/n1/2017/0516/c40531 - 29277211. html）。

②　楼寅：《中法文化艺术交流协会第四届〈巴黎新春艺术节〉圆满落幕》，2018 年 2 月 25 日，凤凰网（http：//wemedia. ifeng. com/49974319/wemedia. shtml）。

是"电视+网络",开启了国际化传播新时代①。2018 年 5 月 31 日,来自上海合作组织七个成员国和观察员国白俄罗斯的 13 家媒体代表齐聚北京,以"融合创新合作共赢"为主题,共商上合组织成员国媒体交流合作的长效机制。上合组织成员国媒体代表们共同倡议:在相互尊重、自愿自主原则基础上,持续深化合作共赢,积极构建机制,吸纳更多成员国媒体加入,携手讲好成员国间和平安宁、合作共赢、成果共享、文明互鉴的发展共识②。

中国"一带一路"倡议继承了古代丝绸之路精神,这对于加强和深入中国与沿线各国的密切交流合作具有非常重要的意义,也为我国民族传统体育的跨文化传播提供了强劲的东风。影视作品是文化交流的最佳载体之一,而反映中国百姓真实情感和社会发展的多语种版中国优秀影视剧更是备受各国受众欢迎。语言是文化传播赖以进行的载体与手段,将影视作品译制成符合当地语言及文化习惯的产品可以更加开放市场,延长电影寿命,架起"一带一路"沿线国家之间文化交流与沟通的桥梁③。为更好地推动中国文化"走出去",中央广播电视总台国家多语种影视译制基地先后与亚洲、非洲、欧洲、美洲以及大洋洲五大洲 30 多个国家主流媒体签署了《中国剧场》播出协议。通过《中国剧场》这一固定时段定期播出的专设栏目,相关国家的电视台定期播出中国优秀影视译制作品。作为丝路电视国际合作共同体的合作伙伴,英国德孚传媒《中国时间》主编高登表示,他们已经在英国天空卫视平台上播出了"中国时间"(China Hour)节目,收视覆盖英国本土一千两百多万用户,未来频道还将继续拓展内容④。2009 年 9 月 20 日,"世界华文媒体合作联盟"在上海成立。该联盟是由中国新闻社发起,海外各类华文传媒自愿

① 江和平:《江和平:新时代新战略新探索 CGTN 重新定义融合传播》,2018 年 1 月 25 日,新浪网(http://news. sina. com. cn/gov/2018 - 01 - 25/doc - ifyqyuhy6221790. shtml)。

② 杜佳宁:《上合组织成员国媒体代表在京共话"融合创新 合作共赢"》,2018 年 6 月 1 日,东方网(http://news. eastday. com/w/20180601/u1ai11486290. html)。

③ 《印象北影节 | 影视译制架起"一带一路"沿线国家沟通桥梁》,2018 年 4 月 17 日,中央广播电视总台央广网(http://ent. cnr. cn/zx/20180417/t20180417_ 524202110. shtml)。

④ 《第 15 届中国国际影视节目展实现多个"首次"海外媒体和观众期待更多中国影视作品》,2018 年 5 月 17 日,中央广播电台国际在线(http://www. dzwww. com/sdqy/gjyw/201805/t20180517_ 17382472. htm)。

参加的全球性合作组织，以"服务、互动、平等、共赢"为宗旨，为促进海外华文传媒之间的相互联络和资源互动，及其与中国大陆传媒界的协作，改善海外华文媒体的生存发展条件，提升海外华文媒体的整体水平和影响力提供合作平台①。时代在飞速发展，明天将有许多未知，但只要顺应时代发展、坚持薪火相传、坚守使命担当，全球华文媒体必将迎来大发展、大繁荣的下一个百年。面对"一带一路"建设的新契机，"一带一路"沿线国家的海外华文媒体可以宣传中国文化及中国"平等沟通、共同发展"的理念，通过为"一带一路"服务实现自我发展②。

图7—28 世界华文传媒论坛展望未来：新百年将迎历史新机遇

2018年5月17日上午，第十五届中国国际影视节目展在北京展览馆开幕，实现多个"首次"，展览以"新时代、新作为、新篇章"为主题，展示我国影视节目日益提高的国际影响力，为我国影视行业未来的创作和发展提供了风向标③。海外媒体和观众纷纷表达了对承载中国文化的中

① 谢萍：《世界华文媒体合作联盟成立 成员遍布五大洲》，2009年9月20日，中国新闻网（http：//www. chinanews. com/hr/news/2009/09 – 20/1875705. shtml）。

② 郝爽、杨凯淇：《世界华文传媒论坛展望未来：新百年将迎历史新机遇》，2015年8月23日，中国新闻网（http：//www. chinanews. com/hr/2015/08 – 23/7483958. shtml）。

③《第十五届中国国际影视节目展在京开幕》，2018年5月18日，央视网（http：//www. cctv. com/2018/05/18/ARTIAYqVESLTELIpy8lU0rEb180518. shtml）。

国影视作品的关注和欢迎。

图7—29　走出去，主动让世界了解中国传统文化

图7—30　第15届中国国际影视节目展

在发展壮大影视产业、带动文化走出去的同时，对主流价值观的坚

守与对民族精神的传递，对文化来路的明晰与对文化发展的自觉，则是无法回避、不能忽视的问题，因为这是我们提高文化软实力的"初心"①。

孔子学院策略是中国民族传统体育文化输出的新路径。孔子学院作为当今中外文化交流的重要平台，为我国民族传统体育文化的强势输出提供了路径和载体。全球化背景下"民体文化"的输出是丰富文化外交，重塑大国形象，克服文化单边主义，提升中国文化软实力的一种策略。表现在中国"文化符号"受到世界认可，"高势能"文化态势回归，可以打破因文化交流"逆差"而导致的异化危机。体现孔子文化精髓的民族传统体育文化为孔子学院的发展充实内涵，突破"民体文化"输出瓶颈需要孔子学院②。

（2）迎进来

世界技术发展带来的产业形态升级迫切要求中国文化软实力的不断提升，文化和旅游的融合发展，需要在深化中外人文交流，增强中华文化影响力方面发掘更多潜力、发挥更大作用、产生更广泛影响。

从国际视野看，旅游已经成为世界各国发展经济、改善民生的重要产业。当下，武陵山区有着国际化的未完全、未充分、未精准开发的旅游资源，加之乡村振兴和逆城镇化国家战略背景，已经或正在具备一流的交通线路、互联网络；只是入境游与出境游相比还不平衡、不充分，这是中国旅游世界化的短板，但同时也是我们的优势和发展空间。在旅游世界化、出境游国际化的今天，我们没有理由不让中国入境旅游世界化。这是我们的使命，也是中国旅游发展的未来③。2017 年，中国入境旅游市场规模居世界第四，表明我国出入境旅游顺差稳中有扩，从交通等多方为入境游客提供良好保障，促进入境、出境和国内三大市场有机互补④。

---

① 张梓轩：《光影世界中的丝路文明》，2017 年 8 月 15 日，中国民族宗教网（http：//www. mzb. com. cn/html/report/170823200 – 1. htm）。

② 姜广义：《试论中国民族传统体育文化输出的新路径——孔子学院策略》，《山东体育学院学报》2011 年第 11 期。

③ 牧青：《魏小安谈中国旅游世界化》，2018 年 5 月 8 日，凤凰资讯（http：//wemedia. ifeng. com/59657464/wemedia. shtml？_ cpb_ xinxiliu_ xgtj）。

④ 《［中国新闻］新闻观察：中国入境旅游市场规模居世界第四》，2018 年 5 月 26 日，央视网（http：//tv. cntv. cn/video/C10336/e400ccc5761041ef83aee723ebdef08e）。

图7—31　新闻观察：中国入境游市场规模居世界第四

越是民族的，就越是世界的。借"一带一路"的东风，通过一带一路"体育文化行"，要搭上"中国文化年"，用更加开放的姿态在对外交流与合作中推动影像对中国故事的讲述、对中国精神的传达。中国对"一带一路"故事的艺术开掘、沿"一带一路"进行的影视文化交流合作，引发了国际社会的关注。一个立体而生动的中国形象，因这样一种开放与合作的创作语境被呈现进而树立于国际舞台之上。在国际视域传播摆手舞、巴山舞等项目，拓展武陵山区少数民族传统体育地点主导型"文化空间"，由国内向国外拓展，通过上合组织等"走向世界"。作为土家族自身的体育项目要走向世界体坛，其道路是艰难曲折的，其交织影响的社会文化要素是多重多向多层次的，其传播、扩散的文化机制和文化动因也是复杂、互渗和综合的。而当今世界大众体育正在蓬勃发展，国际奥委会也已开始积极参与大众体育活动，随着世界各民族体育的不断交流与融汇，使民族体育逐步国际化，这是当代世界民族体育发展的一个重要趋势，为扩大巴山舞的场域创造了条件。

（二）完善法律法规，在政策上保证媒体融合的顺利发展

法者，天下之公器。21世纪以来，随着互联网、云计算、物联网等通信和网络技术的发展，网络空间成为人类生存的第五空间。虽然互联

网技术改变人类生产、生活方式及其活动场域，但是其并未改变国际与国内政治体系、社会结构与文化传统。在第三届世界互联网大会上，习近平总书记呼吁各国携手构建网络空间命运共同体。构建网络空间命运共同体的挑战在于协调东西矛盾与南北鸿沟，解决上述挑战的出路在于推进并实现网络空间的法治化治理。作为网络大国，我国应通过互联网治理的先发优势，积极参与网络空间法治化治理的进程，不断提升我国的国际话语权与规则制定权①。

推进网络空间法治化，让蓬勃发展的中国互联网这一高速列车，拥有更好的"刹车"。党的十八大以来，以习近平同志为核心的党中央高度重视网络安全和信息化工作，作出一系列重大决策部署，指导我国网络安全和信息化工作取得重大成绩。现在，互联网已成为群众生产生活密不可分的组成部分，成为经济社会发展的重要推动力量、党和政府联系群众的重要桥梁、弘扬正能量凝聚人心的重要载体。2017年9月21日，全国政协围绕"营造风清气正的网络空间"建言献策。要切实加强党的领导。建立领导责任制，领导要敢抓敢管、善抓善管，敢于发声。完善组织体系，加强各部门联动，发挥社会组织作用。夯实基层基础，加强人才队伍、基础设施和技术能力建设。加强网络法律法规规章建设，努力推进网络空间法治化。发挥社会各方面的作用，落实主体责任，依法打击犯罪。五要加强关键技术的投入和改进，尽快在核心技术上取得突破②。

1. 完善适应媒体融合发展的法律法规，推进媒体融合法律建设与监管

要加强互联网内容建设，建立网络综合治理体系，旗帜鲜明反对和抵制各种错误观点，营造清朗的网络空间。"网络空间是亿万民众共同的精神家园"——以习近平同志为核心的党中央要求不断加强网络内容建设，培育积极健康、向上向善的网络文化，为广大网民特别是青少年营

---

① 孙南翔：《打造网络空间法治化治理的中国方案》，2017年9月15日，中国社会科学网（http://ex.cssn.cn/zx/201709/t20170915_3641330_1.shtml）。

② 《全国政协召开双周协商座谈会 围绕"营造风清气正的网络空间"建言献策 俞正声主持》，2017年9月22日，央视网（http://news.cctv.com/2017/09/22/ARTInVXPc50xYxLCB7dYtPbE170922.shtml）。

造一个风清气正的网络空间。落实意识形态工作责任制，加强阵地建设和管理，注意区分政治原则问题、思想认识问题、学术观点问题，旗帜鲜明反对和抵制各种错误观点①。在媒体融合的过程中，政府相关部门应发挥积极作用，营造法律环境，加大知识产权保护力度。政府要督促文化企业树立自我成果保护意识，同时切实采取措施严厉打击盗版、模仿、仿制、假冒等知识产权侵权行为，创造保护民族文化旅游创意产品发展的良好软环境。采用宏观调控手段引导新媒体市场的发展，制定相应的数字出版准入政策，保障内容的准确性、学术价值的可靠性，确保出版市场的数字产品内容符合国家各项出版法规与政策的要求②。从"树立新的社会责任观""确立新的网络传播治理体系"和"开展网络传播责任教育"三方面达成"共责"。无论是面对现实世界还是虚拟空间，引领与规范远比谴责和批判更为重要，扎紧法治之网和道德篱笆都势在必行。2016年12月1日起正式施行的《互联网直播服务管理规定》也对网络直播平台的服务范围、管理责任、安全保障机制等工作提出了明确的要求，此次监管升级无疑会加速网络直播行业洗牌，有利于行业走向规范。时代在飞速发展，在互联互通、多元一体的新时代新格局中，我们的社会责任是"共享共责"，齐心协力，共同推动网络空间人类命运共同体的建设③。重建传媒规制，应对媒体的方向迷失和道德水准下降。为了吸引眼球、增加点击率——因为这样才可能挣更多的钱，置新闻真实和职业操守于不顾，这和我们今天整个新闻体制有很大关系，更和整个社会的急功近利有直接关系。提高媒体和媒体人的职业自律，加强媒体的引导和管理尤为重要。

（1）落实"黑名单"制度，对涉事主播"终生禁赛"

从目前的网络直播行业现状来看，加强违规直播后的处罚管理措施，

---

① 吴晶、王思北、胡浩：《向着网络强国阔步前行——党的十八大以来网信事业发展述评》，2018年4月19日，新华网（http://news.cnr.cn/native/gd/20180419/t20180419_524205119.shtml）。

② 郭晓亮、郭雨梅、吉海涛：《媒体融合背景下优化学术期刊政策环境的路径选择》，《出版发行研究》2014年第11期。

③ 胡正荣：《共享共责的网络传播：新时代、新格局、新责任》，2018年5月7日，中国社会科学网（http://jour.cssn.cn/xwcbx/xwcbx_xmt/201805/t20180507_4237195.shtml）。

加大处罚力度、建立并逐渐完善违规处罚管理机制措施是目前直播整治的关键。违法违规的低成本是网络直播乱象频出的重要原因之一，仅关闭账号的惩罚措施使得涉事主播可以"换马甲"再次注册。因此在实名制的前提下，监管部门应对涉及色情暴力的主播实行"终生禁赛"，各直播平台之间开启"黑名单"，切实提高网络直播者的准入门槛，加大对违法违规的直播平台和主播的处罚力度，对于身背劣迹的网络直播人员，应全网络禁止重新注册账号。

（2）细化并明确直播内容标准

为有效整改低俗内容，避免网络主播在内容方面打"擦边球"，避免公众对执法机构公信力与执法标准的质疑，对于"低俗"所指涉的具体行为都需要更加明确的规定。

（3）完善网友举报系统，实现多方位监管

直播平台除了要明确自身管理主体责任，自建审查监督体系之外，应进一步完善举报机制达到透明监管。事实上，微博和微信等自媒体平台在其发展初期也曾出现过低俗信息泛滥的情况，但随着举报机制的建立与关键词监管制度的完善，有效地遏制了淫秽色情和低俗信息的蔓延。网络直播平台可以效仿微信微博内容的管理方法，开通举报通道，建立便捷的网友举报系统和高效的违规内容处理系统，让广大网民共同参与到网络直播的治理中来，实现平台之间、主播之间、观众对主播、监管部门对直播平台进行监督的多方位监管[①]。

2. 各地网信办应建设更完善的技术监管平台，增强不良信息的防御能力，规范媒体的管理

加强信息监管，信息发布具有碎片化、移动性、门槛低等特点，提高了普通用户对信息传播的参与度，但是各种谣言、虚假信息和危机传播使传媒底线受到极大的挑战。在土家族民族传统体育文化的传播过程中，可以利用软件进行网络微信息的采集、存储、分析、处理和服务，进行"内容把关"，有效提高网络信息监管工作效率；利用专业人员、意见领袖等组成的自治机制对虚假信息和谣言进行澄清，采用"用户举报"

---

① 温晨晨：《传播学视阈下网络直播先行及其监管策略探析》，《东南传播》2017年第3期。

"微博实名制""事实（信息）核实机制"等切实可行的措施，对虚假信息和谣言进行预防和处理。

3. 加强媒体人自律

要根据新媒体发展需要，组织开展媒体人自我学习和培训，增强媒体人的职业道德和业务水平，带头传递网络正气①。

恩施州现有 15 项国家级非物质文化遗产项目（含扩展项目），是千百年来生活在恩施地区的各民族人民共同创造、代代相传的精神文化瑰宝，抢救、保护、传承这些优秀的非物质文化遗产，守住各族人民的文化之根、生活之本，是保障恩施州可持续发展的重要基础。民族传统体育与物质文化不同，它的流逝、消亡根本上在于其人口载体的减少和民俗文化氛围的缺失。从保护我国民族文化多样性的角度来看，急需立法保护的有力实施。2004 年我国加入联合国教科文组织的《保护非物质文化遗产公约》依赖，一批民族传统体育项目入选国家级非物质文化遗产保护名录，使得部分项目的继承与发展得以实现，但是由于监管制度不健全和地方机构协同保护意识薄弱等问题，仍面临发展困境，仍需继续加大其立法保护力度，加强文化法治环境建设，加强对法律法规实施情况的监督检查。建立完善联动机制，严厉打击违法经营行为。加强法治宣传教育，各地要根据本地民族传统体育文化传承保护的现状，制定完善地方性法规和政府规章。

加强信息监管，信息发布具有碎片化、移动性、门槛低等特点，提高了普通用户对信息传播的参与度，但是各种谣言、虚假信息和危机传播使传媒底线受到极大的挑战。在土家族民族传统体育文化的传播过程中，可以利用软件进行网络微信息的采集、存储、分析、处理和服务，进行"内容把关"，有效提高网络信息监管工作效率；利用专业人员、意见领袖等组成的自治机制对虚假信息和谣言进行澄清，采用"用户举报""微博实名制""事实（信息）核实机制"等切实可行的措施②，对虚假信息和谣言进行预防和处理。另外，要加强与传统主流媒体的融合，发

---

① 胡静：《全媒体时代媒体融合的发展路径思考》，《今传媒》2017 年第 2 期。
② 徐华：《传播学视野下民族传统体育的价值、现状与发展策略研究》，硕士学位论文，苏州大学，2009 年。

挥政务微博的引导功能，澄清各种虚假信息，抑制过激言论，进行舆论引导，通过加强网络信息保护和立法工作，提高微博用户判断能力和自主有效处理信息的能力，对微传播环境进行净化。相关部门应把好审核关，处理好原真性与商品性的关系，在真实性的前提下，在"信息认同"（坚持真相）和"价值认同"（营建认同）的一致性上架起一座桥梁，通过符号学，去实现"信息共同体"基础上的"价值共同体"的互构，这样的文化产品才是可靠的、长远的，经得起历史检验的。

4. 提高文化自觉、文化自信、文化认同

十九大报告提出"文化自信是更基本、更深沉、更持久的力量"。文化的国际性、社会性以及创新性决定了它不会永远属于某一个国家。韩国的抢注"非遗"使我们不得不面对祖先遗产的悄然流失和被无情偷窃，与其争得面红耳赤，倒不如摒弃利字当头的观念，第一时间着手建立完善的保护机制，在政策、资金和技术上加大保护和传承力度，让文化遗产适应当下的发展需要才是上上之策。国家应组织力量了解媒体融合时代版权保护的特点，制定相关版权政策，促进新版权保护技术措施的推出。只有明确相关权利的具体归属，形成法律效力的保护，才能满足媒体融合的需要。

通过政府规制、自媒体传播者的自律以及社会监督等途径来规避或减少自媒体的文化缺失，建构和谐健康的文化传播环境。媒体应负起主体责任，要把握好方向，进一步完善管理。倡导核心价值观，引导正确舆论导向。文化可以赚钱，但不能为了经济效益，为了利润的最大化而放弃文化固有的尊严。社会效益与经济效益应互相结合，坚持民族情感、先进文化发展方向、文化的原真性相结合，避免犯"贾玲恶搞花木兰"的错误。法德并举，净化网络空间，整治不文明传播行为。

（三）体制机制的创新

改革新闻生产的体制、机制，再造策采编发的运行流程，打通导向管理、顶层设计、管理经验和人才培养，大胆推行电视和互联网渠道技术、内容、管理人员的齿轮型配置。新媒体团队脱胎于传统媒体，专注于互联网打法，专注互动和数据分析，兼具传统媒体追求极致的工匠精神。让富有传统电视制作和管理经验的同志担当新媒体管理重任，推动内容人才在传统媒体和新兴媒体之间的融合交流。

1. 加强组织领导，加强政策保障

武陵山区各级党委和政府要从坚定文化自信、实现中华民族伟大复兴的高度，切实把民族传统体育文化传承发展工作摆上重要日程，加强宏观指导，提高组织化程度，纳入经济社会发展总体规划，纳入考核评价体系。各有关部门和群团组织要按照责任分工，制定实施方案，完善工作机制，把各项任务落到实处。加强武陵山区民族传统体育文化传承发展相关扶持政策的制定与实施，注重政策措施的系统性、协同性和可操作性。

（1）优化组织结构，鼓励跨领域融合

传统媒体大多仍然是科层式组织结构，它不利于各部门之间的协同创新，也不利于激发员工的工作激情，媒体融合需要采编团队有更大的创新空间和创造才能。因此，要进一步减少层级，优化机构设置，推行扁平化管理，激活创作活力，推进"去行政化"改革。鼓励自上而下的主流媒体与自下而上的文化传媒公司和自媒体之间的合作，政府应变文化产品和服务的生产者为供给者，按照质优价廉的原则向社会采购公共文化产品和服务，使体制内文化团队感到竞争的压力，让体制外的文化团队有发展空间。《湖北日报》和湖北广电分别整合旗下新媒体项目和资源，成立新媒体集团，统一运营新媒体业务。在运行机制上，湖北日报新媒体集团探索实行公司负责制；湖北广电台建立"多媒体采集、共平台生产、多渠道分发"的全媒体制播模式，在新媒体集团内实行产品经理负责制。

在 2018 年召开的两院院士大会上，习近平总书记指出，要坚持以全球视野谋划和推动科技创新，全方位加强国际科技创新合作，积极主动融入全球科技创新网络[①]。

（2）完善激励表彰制度

推进文化体制改革，需要在健全文化市场监管体系基础上，充分尊重并发挥各个文化主体的作用，使它们取长补短、相互促进、共同发展。通过大众电影百花奖、金鸡奖、"五个一工程"、出版业的"国家图书奖"

---

① 谷业凯：《积极融入全球创新网络（科技杂谈）》，《人民日报》2018 年 6 月 4 日第20 版。

"伯乐奖"和"韬奋奖"等的评选,激浊扬清,路正向准,引导、鼓励文化工作者为人民大众奉献丰富优质的精神食粮,生产出品质优秀的微电影、微视频等文化产品。2018 年 4 月 3 日,由国家广播电视总局和浙江省人民政府主办,中国电视艺术委员会、浙江省新闻出版广电局、宁波市委宣传部、宁波市北仑区人民政府、宁波博地影秀城等单位承办的第 31 届电视剧"飞天奖"暨第 25 届电视文艺"星光奖"3 日晚在浙江宁波揭晓,本届"飞天奖"和"星光奖"的评奖工作以习近平新时代中国特色社会主义思想为指导,坚持思想精深、艺术精湛、制作精良相统一的标准,保证了评选工作的正确导向和公平公正。"飞天奖"是中国电视剧政府奖,"星光奖"是中国电视文艺政府奖,一批题材广泛、思想价值与文化内涵深厚、人物和故事深入人心的电视文艺栏目、电视纪录片、电视综艺节目、电视戏曲节目、电视动画节目和少儿电视节目得到认可。本届"星光奖"获奖及提名的文艺作品牢牢把握正确的政治方向和舆论导向,紧扣主题主线宣传大事要事,注重文化性,凸显艺术性,采用老百姓喜闻乐见的表达形式,既体现了主流媒体的政治责任,也体现了电视荧屏风清气正的新面貌;文化类、科技类节目展示原创力量、彰显精神正能量;纪录片创作题材丰富,品质优良;季播类节目异军突起,创新手段层出不穷。"飞天奖"和"星光奖"这两大奖项大大激励了一批优秀的编剧、导演和演员等文化工作者继续砥砺前行,不忘初心,牢记"为人民服务"的使命与担当,为人民奉上传播正能量①。

(3)再造自身造血平台,寻找外部补血机制

没有经济支持的媒体融合将后继乏力,舆论阵地也需要强有力的经济基础支撑。打造新型主流媒体,必须解决当前传统主流媒体的营收困境,形成传统主流媒体的外部补血机制和自身造血功能,构建赢利平台与舆论平台齐头并进的战略格局,实现经济效益与社会效益最大化。2018 年 3 月,水中贵族百岁山再度携手东方卫视打造的 2018 中国电视剧品质盛典在上海梅赛德斯—奔驰文化中心圆满落幕,致敬中国电视剧匠心品质,一众年度优秀电视剧作品和剧星获得肯定。一个是国内知名的

---

① 史竞男、唐弢:《第 31 届电视剧"飞天奖"暨第 25 届电视文艺"星光奖"揭晓》,2018 年 4 月 4 日,新华网(http://www.xinhuanet.com/culture/2018-04/04/c_1122635001.htm)。

饮用水品牌，一个是国内重量级影视类奖项，两者处于不同行业，却因对品质的共同追求汇聚在一起，碰撞出不一样的火花①。

图7—32　剧耀东方——2018电视剧品质盛典

2017年1月18日，由北汽集团独家冠名的中央电视台大型朗读类真人秀节目《朗读者》签约暨发布会在京举行，开启了具有里程碑意义的历史性合作。北汽集团携旗下子品牌与央视《朗读者》节目的正式牵手，是一次中国汽车品牌与央视文化品牌的双赢合作，是弘扬中国文化、振兴国家品牌的一次积极尝试。国家责任、全球视野、人文情怀是北汽集团及其旗下子品牌和CCTV的共同理念，推出的一系列传播经典文化和人文情怀的节目在泛娱乐化的今天，起到了文化引领的作用，打造全民文化品牌，展现了国家电视台的风范②。

武陵山区各省人民政府要建立武陵山片区发展跨省协调机制，打破

① 《百岁山2018中国电视剧品质盛典落幕》，2018年3月20日，光明网（http://e. gmw. cn/2018－03/20/content_ 28044268. htm）。

② 《北汽冠名〈朗读者〉，董卿转身遇见徐和谊》，2017年1月20日，央视网（http:// 1118. cctv. com/2017/01/20/ARTILDnFnVpxjOwNqY8FTnt5170120. shtml）。

图7—33　北汽集团牵手电视文艺栏目《朗读者》

行政分割，发挥比较优势，实现资源共享、优势互补，促进跨领域的交流与合作①。以资本为纽带，通过健康猫（health mall）、体育bank、微博体育和云传播等途径，实现跨媒体、跨地区、跨所有制甚至跨国界发展，拓宽武陵山区少数民族传统体育的"文化空间"，建立其话语权。

（四）加强媒体融合传播专业的人才培养

发展是第一要务，人才是第一资源。人才战略是媒体发展的重要策略，媒体人才是新闻报道的生命线。家有梧桐树，引得凤凰来。中国从来不缺历史和故事，缺的是具备创造和加工能力的、会讲故事的创意人才，让高扬的"文化自信"能有创意表达和实力支撑。媒体融合发展必须紧紧抓住"人"这个关键要素，建立一支高素质的新闻人才队伍。在当代新媒体技术发展带来的媒介融合以及全球化愈演愈烈的新形势下，中国媒体人才培养应该走一条能力导向、素质为本的复合型人才培养之路。

1. 媒体融合时代对复合型媒体人才的要求

复合型媒体人才培养是通识教育＋专业教育。在媒介融合导致传媒业日益与通信业融为一体，新闻与公关、广告、宣传、创意越来越难以

---

① 《国务院扶贫办　国家发展改革委关于印发武陵山片区区域发展与扶贫攻坚规划的通知国开办发〔2011〕95号》，2013年4月25日，中华人民共和国国家发展与改革委员会（http://www.ndrc.gov.cn/zcfb/zcfbqt/201304/t20130425_538575.html）。

泾渭分明的今天,新闻教育的"大传播化"已不可避免。从国家人才需求来看,媒体人才要求更加"复合化",不仅要懂新闻、懂传播,还要懂经营、懂政治。必须增强媒体人才的行为素养与文化底蕴,以推动媒体的健康发展。

现代媒体发展对媒体人才的要求越发严格,应从提高文化素养与职业素养两方面出发,探讨科学培养媒体复合型人才的策略。媒体复合型人才,是指它要求所培养的人才具有除传媒专业的知识以外,还具有某一学科专门的知识,适合从事某一专业领域的传媒工作。或者可以说具有宽阔的新闻出版知识和广泛的文化教养,具有把握现代政治规律、市场规律特征的发展潜能,善于把握传媒科学发展、和谐发展基本规律的创造型、创新型人才。复合型人才具有多各种才华又多各种艺术素养于一体的特点,能够在很多领域可以大显身手,一展风采,传媒的复合型人才包括知识的复合、能力的复合思维的复合等多种要素,并且他们还具有较强的适应当今社会政治变革、学科交叉、知识融合、技术集成等各个方面的能力。则对复合型人才的培养方式是培养具有出传媒专业以外的更多专业的专业水准。

融媒体时代新闻记者应该具备的素养有:较强的思想政治素质、采编与策划等专业的素质、熟练掌握新媒体技术的运用、丰富的学识素养与优秀的职业精神[①]。新闻人才从来就是"杂家",采写编评摄的专业技能撑不起一个伟大的记者、编辑。新闻从来与政治紧密相连,新闻人才要维护社会主流价值观的社会职责,成为民族文化的传承者和社会的守望者。深度的新闻报道要求媒体人既要"博"又要"专",既要能深入地把握细节,又要能站在全局的高度;既要学会运用多种媒体工具进行采编、传播的现代信息传媒技术,又要懂得一些媒介营销的知识,懂得不同传播介质的传播效果,在面对一个具体的新闻题材时可以迅速地进行判断和选择,规划出用多种媒体手段进行报道的方案,并且迅速把握报道的定位[②]。

---

① 王海华:《融媒体时代新闻记者应该具备的素养》,《新媒体研究》2016 年第 14 期。

② 杜友君、杜恺:《全媒体时代之体育传媒变革与人才培养——中国体育科学学会体育新闻传播分会第九届学术年会综述》,《现代传播》(中国传媒大学学报) 2013 年第 11 期。

2. 学校教育——复合型媒体人才的培养路径之一

复合型媒体人才培养需要高等教育从课程到体制的综合改革。首先，要调整人才培养计划，进行课程改革，建设"厚基础、宽口径"的课程体系。要树立素质本位的教育理念，传媒业是从事精神文化产品内容生产和服务的创意文化产业，其产业特性要求从业人员必须具备较为深厚的知识储备和文化素养，以及利用各种创新性符号实现内容表达的能力。高校应用型传媒人才的培养需要站位高、谋划远，从文化素质、专业技能、职业精神三个方面开展教育，使学生既具有扎实的专业知识、精湛的专业技能，同时又具有深厚的文化底蕴和优良的职业态度、职业操守以及职业理想。课程改革的方向是必修课的通识化和选修课的专业化。必修课应当贯彻大跨度学科交叉的理念，打破传统的文理工分野的局限，建立信息技术类、人文通识类和新闻传播类三大模块合理配置的格局。在选修课方面，可根据学生兴趣爱好进行课程模块组合，将不同专业类课程进行打包，学生可根据需求进行自助餐式"点菜"。此外，应该加大实践教学的比重，推进实践教学的基地化，与媒体共建实践教学基地。新闻学是一门操作性很强的学科，在一定程度上甚至可视为文科中的"理科"，应当加大实验课的力度。目前国内高校普遍缺乏相关实验装备，导致学生动手能力差。高校如开设新闻专业，应加大媒体实验室投入，让学生有机会掌握各种先进的现代媒体装备。高校还应加强校内媒体建设投入，让基础年级的新闻专业学生在最初两年就能获得充分的校内实践机会。

所谓"厚基础"，就是强化做人（人格素质）的基础和强化做事（职业能力）的基础；所谓"宽口径"，就是根据人才培养目标要求，以市场需求为导向，以行业经济结构变化为依据。对于应用性很强的传媒类专业而言，"厚基础"与"宽口径"就显得尤为重要。"厚基础、宽口径"课程体系的建设，可以为传媒复合型人才的培养奠定坚实的基础，从而更好地适应文化大发展大繁荣的需要。

其次，要改革高校办学体制，探索与媒体联合办学模式。目前国内高校与媒体联合培养人才的模式大致有三种，第一种是由媒体出资、派人创办学校，实行"前店后厂"式"订单式培养"。如湖南广电集团与湖南大众传媒职业学院。第二种是与媒体共建实践基地，学生到高年级后由学校选派到媒体中实习。第三种是与媒体共建研究基地，如一些高校与媒体共建博士后流动站。这三种模式都存在一些不足，第一种基本上是翻版的媒体职业培训，培养的人才多半是技术型、应用型人才，由于缺乏广泛的学科交叉和人文素养，毕业生会在几年之后就遭遇发展瓶颈。第二、三种则把媒体作为实习接收单位，媒体在人才培养、课程设置等方面几乎没有发言权。这种联合应建立在高校、媒体两个独立主体平等互利的基础上，或可先行先试理事会、董事会体制，建立媒体投资建平台、高校主导教学的联合运营人才培养体制。在新型专业人才缺乏的问题上，一方面，媒体企业应该转变观念，加强媒体从业者的技能培训；另一方面，学校教育也应创新，以培养出拥有更多技能、更高素质的新闻人才。

最后，走融合办学之路，实现产学研一体化，服务经济社会发展。高校的教学、科研和社会服务职能不应割裂开来，应该也完全可以联动起来，以一体化的方式实现高校办学效益的最大化。从高校角度来说，只有师生有一定的媒体实践经验，才能培养出合格的媒体人才；从媒体来看，现代传媒竞争越来越激烈，已经到了"科研立媒"的阶段，各类媒体都迫切地需要专业研究来提升竞争力。新闻教育的产学研一体化可以考虑以下三种方式。一种是业务委托，媒体可将一些比较适合高校师生来做的业务委托高校来做，利用高校充沛的人力资源提升媒体运营绩效。二是研究项目委托，媒体可将市场调研等相关研究项目委托给高校来做。三是产业合作，如联办媒体及其他经营项目等[①]。

文化大发展大繁荣需要复合型传媒人才的支持与支撑。当前，高校传媒人才培养面临着专业设置模糊、培养观念落后、与市场需求脱轨的矛盾与困境，因此，在媒介融合趋势越发明显的全媒体时代，造就一批传媒复合型人才，必须在大类招生的基础上建设"厚基础、宽口径"的课程体系，在校企合作办学的模式下实行双向共管互动培养模式，在"双学位"制度的尝试中复合传媒学子的知识结构，在双语教学的实践中

---

① 李荣、徐小兰：《中国媒体人才：打造素质为本的复合型培养之路》，2010 年 8 月 6 日，中国新闻网（http://www.chinanews.com/edu/2010/08-05/2448517.shtml）。

培养国际化复合型传播人才①。树立以人的融合为核心的理念。理念决定出路，媒体融合要靠人来实现。新闻产品的生产者的第一要务是理念融合，要加强传统媒体与新媒体的主体融合、资源融合、技术融合、终端融合、人才队伍融合等全方位的深度融合，真正从"你就是你、我就是我"向"你中有我、我中有你"转变。

学校教育是民族传统文化传承的主渠道，是文化传承的重要阵地和最佳途径，也是文化全球化和多元化发展的必然走向，是构建社会主义和谐社会的必然要求。在一定程度上，教育既是民族文化传承的产物，又是民族文化传承的动因②。民族文化通过教育渠道，不断使新一代在潜移默化中学到传统文化中的艺术形式、道德标准、审美情趣、精神意志、表现方式、历史根源，培养了一批批传统文化的继承人，从而筑牢传承主阵地③。当前，武陵山区土家族摆手舞、肉连响等传统体育项目已经在中小学的课程教学与培训得以广泛开展，摆手舞甚至在中南民族大学等高校得以推广，但是巴山舞依然未在中南民族大学得到传承，教育系统的传承链急需衔接起来。坚持以人民为中心的创作导向，在深入生活、扎根人民中进行无愧于时代的文艺创作。加强文艺队伍建设，发扬鲁艺精神，发挥文创工匠精神，在文化领域精耕细作，做精、做深自己的产品和服务，提质增效，造就一大批德艺双馨的名家大师，培育一大批高水平的创作人才。

3. 社会体育方面，传承人才的培养机制创新

对传承人的保护工作是对摆手舞、巴山舞、茅古斯舞等武陵山区少数民族传统体育文化保护的重中之重。相关政府部门应该给予传承人更多的帮助与扶持，及时了解和掌握传承人的生活状况，保障其在生活无虞的前提下，发扬工匠精神，心无旁骛地传承民族传统体育文化。完善创意人才环境，实施人才兴业。要在大力引进外部文化创意人才的基础上，加强本民族、本区域文化创意人才的培养。要增强社会成员的文化

---

① 赵阳：《传媒复合型人才培养的新思路》，《学术交流》2013 年第 11 期。

② 陈莹：《高校应用型传媒人才培养理念、路径和机制》，《中国高等教育》2017 年第 24 期。

③ 罗布：《新华网评：学校教育是民族传统文化传承的主渠道》，2015 年 8 月 29 日，新华网（http：//news. xinhuanet. com/comments/2015 –08/29/c_ 1116345529. htm）。

自觉意识，重视对传统体育文化富集地区干部群众进行传统体育活动的教育与推广，举行各类培训班；要拓展大众健身路径，少数项目成为旅游开发资源，让传统体育活动步入人们日常生活，牢牢吸引在现代化环境生活中的广大人群；要定期组织传统体育赛事，定期组织民运会，竞技与娱乐并重，以赛事促发展、以活动造影响，推动传统体育文化的现代化进程。使健身俱乐部、健身会所也可以有摆手舞、巴山舞等民族传统体育项目的身影，运用互联网思维和群众语言去占领信息传播制高点。尝试体验式传播，加强与清江画廊等旅游网站合作，希望有更多的游客不断推介欢跳巴山舞的纪录片、体验片并分享至朋友圈或网络，强化长阳旅游宣传的真实感，通过口碑宣传逐渐扩大影响力。

在武陵山区长阳土家族自治县，由于地域资源、民族文化等的差异，办出少数民族地方报纸的民族特色和个性，关键在于采、编力量。关注"民生"，彰显"文化民生"理念，通过社会调查、社会实践，深入少数民族聚居地，用脚板来写新闻，以平民的视角，关注百姓生计，关心百姓文化生活，加强本地民族文化和体育旅游板块等尤为重要①。人类的文化活动都需要灵魂存在，媒体的责任是与时代同频共振，创造出反映时代风貌的健康精神食粮，满足人民群众日益增长的精神文化需求。当前急需培养复合型采编人才，深入挖掘巴山舞的深层文化内涵，突出人文地域特色，坚持巴山舞的人文向度，坚持以民为本、以人为本，与时俱进，创造出源于生活、高于生活、适宜不同受众的精神食粮，满足人民群众不断增长的精神需求。要适应全媒体采编发展方向，必须要调整采编人员选用、教育和培训。选用人才时，多选择年轻的，能迅速接受新鲜事物、有创新头脑的新闻人才；通过继续学习，促进传统媒体新闻人才从单一的写作向复合型采编人员转变，要适应采、编、设计、整合以及新媒体传播技巧和能力。

在三网融合所带来的媒体全面融合的整体背景和视阈下，民族传统体育文化的传播呈现出新的传播特点。传播主体即民族传统体育文化传承人的变化主要体现在由此前单纯的"传者"变为网络时代的"互动平台"，并借助微博等传播符号和传播渠道增强传播效果；受众的变化主要

---

① 何胜坤：《浅议民族地区报纸的个性》，《新闻窗》2017年第2期。

体现在由此前单纯的"受者"变为民族传统体育文化的"反馈者""互动者"甚至"发布者""传者"。这些变化对传媒人的素养提出了新要求。传承人必须文字、图片、摄像三者全能，掌握多门技术，会使用各种设备。如果技术单一、专业肤浅且不懂得团队合作，那么就很容易被科技创新层出不穷的数字时代所淘汰。2014 年年底，湖北民族学院成立了非遗研习学社，为学子提供了研究学习民俗文化的平台。非遗传承人也要有"创客思维"①。

---

① 郭星：《非遗传承人也要有"创客思维"》，2017 年 9 月 3 日，中国民族宗教网（http：//www. mzb. com. cn/html/report/170827645 – 1. htm）。

结　　语

　　文化兴，民族兴；文化强，民族强。传播是人类文化系统中不可缺少的组成部分，文化又依赖人类的传播活动生存发展。传播给予武陵山区少数民族传统体育文化以生命力，是其赖以生存与发展的必要前提。传播影响受众对武陵山区少数民族传统体育文化意义的解读，并重塑着广大受众的文化认同选择。传播生态的改变造成文化传承结构的失衡，本研究以场域理论、旅游符号学理论、创新扩散理论、自组织理论、共生理论、生态系统理论和文化空间理论为基础，自上而下的政府主导与自下而上的自组织行为相结合，采用系统思维，创新扩散武陵山区少数民族传统体育，加强传统媒体与新媒体的融合，明确其角色定位，强化其社会责任，通过从内容融合、渠道融合、平台融合、经营融合和管理融合，重构武陵山区少数民族传统体育"文化空间"，努力建构起少数民族传统体育文化的价值体系和话语体系。

　　"时代是思想之母，实践是理论之源"。新时代催生新战略，新战略赢得新机遇，新机遇带来新跨越。传承之道，创新是关键。新时代开启新征程，新作为带来新气象。尽管媒体融合的过程任重道远，但是文化传承的初心不改，坚定不移地传承守护文化，让"活的传统"代代相传，生生不息，走出一条国有文化媒体独特、有效、可持续的深度融合发展之路。